John Pridmore
Greg Watts

John Pridmore
ein Gangster findet Gott

John Pridmore
Greg Watts

John Pridmore
ein Gangster findet Gott

MiriaM-verLag

Bei diesem Buch handelt es sich um eine Übersetzung des englischen Originaltitels »From Gangland to Promised Land«, von John Pridmore und Greg Watts, erstmals erschienen 2002 bei Darton, Longman and Todd Ltd. London.

© 2002 John Pridmore und Greg Watts

Das Recht von John Pridmore und Greg Watts, als Autoren dieses Werks identifiziert zu werden, wurde gemäß des Paragraphen über Copyright, Design und Patente 1988 geltend gemacht.

1. Auflage 2004
© Miriam-Verlag • D-79798 Jestetten
Alle Rechte der deutschen Ausgabe
liegen beim Miriam-Verlag.
Satz und Druck: Miriam-Verlag
Printed in Germany

ISBN 3-87449-330-X

Inhalt

6	Dank
8	Sohn eines Polizisten
28	Eingesperrt
37	Wieder vor Gericht
51	Rausschmeißer
72	Die Drogenszene
84	Ausgerastet
97	Du hast ihn umgebracht
113	Auf den Knien
139	Die Betonwüste
155	All deine Sünden sind Schwächen
179	Die Bronx
196	Das Heilige Land
209	Unterwegs
225	Auf der Suche nach Gott

Dank

Viele Leute haben mich auf meinem geistigen Weg begleitet; zu viele, um sie alle aufzuzählen. Daher hoffe ich, daß sich niemand gekränkt fühlt, wenn er oder sie nicht erwähnt wird.

Zuallererst möchte ich meiner Familie danken, vor allem Mama und Papa, für die Liebe, die Geduld und das Verständnis, das sie mir mein Leben lang entgegengebracht haben, in den schweren und in den guten Zeiten. Ich möchte meinem Bruder David und seinen Kindern danken für den Segen, der sie für mein Leben sind, meinen Brüdern Bobby und Simon, meinen Schwestern Emma und Linda und beiden Großelternpaaren. Ich danke auch meinem Stiefvater Alan (er ruhe in Frieden), der mir mein erstes Exemplar des Neuen Testamentes gegeben hat, und meiner Stiefmutter Elsie.

Ich möchte auch Bulldog danken (er ruhe in Frieden), Douglas Hewitt, David Pracher (er ruhe in Frieden), Harry Ward, Gary, Neil Slattery, Robert Toone und allen meinen Freunden bei der Jugend 2000, Mary Anne und Calum Macfarlane-Barrow vom Familiengebetshaus, Brazilia Abel-Smith, Mary, Lesley, Declan, Dominic, Peter und Richard Jones, Stuart Harris, Alex Beverley, Dougie McVicar und all meinen geistlichen Kindern.

Ich möchte Pfarrer Brian O'Higgins danken, den ich zum ersten Mal traf, als ich mit sechzehn im Krankenhaus war, Pater Michael Kelly, der mir bei meiner ersten Beichte half und dafür verantwortlich war, daß ich an mein erstes Jugendtreffen ging, Pater Pat Deegan und

Pfarrer Denis Hurlihy für den weisen geistlichen Beistand, den er mir gab. Viele andere Priester haben eine wichtige Rolle in meinem Leben gespielt. Ich kann sie nicht alle aufzählen, aber besondere Anerkennung zolle ich Pater Richard Aladics, Pater Ian Ker, Pater William Fraser, Pater Conrad, Pater Benedict Groeschel, Pater Glen Sudano, Pater Richard Romer, Pater Bernard Murphy, Pater Justin Price und Pfarrer Fred de l'Orme. Auch Bruder Francis muß ich erwähnen.

Greg Watts muß ich dafür danken, daß er monatelang meine Erinnerungen, Gedanken und Überlegungen aus mir herausgezogen hat, Brendan Walsh bei Darton Longman & Todd dafür, daß er genug Abenteuerlust hatte, dieses Buch in Auftrag zu geben, und Derwent Consultancy für ihre finanzielle Unterstützung. Es gibt noch jemanden, dem ich danken muß: Jesus Christus, der mein Leben ist und deines werden kann.

John Pridmore

Manche Namen von
Personen und Orten wurden
geändert.

Sohn eines Polizisten

Es war Sommer 1991 und ich arbeitete als Türsteher oder „Rausschmeißer" im „Nightingales", einem beliebten Pub im Londoner West-End. Es war relativ ruhig gewesen an diesem Abend und ich freute mich darauf, eine Blondine, die mit mir geflirtet hatte, in den Nachtclub „Stringfellows" mitzunehmen. Das war einer der Vorzüge der Arbeit als Türsteher: das endlose Aufgebot an Frauen.

Am späten Abend begann ich wie gewöhnlich, um die Bar herumzulaufen und die Leute aufzufordern, ihre Drinks zu leeren. In den Pubs und Clubs kommt es meist dann zu Scherereien, wenn die Leute austrinken sollen. Viele Leute scheinen nicht zu begreifen, daß Türsteher nichts extra dafür bezahlt bekommen, wenn sie unnötig herumstehen, während die Leute gemütlich austrinken. Deshalb drängen die Türsteher die Leute zum Gehen.

Ich ging zu einer Gruppe von fünf Radaubrüdern Mitte zwanzig, die am vorderen Ende der Bar saßen. „Los, Jungs, austrinken bitte", sagte ich entschieden.

„Wenn ich so weit bin", schnauzte ein recht betrunkener Kerl im weißen T-Shirt zurück.

„Hört gut zu", sagte ich, indem ich mich über den Tisch beugte, „ihr habt zwei Minuten und dann seid ihr alle draußen. Verstanden?"

Sie lachten und nippten weiter am Bier.

Als ich mich auf den Weg ans andere Ende der Bar machte, um mit den Trinkern dort aufzuräumen, hörte ich einen Tumult. Ich drehte mich um, sah zwei der anderen

Türsteher die betrunkenen Kerle zur Tür schleppen und eilte hinüber, um ihnen zu helfen.

Als ich zur Tür kam, schrien die fünf und versuchten, wieder hereinzukommen. Flink versperrte ich ihnen den Weg, steckte meine Hand in die Tasche meiner Crombie-Jacke und schlüpfte in meinen Schlagring. Während sich die anderen Türsteher mit vieren der Gruppe herumschlugen, versuchte der völlig Betrunkene an mir vorbeizukommen. Oh nein, vergiß es, dachte ich und drängte ihn mit aller Kraft mit dem Ellbogen zurück. Er kam erneut auf mich zu. Diesmal holte ich mit meiner Faust aus und ließ sie an sein Kinn krachen, so daß er nach hinten taumelte. Mit lautem Stöhnen stürzte er zu Boden. Als sein Kopf auf den Gehweg aufschlug, spritzte das Blut nach allen Seiten. Ich ließ den Schlagring schnell wieder in meine Tasche gleiten und winkte mit erhobenen Armen, um zu zeigen, daß ich ihn nur mit der Faust getroffen hatte. Ich hatte nicht erwartet, daß er so zu Boden gehen würde.

Zu diesem Zeitpunkt war bereits Panik ausgebrochen, und die Leute schrien, als sie den Kerl regungslos in einer Blutlache liegen sahen. Die anderen Türsteher standen herum und wußten nicht, was sie tun sollten. Dann rannte einer von ihnen ins Büro und rief einen Krankenwagen. Die Pubbesucher begannen, sich mit schockiertem Gesicht um den Kerl auf dem Gehsteig zu scharen. Ich fühlte mich wie betäubt und sah das Geschehen vor mir wie durch einen Nebel.

„Er ist tot! Er ist tot!" schrie ein Mädchen.

Wenn er es ist, dachte ich, dann ist er selber schuld. Im nächsten Moment fühlte ich eine schwere Hand auf meiner Schulter. „Komm, Sohn, du hast ihn umgebracht."

Es war mein Kollege Bulldog, der aus Ost-London hergekommen war, um mit mir etwas zu trinken.

„Gib mir deine Autoschlüssel, John. Ich werde dein Auto zurückbringen und du schnappst dir ein Taxi vor dem ‚Cairos'."

Bulldog wußte, daß das Pub immer für ein Taxi vor dem „Cairos", einem Club in der nächsten Straße, sorgte, falls ein Kunde von einem Türsteher verletzt würde. Wir taten es, damit uns niemand das Pub verlassen sah. Ich gab ihm meine Schlüssel und machte mich schnell auf den Weg durch die Bar im Erdgeschoß und dann durch die Hintertür hinaus. Als ich beim „Cairos" ankam, war Bulldog schon dort und saß in meinem Auto. Ich beschloß, nicht das wartende Mini-Taxi zu nehmen, sondern selbst nach Leyton zurückzufahren.

„Du hast den Kerl umgebracht, John. Du mußt dir überlegen, was du jetzt tust", sagte Bulldog sachlich, als wir am „The Strand" vorbeifuhren. Bulldog war eine bekannte Größe im East-End und ihm war diese Art von Geschehen nicht fremd.

„Weiß nich' ..." antwortete ich gedankenversunken und spielte den Vorfall im Kopf nochmals durch.

„Wird irgend jemand vom Pub den Bullen deinen vollen Namen geben?"

„Nein. Niemand wird etwas sagen."

„Gut. Willst du Geld, um ins Ausland zu gehen, nach Spanien oder so?"

„Ich habe Geld, Bulldog", antwortete ich mit einem Schulterzucken. „Das ist kein Problem. Keine Sorge. Ich komm damit zurecht."

Meine Geschichte beginnt am 4. Februar 1964 im Krankenhaus der Heilsarmee in Hackney, Nordost-London. Da es in Klangreichweite der Bow-Glocken lag, kann ich mich wirklich einen echten Cockney nennen. Mein Bruder David wurde 1961 geboren.

Wir waren eine Familie der Arbeiterklasse. Meine Mama ging Gelegenheitsarbeiten nach und arbeitete zum Beispiel in einem Laden und mein Papa war Polizist. Unser erstes Zuhause war eine Doppelhaushälfte mit drei Schlafzimmern in einer Straße namens Bridge End in Walthamstow, am Stadtrand von London, nahe Epping Forest. Es war eine betriebsame Ortschaft, deren größter Ruhm es war, den längsten Straßenmarkt Europas zu haben. Ich mochte das Haus, besonders weil es einen Keller und dahinter einen 15 Meter langen Garten hatte.

Meine Mama wurde in „Elephant and Castle" im Südwesten Londons geboren. Sie hatte eine Schwester. Mein Papa wurde in Woodford geboren, nicht weit von Walthamstow. Er war eines von sechs Kindern, und es ist bemerkenswert, daß seine vier Brüder alle Polizisten wurden. Meine Eltern haben sich kennengelernt, als meine Mama und eine Freundin meinen Papa und seinen Streifenkollegen eines Abends nach dem Weg fragten. Danach begannen sie, als Quartett auszugehen. Mama und Papa kamen gut miteinander aus und ein paar Jahre später waren sie verheiratet. Zu der Zeit war meine Mama eine praktizierende Katholikin. Mein Papa hingegen war in der anglikanischen Kirche aufgewachsen, hatte aber keinen starken religiösen Glauben. Mama machte es zur Bedingung für die Hochzeit, daß alle Kinder katholisch erzogen würden.

Ich denke, meine erste Erinnerung stammt vom Tag vor meinem vierten Geburtstag, als mich mein Papa fragte, ob ich zu Hause bleiben oder in die Spielgruppe gehen wolle. Ich sagte ihm, daß ich zu Hause bleiben wolle. Zum Geburtstag schenkte er mir ein Damespiel, bei dem alle Steine wie Cowboys und Indianer geformt waren.

An meinem ersten Tag in der Thorpe-Hall-Grundschule, die sich in der Selbourne Road befand, weinte ich die ganze Zeit. Die Rektorin war damals eine Dame namens Fräulein Cobblestick. Obwohl ich sehr ungezogen war, schien sie mich zu mögen. Immer wenn ich in ihr Büro geschickt wurde, gab sie mir ein Bonbon aus einem Glas, das hinter ihrem Schreibtisch stand. Hin und wieder saß ich unter ihrem Schreibtisch, malte Bilder aus und war fasziniert von dem Safe, der in den Boden eingelassen war. Als Fräulein Cobblestick ging, wurde sie von Frau Ruttey ersetzt, die schrecklich war.

In Anbetracht des Weges, den mein Leben einschlagen sollte, ist es nicht verwunderlich, daß ich bereits in der Grundschule in einer Bande war. In der Nähe meiner Straße verlief die Eisenbahnstrecke von Liverpool Street nach Chingford. Eine Fußgängerbrücke darüber und eine Unterführung darunter boten David, meinen Freunden und mir einen großartigen Platz zum Spielen. Manchmal jedoch konnten wir nicht widerstehen und spielten auf den Gleisen. Eines Tages wurden wir von der Polizei erwischt und bekamen eine strenge Rüge, bevor sie unsere Namen und Adressen aufschrieben. Als ich nach Hause kam, erzählte ich Mama und Papa nichts davon. Eine Woche später kam mein Papa von der Arbeit heim und sah wütend aus. Er hatte von einem der Beamten auf dem Revier erfahren, daß ich auf den Zuggleisen gespielt hatte. Ich bekam eine weitere Rüge und wurde früh ins Bett geschickt.

Wir gingen oft ins Granada-Kino in Walthamstow, und weil mein Papa der hiesige Streifenpolizist war, kamen wir umsonst rein. Der Geschäftsführer des Kinos sah ihn gern dort, denn wenn eines der Kinder Schwierigkeiten machte, warf er es hinaus. Das passierte einmal während »Der Marschall«, einem John-Wayne-Film, als zwei Kinder den anderen auf die Nerven gingen. Mein Papa ging zu ihnen hin, packte sie an den Haaren und beförderte sie nach draußen. Ich fand die Art, wie er das machte, einfach brillant – genausogut wie John Wayne selbst.

Als ich sechs war, fuhren uns unsere Großeltern mütterlicherseits für einen Tag nach Hastings. (Obwohl mein Papa den Führerschein gemacht hatte, weigerte er sich zu fahren, seit er einmal am Weihnachtstag Zeuge eines schrecklichen Unfalls geworden war.) Während die Sonne auf uns herabstach, plantschten mein Bruder und ich im Meer, und unsere Großeltern saßen am Strand und sahen uns zu. Mama und Papa waren in die Stadt gegangen. Als sie zurückkamen, hielten sie sich an der Hand. Lächelnd sagten sie uns, daß wir eine ganze Woche in Hastings verbringen würden. Überglücklich stürmten mein Bruder und ich auf sie zu und fielen ihnen um den Hals.

Es war eine großartige Woche, eine dieser goldenen Kindheitserinnerungen, die wir alle haben. Wir wohnten oben in einem Pub und verbrachten jeden Tag am Meer, im Schloß oder auf den Bahnen des Vergnügungsparks. Eines Nachmittags gingen Papa und David alleine irgendwohin, und Mama und ich gingen am Meeresufer spazieren und trafen spätabends in einem italienischen Restaurant ein. Ich kann mich daran erinnern, daß sie mir ein Getränk namens Horlicks in einem hohen Glas kaufte.

Wieder zu Hause, nahm mich Papa am Sonntag oft mit in die Bar des Sportplatzes der Städtischen Polizei, wo er Karten spielte. Einmal spielte er Drei-Karten-Brag (ähnlich wie Poker) und hatte drei Könige in der Hand. „Das ist ein gutes Blatt, Papa", plapperte ich heraus. „Drei Könige!" Die anderen Polizeibeamten brachen in Gelächter aus. Papa fand das gar nicht lustig.

Papa hatte Freude an seiner Polizeiarbeit und immer Geschichten auf Lager. Ich kann mich erinnern, wie er über ein paar Schurken sprach, denen er begegnet war. Ich hörte ihn einmal von einem Mann erzählen, der, so sagte er, der beste Einbrecher war, der ihm je über den Weg gelaufen war. Seine Methode bestand darin, in den frühen Morgenstunden in eine ganze Reihe von Häusern einzubrechen, die er jeweils durch die Hintertür betrat und verließ. Er nahm immer nur Geld. Wenn er mit seinen Einbrüchen fertig war, steckte er das Geld in einen großen, an sich selbst adressierten Umschlag und warf ihn in den Briefkasten. Wenn er je erwischt würde, hätte die Polizei somit nichts gegen ihn in der Hand, um ihn anzuklagen.

Die sechziger Jahre waren die Ära der Kray-Brüder, der berüchtigten East-End-Verbrecher. Als Kind nahm ich diese Welt nicht so wahr, aber ich erinnere mich, wie Papa Mama eines Abends mit Stolz erzählte, daß er die Krays wegen Rasens angehalten habe und daß sie sehr freundlich und höflich gewesen seien.

Wenn Mama spät arbeiten mußte, holte uns Papa im Polizeiauto von der Schule ab und brachte uns in die Polizeikantine, wo wir warteten, bis er seine Schicht beendet hatte. Es war großartig: Alle Polizisten machten viel Aufhebens um uns und spielten mit uns Billard oder gaben uns Süßigkeiten. Ich mochte die Polizei, wohl hauptsächlich, weil sie eine gewisse Macht und Autorität hatte.

Wie jedes Kind spürte ich immer, daß Weihnachten wirklich etwas Zauberhaftes an sich hatte. In der Woche vor Weihnachten nahm mich mein Papa mit der U-Bahn mit ins West-End, wo ich mir meine Weihnachtsgeschenke aussuchen durfte. Die ganzen Spielsachen im „Hamley's" und „Selfridges" zu sehen, war einfach phantastisch. Dann gingen wir zum Piccadilly Circus, aßen in einem Restaurant und gingen danach ins Kino. Auf dem Rückweg schlief ich in der U-Bahn oft ein.

Religion spielte in meiner Kindheit eine untergeordnete Rolle. Meine Mama entfernte sich bald nach meiner

Geburt von ihrem katholischen Glauben und ging nur noch sporadisch in die Kirche. Als ich etwa drei Jahre alt war, nahm sie mich für gewöhnlich mit in die Messe, aber ich fand sie langweilig. Später war es interessanter, mit meinem Papa zum Hunde- oder Autorennen zu gehen, als in einer langweiligen Kirche zu sitzen. Jedes Mal aber, wenn Mama und ich an der Kirche vorbeigingen, in der ich getauft worden war, erinnerte sie mich daran. Ich war eigentlich immer, selbst in jenem Alter, fasziniert von Gott, und einmal bat ich eine Tante von mir, mir eine Kinderbibel zu kaufen.

Ich habe eine Menge glücklicher Erinnerungen an diese frühen Jahre meiner Kindheit. Meine glücklichste Erinnerung, glaube ich, stammt aus der Zeit kurz vor meinem zehnten Geburtstag. Ich hatte immer einen Hund als Haustier gewollt. Eines Tages fuhr mein Papa mit seinem Fahrer im Polizeiauto vor. Er kam mit einer Schuhschachtel herein, stellte sie auf den Tisch und sagte: „Das ist für dich." Als ich den Deckel herunternahm, machte ich einen Freudensprung. In der Schachtel war ein kleiner Labradorwelpe. Außer mir vor Aufregung, rannte ich zu meinem Papa und umarmte ihn. „Ich hoffe, er ist es wert", lachte er. „Ihm war so schlecht, daß er das ganze Polizeiauto vollgespuckt hat!"

Wenn ich auf meine ersten zehn Lebensjahre zurückschaue, so fühlte ich mich geborgen, zufrieden, geliebt und angenommen.

Der Abend, an dem ich die Neuigkeit erfuhr, die meine Kindheit zerbrechen sollte, kam, als ich elf war. Nach der Pfadfindergruppe kam ich in die Küche gelaufen, wo Mama und Papa sich lautstark stritten. Ich hatte Papa noch nie so böse gesehen. Als sie mich sahen, schickten sie mich nach oben. Ich fand meinen Bruder heulend in ihrem Bett. Er weigerte sich, mir zu erzählen, worüber sich

Mama und Papa stritten, erwähnte aber ein Wort, das ich vorher noch nie gehört hatte: Scheidung.

Wenig später kamen Mama und Papa herauf und setzten sich auf je eine Seite des Bettes. „Jungs, ihr werdet euch entscheiden müssen, bei wem ihr leben wollt", sagte Papa langsam und bedächtig.

„Warum, Papa?" fragte ich, weil ich die Frage nicht verstehen konnte. „Ist das ein Spiel?"

„Wir lassen uns scheiden", antwortete meine Mama mit Tränen in den Augen.

Ich wußte noch immer nicht, was sie meinten. „Warum muß ich entscheiden, bei wem ich leben will? Ich lebe bei euch beiden. Ihr seid meine Mama und mein Papa."

David blieb still und hatte Tränen in den Augen. Er schien zu verstehen, worüber sie sprachen. In dieser Nacht versuchte er mir in unserem Schlafzimmer zu erklären, daß Mama und Papa an verschiedenen Orten leben würden, so daß wir uns also entscheiden müßten, bei wem wir leben wollten.

„Aber warum?" protestierte ich. „Warum wollen sie getrennt leben? Das macht keinen Sinn." Ich war zutiefst verwirrt.

Rückblickend glaube ich, daß ich unbewußt die Entscheidung traf, nie mehr zu lieben, weil ich dann nicht mehr verletzt werden könnte.

In den nächsten Wochen zog sich Mama sehr zurück und sprach sehr wenig mit uns. Dann sagte uns Papa eines Tages, daß sie für eine Weile weggehen würde – nach Claybury. Ich war darüber schockiert. In der Schule kannte man Claybury als das „Irrenhaus", und manchmal sagte man zu den Kindern: „Du gehörst nach Claybury." Claybury war nämlich eine psychiatrische Klinik.

Das Haus schien kalt und leer, nachdem Mama eines Tages mit ihrem Koffer hinausgegangen und mit einem

Fremden ins Auto gestiegen war. Jeden Abend, wenn ich von der Schule zurückkam, erwartete ich immer noch, sie daheim vorzufinden. Ich weinte mich oft in den Schlaf hinein und fragte mich, wann ich sie wiedersehen würde.

Nach einer Weile wurde David und mir erlaubt, sie nach der Schule zu besuchen. Wir nahmen den Bus von Walthamstow bis kurz außerhalb Chigwell und gingen dann die Hauptstraße entlang, bevor wir in den kleinen Weg einbogen, der nach Claybury führte. Das Krankenhaus war ein großes, düsteres Gebäude im Viktorianischen Stil, das inmitten eines ausgedehnten Geländes lag. Immer wenn ich die langen Korridore entlang ging, roch ich Desinfektionsmittel. Oft war mir zum Brechen zumute.

Mama wirkte in Claybury anders. David sagte mir, daß sie Tabletten nehme, damit es ihr besser ginge. Manche der anderen Patienten in dem Krankenhaus ängstigten mich. Sie wanderten umher und murmelten vor sich hin oder saßen im Aufenthaltsraum, starrten in die Luft und rauchten eine Zigarette nach der anderen. Hin und wieder hörte ich Schreie und Gebrüll aus einem Winkel des Krankenhauses. Es war ein furchterregender Ort.

Ich begann, auf Papa böse zu sein, weil ich der Meinung war, daß er für Mamas Weggehen verantwortlich war. Ich war auch böse auf Mama, weil ich meinte, sie sollte zu Hause bei uns sein. Ich besuchte mittlerweile die Höhere Schule Chapel-End, und die Wut in mir floß über in das ganze Klassenzimmer. Ich wurde in Kämpfe verwickelt, alberte im Unterricht herum und störte, wo es nur ging. Ich schlug mich regelmäßig mit älteren Jungs und bekam allmählich den Ruf, eine Art Anführer zu sein. Die Schule wußte, daß ich Mama besuchen mußte, so daß sie mir nie Arrest gaben – aber wahrscheinlich bekam ich mehr Stockschläge als irgendein anderer Schüler.

Zu Hause begann ich, Papa gegenüber frech zu werden und weigerte mich zu tun, was er mir befahl. Ich wußte, daß ihn das verletzte. Ich sagte, daß ich bei Mama leben würde, sobald sie aus Claybury herauskäme. Ich vermisste sie schrecklich. Um Papa zu zeigen, was ich fühlte, zerschmetterte ich eines Tages absichtlich ein Dart-Spiel, das er mir gekauft hatte. Es war eines meiner Lieblingsspiele, aber ich wollte ihm verzweifelt zeigen, was ich fühlte.

Mama wurde während ihres Aufenthalts in Claybury verwirrt. Wenn ich sie besuchte, bat sie mich manchmal zu gehen, manchmal umarmte sie mich. Ich machte mir Sorgen um sie, da sie so zu werden schien wie manche der anderen Patienten. Ich hatte akzeptiert, daß es ihr nicht gut ging, und fragte mich, ob sie je aus Claybury entlassen würde. Meine Unsicherheit wurde nur noch verstärkt, als Papa, kurz nachdem Mama nach Claybury gegangen war, ankündigte, daß wir unser Haus verlassen und in eine Polizeiwohnung mit zwei Schlafzimmern in „The Drive" in Walthamstow ziehen würden.

Wenn ich jetzt auf diesen sehr traumatischen Abschnitt meines Lebens zurückblicke, sticht etwas hervor: Niemand fragte mich nach meinen Gefühlen; niemand fragte, wie sehr mich die Trennung traf. Obwohl mich meine Großeltern auf der anderen Seite des Flusses in der Walworth Road sehr bemutterten, wenn ich am Wochenende dort war, haben selbst sie mich nie gefragt, was in meinem Kopf vor sich ging. Ich erinnere mich, wie eine Tante mir versicherte, daß sie immer für mich da sein würde, aber sie war es nie. Das machte mich nur noch wütender. Ich fühlte mich damals sehr einsam. Wahrscheinlich weil ich mich so isoliert und ignoriert fühlte, begann ich, meinem Papa Geld zu stehlen.

Es sah danach aus, als würde Mama ein paar Jahre in Claybury bleiben müssen, doch nach einem Jahr kam sie heraus und zog in das „Forest House", ein Rehabilitationswohnheim, das mit dem Krankenhaus zusammenhing. Jahre später erzählte sie mir, daß ihr die Behandlung geholfen habe und daß mein Großvater eine Messe für sie habe lesen lassen. Sie bekam Arbeit im Büro einer Möbelfirma in der Nähe meiner Schule. Nur ein paar Jahre vorher hatte sie noch als Sekretärin bei einem Weinhändler in der Stadtmitte gearbeitet.

Ich erinnere mich, daß sich Papa Sorgen machte über einen Ausschlag, den ich bekommen hatte, und mit mir zum Arzt ging. Der Arzt meinte, daß dies vom Streß komme, und empfahl, daß ich Mama nicht mehr sehen solle, weil er dachte, das sei die Ursache des Problems. Es war schwer für Papa, sich neben seiner Arbeit als Polizist noch um David und mich zu kümmern. Er mußte viele Opfer bringen, und ich weiß heute, daß er unsere Bedürfnisse über seine eigenen stellte.

Mama begann, mich in der Mittagspause der Schule zu besuchen. Sie wartete auf dem Spielplatz und kaufte mir dann in einem der naheliegenden Cafés etwas zu essen. Diese Treffen wurden mir kostbar. Eines Tages tauchte Papa in der Schule auf und sah Mama dort. Er erzählte ihr, daß der Arzt gesagt hatte, es sei besser, wenn sie mich eine Zeitlang nicht sehe. Als ich sie darüber debattieren sah, fühlte ich mich hilflos und verletzt. Schließlich hatte mir die Tatsache, daß meine Mama zur Schule kam, um mich zu sehen, endlich das Gefühl vermittelt, etwas Besonderes zu sein.

Danach sah ich Mama ungefähr sechs Monate nicht mehr. Für ein Kind ist das eine unglaublich lange Zeit ohne einen Elternteil. Eines Tages ging ich eine Straße in der Nähe meiner Schule entlang, als mein Herz einen Freudensprung machte: Mama kam auf mich zu gelaufen. Sie bemerkte mich aber nicht und ging geradewegs an mir vorbei. Ich rief ihr nach und sie drehte sich um. Ein Lächeln leuchtete über ihr Gesicht und sie umarmte mich. An diesem Abend erzählte ich Papa, daß ich Mama getroffen hatte und daß mein Ausschlag verschwunden war. Er stimmte zu, daß ich sie wieder sehen könne.

Mein Schmerz während dieser sechs Monate wurde gelindert durch eine Freundschaft, die ich mit einem gleichaltrigen Jungen namens Simon schloß. Ich lernte ihn kennen, als er sich in der Essensschlange in der Schule vor mich drängte und ich ihn verprügelte. Später wurden wir Freunde, als wir entdeckten, daß wir beide Schlangen mochten und gerne Soldaten spielten. Ich staunte, daß sein Onkel Schlangen in einem Glaskasten im Wohnzimmer hielt. Simon und ich erhielten die Erlaubnis, ein Wochenende auf einen Camping-Urlaub nach Southend-on-Sea zu fahren. Clive, der Freund von Simons Mama, hatte sich bereit erklärt, uns hin- und wieder zurückzubringen, und mein Papa fuhr mich zu Simons Haus. Bald begannen Simons Mama Elsie und mein Papa, viel Zeit miteinander zu verbringen, und Clive verschwand von der Bildfläche.

Simon und ich dachten, daß es großartig wäre, wenn mein Papa und seine Mama heiraten würden, weil das bedeuten würde, daß wir als Brüder zusammen sein könnten. Simon hatte noch zwei Schwestern: Emma, sechs Jahre, und Linda, achtzehn. Ein paar Wochen später zogen wir alle in eine Polizeiwohnung in Romford. Es dauerte jedoch nicht lange, bis Papa und Elsie sich stritten. Es ist nicht einfach für zwei Familien, unter einem Dach zu wohnen, und Papa und Elsie hatten verschiedene Ansichten über das Familienleben.

Damals arbeitete Mama bei Coop und wohnte in einer Einzimmerwohnung in Leyton. Sie und Papa waren jetzt geschieden und sie ging mit einem Mann namens Alan aus. David und ich verbrachten oft das Wochenende bei ihr. Alan mochte mich und manchmal machte er mit mir eine Spritztour auf seinem Motorrad.

Eines Samstags ging ich allein in die Wohnung, wie ich es oft tat, weil Mama mir einen Schlüssel gegeben hatte, und fand einen Koffer im Schlafzimmer. Neugierig öffnete ich ihn und entdeckte, daß er mit Fünf- und Zehn-Pfund-Noten vollgestopft war. Die Versuchung war zu groß, und so nahm ich ein Bündel und stopfte das Geld in meine Hosentasche. Immer wenn ich danach in die Wohnung ging, nahm ich mehr Geld. Simon und ich gaben es in Imbißbuden aus, in Restaurants (wo wir Bier trinken durften) und bei Ausflügen nach Southend. Einmal habe ich in Southend ungefähr fünfzig Runden auf der Go-Kart-Strecke bezahlt!

Ich war jetzt auf der Reading-Court-Schule in Harold Hill. Ich schrieb ganz gute Arbeiten, weil ich ein gutes Gedächtnis hatte, aber es fiel mir schwer, im Unterricht aufzupassen. Ich machte Quatsch, auch wenn der Unterricht vom strengsten Lehrer gehalten wurde. Abgesehen von Kunst hatte ich kein Interesse an den Fächern, die wir lernten. Ich sah keinen Sinn darin. Ich wollte einfach nicht sieben Stunden am Tag in der Schule sitzen und versuchte auch nicht, diese Tatsache zu verbergen. Verglichen mit Chapel End war Reading Court sehr locker Ich bekam nur einmal Stockschläge.

Ich beging jetzt auch Ladendiebstahl. Zum ersten Mal machte ich es, als Papa mir Geld gegeben hatte, um ein Paar Turnschuhe zu kaufen. Ich ging in das Schuhgeschäft, stopfte die Schuhe unter meine Jacke und ging hinaus. Es schien so einfach, und ich begann, regelmäßig zu stehlen. Ich machte es nicht wegen des Geldes. Ich machte es wegen dem „Kick".

An einem Nachmittag wurde ich von einem Ladendetektiv im „Littlewoods" in Romford erwischt. Als die

Polizei ankam, durchsuchten sie mich und fanden ein paar Serviettenhalter in meiner Tasche. Ich gab zu, daß ich sie bei „Debenhams" gestohlen hatte, wurde auf die Rückbank eines Polizeiautos gesetzt und zum Polizeirevier von Romford gebracht. Als Papa auftauchte, sagte er, daß er aufgrund meines allgemeinen Benehmens nicht überrascht war von dem, was ich getan hatte.

In der folgenden Woche mußte ich mit Papa wieder auf das Revier, um verwarnt zu werden. Er schien darüber nicht besorgt zu sein und riß auf der Busfahrt dorthin Witze. Er war aber wohl besorgter um mich, als die anderen Polizisten denken mochten. Nachdem mir ein Inspektor eine Verwarnung gegeben hatte, sagte mir Papa streng, daß ich in Jugendhaft geschickt werden könnte, wenn ich nicht aufhörte mit dem Ladendiebstahl.

Dieser Vorfall und die Drohung mit Jugendhaft dämpften meine Begeisterung für das Stehlen kaum. Der Grund für mein Stehlen war, daß ich Aufmerksamkeit heischen wollte. Ich hatte mich ignoriert gefühlt, nachdem sich Mama und Papa getrennt hatten. Außer Simon und David schien sich niemand für meine Gefühle zu interessieren.

Eines Tages rief Alan, der Freund meiner Mutter, meinen Papa an, um ihm zu sagen, daß ich Geld gestohlen hatte. In wenigen Monaten hatte ich, wie sich herausstellte, 1400 Pfund gestohlen.

„Was ist los, John?" fragte Papa.

„Das ist wegen eurer Scheidung", antwortete ich.

„Was meinst du?"

„Ich wollte mich an euch rächen."

An diesem Abend sprach Papa mit mir über seine Befürchtungen hinsichtlich meiner Zukunft: „Als Polizist habe ich viele Jugendliche diesen Weg gehen sehen, und er führt ins Unglück. Ich mache mir Sorgen um dich, John, und ich will nicht, daß du genauso endest."

Als ich Alan das nächste Mal traf, rechnete ich mit dem Schlimmsten. Aber stattdessen ließ er mich nur hinsitzen und sagte, daß er mir verzieh. Er sprach voller Liebe mit mir, aber er wollte wissen, warum ich das Geld gestohlen habe. Ich murmelte, daß es einfach aus Habgier gewesen sei. Obwohl auch darin ein Funken Wahrheit lag, fühlte ich mich nicht in der Lage, ihm zu sagen, daß der echte Grund meine Verletztheit war, die ich wegen der Scheidung empfand. Ich gab nicht Alan die Schuld an der Scheidung. Die war Mamas und Papas Werk. Ich fühlte mich sehr schuldig, als ich begriff, daß ich Alan enttäuscht und verletzt hatte, der – soviel wußte ich – ein guter und netter Kerl war.

Das hat mich jedoch nicht aufgehalten. Schnell ging ich dazu über, statt Ladendiebstahl mit zwei Kindern meines Alters, Chris und Kenny, in Häuser einzubrechen. Chris war ziemlich dick und trug immer ein Liverpooler Fußballtrikot, während Kenny dünn war, Sommersprossen hatte und so aussah, als bräuchte er ein ausgiebiges Bad. Ich stieg immer aus meinem Schlafzimmerfenster, sprang herab auf einen Vorsprung und dann auf den Boden. Ich traf Chris und Kenny für gewöhnlich um ungefähr 3 Uhr morgens auf der Hauptstraße. Wir brachen in Schulen ein, in Gartenhäuschen, Fabriken – alle möglichen Orte. Einmal klauten wir eine Ladung Golfschläger, mit denen wir am nächsten Tag im Park gewaltigen Spaß hatten.

Wir taten es wegen dem „Kick", nicht weil wir die Dinge, die wir klauten, wirklich wollten. Es war ein Bonus, wenn wir auf Geld stießen, wie es einmal vorkam, als wir in meine Schule einbrachen. Ich glaube, mein Papa wußte, daß ich nachts hinausschlich, denn er lehnte Streichhölzer gegen die vordere und hintere Haustüre, um zu sehen, ob sie bewegt worden waren.

Es war nur eine Frage der Zeit, bis ich erwischt wurde. Es geschah, als Chris und ich eines Nachts in eine Tierhandlung einbrachen. Aus irgendeinem Grund, an den ich mich nicht mehr erinnere, hatten wir vor, ein paar weiße Mäuse zu klauen. Jemand mußte jedoch gesehen haben, wie wir über die Mauer hinter dem Laden geklettert waren, denn innerhalb von fünf Minuten war die Polizei da, ertappte uns auf frischer Tat und brachte uns auf das Romforder Polizeirevier. Während des Verhörs gaben wir beide auch noch zu, daß wir in dieser Nacht ein Auto aufgebrochen hatten. Wir wurden angezeigt und dann nach Hause gefahren.

Mein Papa ging in die Luft, als er herausfand, was passiert war. Ein paar Wochen später erschien ich vor Gericht und wurde des schweren Einbruchs für schuldig befunden, weil Chris ein Springmesser dabei gehabt hatte. Meine Strafe waren vierundzwanzig Stunden in einem Heim für jugendliche Straftäter in Harold Hill. Das hieß, daß ich zwölf Wochen lang jeden Samstag zwei Stunden Sport und Zimmermannsarbeit machen mußte. Ich haßte es, aber es schreckte mich nicht davon ab, weiterhin einzubrechen.

Ein paar Wochen später, es war in den Sommerferien, brachen wir wieder in unsere Schule ein, versucht von der Aussicht auf Geld aus der Abendessenskasse. Diesmal war das Büro jedoch verschlossen. Wir traten und drückten die Tür, aber wir konnten sie nicht öffnen. In unserer Wut begannen wir, alles zu zertrümmern, was uns ins Auge fiel. Als unsere Wut nachließ, hatten wir einen Schaden von Tausenden von Pfund angerichtet und manche Bereiche der Schule sahen aus, als hätte eine Bombe eingeschlagen.

Zwei Tage später blickte ich aus dem Fenster und erstarrte. Zwei Polizisten gingen auf die Tür zu. Sie erzählten Elsie, die ganz schockiert war, daß sie einen Durchsuchungsbefehl hatten. Elsie wollte wissen, was passiert war, aber ich zuckte nur mit den Schultern, saß im Wohnzimmer und wartete auf das Unvermeidliche. Es hatte keinen Sinn wegzulaufen. Ich mußte die Suppe auslöffeln.

Nach ein paar Minuten kamen die Polizisten ins Wohnzimmer mit ein paar gestohlenen Sachen in der Hand, die sie unter meinem Bett gefunden hatten. Ich wurde festgenommen, ins Polizeiauto gesteckt und für die Anzeige zum Romforder Polizeirevier gefahren. Die Polizei hatte auch bei Chris und Kenny zu Hause gestohlenes Zeug gefunden, und auch sie wurden angezeigt. Vierzehn Tage später mußten wir drei vor dem Romforder Schöffengericht erscheinen.

An diesem Abend sah mein Papa sehr besorgt aus, als er mir daheim sagte, er wolle ein ernstes Wort mit mir reden. „John, ich glaube nicht, daß du diesmal so einfach davonkommen wirst. Man wird dich wahrscheinlich einsperren. Ich rate dir, einen sauberen Schlußstrich zu ziehen und auch alles andere zuzugeben, was du getan haben magst. Wenn du es nicht tust, wirst du irgendwann in noch größeren Schwierigkeiten stecken. Nimm das als ernsten Ratschlag, John."

Ich hörte auf Papa, der mehr aus Sorge um mich sprach als aus Ärger über das, was ich getan hatte, und mußte ihm Recht geben. Es würde schon schlimm genug werden, wenn sie mich einsperrten. Wenn das passieren sollte, wollte ich nicht, daß hinterher noch irgendwelche Anklagen auf mich zukämen. Mein Ziel war es, so schnell wie möglich herauszukommen und draußen zu bleiben.

Vor Gericht fungierte Papa als mein Anwalt, und ich gab ungefähr sechzig Diebstahldelikte zu. Was ich vor der gerichtlichen Anhörung nicht wußte, war, daß Chris und Kenny in einen Bauernhof eingebrochen waren und eine Schrotflinte gestohlen hatten. Obwohl keine Patronen darin gewesen waren, rückte uns das alle in ein schlechtes Licht. Als der Richter vorschlug, uns in die Jugendstrafanstalt zu schicken, brach ich in kalten Schweiß aus. Ich hatte sehr viel über die Jugendstrafanstalt gehört. Sie mußte brutal sein. In Anbetracht dessen, was mich erwartete, wurde mir schlagartig bewußt, was aus mir geworden war. Der Richter fügte hinzu, daß die endgültige Entscheidung allein beim Bezirksgericht liege. Er verfügte, daß wir drei in der Zwischenzeit der Aufsicht unserer Eltern unterstellt würden.

Als ich eines Tages im September zum Bezirksgericht in Chelmsford ging, erwartete mich ein Rechtsanwalt, den mein Vater durch einen Anwalt namens Sherwin beauftragt hatte. Ein paar Jahre später sollte ich Sherwin selbst kennenlernen und bei der Gelegenheit sehen, wie man mit Geld einen Freispruch erkaufen konnte.

„Wenn du Saal eins bekommst", sagte der Rechtsanwalt sachlich, „wirst du vor Richter Greenwood kommen, und dann kann ich nichts für dich tun: Du wirst in die Jugendstrafanstalt geschickt."

Dann hörte ich, wie mein Name über den Lautsprecher ausgerufen wurde, gefolgt von den Worten „Saal eins." Das war's, dachte ich, als ich aufstand. Jetzt war ich erledigt. Aber dann wurde mir gesagt, daß Richter Greenwood in einen anderen Saal verlegt worden war und daß ein anderer Richter den Vorsitz hatte. Meine Stimmung hob sich, und ich lächelte Papa nervös zu.

Nachdem der Richter den Rechtsanwalt von Chris angehört hatte, fragte er, ob Kennys Rechtsanwalt und meiner dasselbe sagen würden. Als sie dies bejahten, ordnete er eine zehnminütige Pause an. Ich saß im Gerichtssaal und fühlte, wie mir das Leben entglitt. Was würde der Richter anordnen? Würde er vielleicht entscheiden, daß man mich doch in ein Heim für jugendliche

Straftäter schicken solle? Verglichen mit Jugendhaft wäre das nicht gar so schlecht. Oder er könnte mich sogar davonkommen lassen.

Schließlich kam er wieder heraus, setzte sich hin, räusperte sich und wandte sich an die Versammlung. „Gut, in Anbetracht des Alters der drei Angeklagten werde ich sehr mild sein. Sie sind sich, so sagte man mir, der ernsten Natur ihrer Vergehen bewußt. Ich hoffe, daß sie aus all dem eine Lektion gelernt haben. Und so verurteile ich die drei Angeklagten zu drei Monaten Besserungsanstalt."

Ich legte meinen Kopf in die Hände. Ich hatte keine Jugendhaft bekommen, aber eine Besserungsanstalt bedeutete trotzdem, eingebuchtet zu werden. Chris und Kenny sahen genauso schockiert aus wie ich. Würden wir wirklich drei Monate lang eingesperrt werden?

Papa kam zu mir herüber, legte seine Hand sanft auf meine Schulter und sagte mitfühlend: „Es tut mir leid, John."

Eingesperrt

Während der langen Fahrt zur Besserungsanstalt von Kidlington in Oxfordshire verfiel ich in eine tiefe Depression, als ich mir Kennys Horrorgeschichten darüber anhörte, wie es dort wohl sein würde. Als ich in dem Wagen saß, dachte ich darüber nach, daß mir meine Freiheit jetzt genommen worden war. Wann ich aufstand, was ich aß, wohin ich ging, was ich tat, wann ich ins Bett ging: Ein anderer würde jetzt über all das entscheiden. Ich war gerade fünfzehn, und ich vermißte Mama, Papa, David und Simon.

Der erste Anblick von Kidlington steigerte nur meine Besorgnis. Es war ein großes, düsteres Gebäude, abseits der Straße gelegen, ein bißchen wie eine Schule, und die Mauern waren oben von Stacheldraht überragt. Die Botschaft war klar: Wenn du denkst, daß du hierher kommst, um Urlaub zu machen, vergiß es. Das Zentrum schien meilenweit von jeglicher Zivilisation entfernt zu sein.

Wir drei wurden registriert und durchsucht, dann informierte uns ein Aufseher, der nicht so aussah, als ob er Spaß verstünde, schroff über die Regeln; wir bekamen eine lila Jacke und Hose, ein blaues T-Shirt, Unterwäsche, Schuhe, Socken und eine Nummer und wurden dann in unsere Schlafsäle geführt, die spartanisch und kalt waren. Jedem von uns wurden ein Bett und ein Nachttischchen für unsere Habseligkeiten zugewiesen. Wir fanden heraus, daß noch ca. 70 andere Jugendliche da waren, die meisten für drei Monate wie wir. Am nächsten Morgen beorderte man uns drei zum Friseur, der uns den standardmäßigen

Kurzhaarschnitt verpasste. Das war eine weitere Methode, uns unsere Individualität zu nehmen. Ich haßte es, mein langes Haar zu verlieren.

Das Regime in Kidlington wurde von der Glocke beherrscht. Wir hatten wenig Freizeit, und wenn wir welche hatten, gab es nicht viel zu tun. Es gab weder Fernsehen noch Radio, Billard oder Tischtennis. Dahinter stand die Absicht, dich aller Annehmlichkeiten zu berauben. Ein durchschnittlicher Tag in Kidlington begann um 6 Uhr. Nach einer Dusche mußten wir alle vor dem Frühstück im Hof exerzieren. Danach gab es Vormittagsarbeiten, dann um 13 Uhr Mittagessen, gefolgt von Unterricht in Englisch, Mathe und anderen Fächern. Nach dem Abendessen mußten wir uns alle mit einem Buch aus der Bücherei hinsetzen, bevor wir zu weiterem Unterricht anrücken mußten. Um 22 Uhr ging das Licht aus.

In der ersten Woche waren Chris und ich auf dem Weg zum Speisesaal, als ein großer asiatischer Jugendlicher Chris sehr hart auf den Rücken schlug. Ich fand später heraus, daß dieser Jugendliche für sechs Monate hier war, weil er einen Polizisten angegriffen hatte. Er war klar auf der Suche nach Streit, aber Chris sagte ihm, er solle sich verziehen, und ignorierte ihn dann. Später beschlossen Chris, Kenny und ich, dem asiatischen Jugendlichen eine Lektion zu erteilen. Wir wußten alle, daß man sich an einem Ort wie Kidlington auf die Hinterbeine stellen mußte. Außerdem wollte Chris Rache. Also besorgten wir uns Schrubber, die zum Bodenwischen benutzt wurden, und versteckten sie in unseren Betten. In dieser Nacht krochen wir nach dem Zapfenstreich durch den Schlafsaal zum Bett des asiatischen Jugendlichen. Er schlief tief und fest. Wir drei gingen mit den Schrubbern auf ihn los, und er wachte schreiend auf. Wir prügelten weiter auf ihn ein und sausten dann in unsere Betten zurück, bevor einer vom Personal seine Schreie hörte. Zwei Aufseher kamen herein und wollten wissen, was los war, aber wir drei taten einfach so, als würden wir schlafen. Am folgenden Morgen wurden wir zu dem Vorfall befragt, aber unverfroren verneinten wir, irgend etwas davon zu wissen.

Das Fach, das ich und die meisten der Jungen am meisten haßten, war Sport, der oft aus einem langen Lauf bestand. Die Lehrer waren Armeetypen, die eigentlich immer schrien. Um dem Sportunterricht am Mittwochnachmittag zu entgehen, traf ich mich mit ein paar anderen Jungen eine Stunde mit dem katholischen Priester. Er gab uns Tee und Kekse und unterhielt sich mit uns über unser Leben. Ich erinnere mich, daß ich mich auf diese Sitzungen freute – aber ich glaube, das hatte mehr mit dem Tee und den Keksen zu tun als mit Interesse an Religion!

Manche Wärter waren richtig böse. Strafanstalten ziehen zwei Arten von Menschen an: solche, die das Fürsorgliche in ihrer Rolle sehen, und solche, die auf dem Machttrip sind. Ein kleiner Junge, der sein Bett näßte, wurde sowohl von den Wärtern als auch von anderen Jungen gehänselt. Er tat mir leid. Es wurde so schlimm, daß er eines Tages versuchte auszureißen, aber er wurde gefaßt. Eine meiner Aufgaben an diesem Tag war es, dem Arzt, der die Anstalt meist wöchentlich besuchte, eine Tasse Tee zu bringen. Als ich die Tür des Arztzimmers erreichte, konnte ich drinnen Schreie hören. Ich öffnete die Tür und war schockiert, als ich sah, wie der Arzt mit den Fäusten auf das Kind einschlug.

Wenn ich auf meine Zeit in Kidlington zurückblicke, fällt mir auf, daß viele der Jungen dort sehr geschädigt waren. Das strikte, gefühllose Regime machte alles nur noch schlimmer, obwohl ich mich daran gewöhnte und es sogar zu mögen begann. Ich las sogar mein erstes Buch, während ich dort war, einen Western. Es gab nicht wirklich viel Ärger mit den anderen Jungen, weil sie sich davor fürchteten, von den Wärtern erwischt zu werden. Solange man nicht versuchte, das System zu sabotieren, ließen einen die Wärter normalerweise in Ruhe.

An Orten wie Kidlington oder in jedem anderen Gefängnis lernt man von den anderen Insassen verschiedene Tricks. Ich kam gut mit Terry aus, einem drahtigen Jungen, der aussah, als könnte er kein Wässerchen trüben. Als er mir von all dem erzählte, was er schon gemacht hatte, erinnerte er mich an den gerissenen Gauner aus dem Film »Oliver Twist« – Einbrüche, Taschendiebstahl, Raub, Ladendiebstahl, Betrug, er hatte alles getan.

Ein Wärter sagte mir, daß ich an dem Tag, an dem mich meine Mama zum ersten Mal besuchen komme, wie jeder andere weinen würde. Bestimmt nicht, antwortete ich selbstsicher, und ich habe tatsächlich nie geweint. Ich wollte nicht wie manche der anderen Jungen zeigen, daß ich schwach war. Besuche waren nur am Samstagnachmittag erlaubt; dann hatte auch eine Snackbar offen, die Süßigkeiten und Kuchen verkaufte. Während ich dort war, besuchten mich Papa, Mama, Alan, Opa und Oma.

Schließlich kam eines Tages im Dezember 1979 der Morgen meiner Entlassung. Bei verhangenem Himmel stieg ich in einen Sonderbus nach London, eine Plastiktüte mit meinen wenigen Habseligkeiten fest an mich gedrückt, und war erleichtert, nach Hause zurückzukehren. Meine Mama erwartete mich beim Bahnhof Victoria, wo wir abgemacht hatten. Als ich ihr Lächeln sah, fühlte ich mich wieder frei – und geliebt. Es tut gut, Stadtluft zu schnuppern, dachte ich, als Mama und ich uns den Weg durch die Menschenmenge zur U-Bahn-Station bahnten. Als wir in ihrer Wohnung waren, kochte sie mir ein großartiges Essen, das ich verschlang, weil ich die letzten drei

Monate nur langweiliges und schreckliches Essen bekommen hatte.

Später an diesem Abend ging ich heim zu Papas Wohnung und war glücklich, in mein vertrautes Umfeld zurückzukehren. Meine Stimmung sank allerdings, als ich entdeckte, daß das Leben mit Papa und Elsie schlimmer geworden war als vorher. Sie stritten sich jetzt täglich, und immer lag Spannung in der Luft. Viel länger können sie so nicht weitermachen, dachte ich und erinnerte mich an die Streitereien, die dazu geführt hatten, daß Papa sich von Mama getrennt hatte.

Ich hatte Recht. Ein paar Wochen später beschloß Papa, Elsie zu verlassen. Er, David und ich zogen in eine Wohnung in Harold Hill. Zwischen uns dreien lief alles ganz gut, obwohl mir Simon fehlte. Ein paar Wochen später zog Papa jedoch wieder bei Elsie ein und ließ David und mich auf uns allein gestellt. David, der jetzt achtzehn war und arbeitete, teilte sich die Miete mit Papa.

Ich sollte an Ostern aus der Schule kommen, hatte aber keine Vorstellung von dem, was ich tun sollte. Ich konnte mir keinen Beruf vorstellen, der mich reizte. Mich interessierte keines der Fächer in der Schule, und ich starrte einfach in die Luft, als einmal einer meiner Lehrer mit mir über meine Zukunft sprechen wollte. Was wußten die schon? Ich geriet weiter in Schwierigkeiten, was manche Lehrer sowieso erwartet hatten, denke ich. Wie eine Reihe anderer konnte ich es kaum erwarten, die Schule zu verlassen und anzufangen, echtes Geld zu verdienen – auf dem einen oder anderen Weg.

Der Besitzer des Elektroladens, in dem ich samstags ab und zu gearbeitet hatte, bot mir eine Vollzeitstelle an, die ich annahm. Am Anfang war alles gut, aber es dauerte nicht lange, bis ich ruhelos wurde und der Meinung war, daß fünfzig Pfund nicht viel sind für fünf Tage Arbeit. Ich fing an, mich an der Kasse zu vergreifen, wenn der Besitzer nicht im Laden war.

Die Erinnerungen an Kidlington waren schnell verblaßt. Im Hinterkopf wußte ich zwar, daß sie mich beim nächsten Mal an einen Ort schicken konnten, der viel schlimmer war als Kidlington, weil ich jetzt sechzehn war und in ein Jugendgefängnis geschickt werden konnte. Aber jedes Mal, wenn du stiehlst und nicht erwischt wirst, ist die Versuchung, es wieder zu tun, zu groß, um zu widerstehen.

Eines Nachmittags fuhr ich mit meinem Motorrad durch Harold Wood, als ich plötzlich die Kontrolle verlor. Das Nächste, woran ich mich erinnerte, war das Krankenzimmer, in dem ich von Schmerzen gequält lag. Ich hatte mir das Bein an achtundzwanzig Stellen gebrochen, Knochen waren durch die Haut gedrungen, und auch die Schulter hatte ich mir ausgerenkt. Ich war mehrere Monate im Krankenhaus. Eines Tages erschien ein katholischer Priester in meinem Zimmer und stellte sich als Pfarrer Brian O'Higgins vor. Er war der Krankenhausseelsorger und hatte aus dem Aufnahmeprotokoll ersehen, daß ich „rk" als meine Religion angegeben hatte. Warmherzig wie er war, setzte er sich an mein Bett und unterhielt sich mit mir. Danach kam er regelmäßig vorbei, um nach mir zu sehen.

An dem Tag, als ich aus dem Krankenhaus entlassen wurde, fuhr mich Pfarrer Brian nach Hause. In den nächsten paar Monaten war ich öfter in seinem Pfarrhaus zum Essen und lernte den Jugendclub der Pfarrei in Harold Hill kennen. Gelegentlich nahm er mich auch mit in die Oper und zu Kunstausstellungen. Er sprach nie über Jesus, aber er erwies mir viel Liebe. Ich erinnere mich, daß er mir eines Tages ein Skizzenbuch gab, in dem ein Bild des heiligen Thomas Morus war. Ich weiß nicht warum, aber ich fühlte mich wirklich hingezogen zu diesem eher ernst aussehenden Mann, der im Tower von London gefangen gehalten und wegen seines Glaubens hingerichtet worden war, wie mir Pfarrer Brian erzählte.

Weil sich der Besitzer des Elektroladens geweigert hatte, mir für die Zeit im Krankenhaus Lohn zu zahlen, kehrte ich früh zur Arbeit zurück. Als Folge davon zog ich mir eine Blutvergiftung zu und mußte wieder ins Krankenhaus. Als ich danach wieder in den Laden zurückkehrte, war ich ziemlich böse auf den Besitzer und begann, größere Geldbeträge zu stehlen. Als er mich eines Tages schickte, einen Satz Schlüssel nachmachen zu lassen, ließ ich einen zweiten Satz für mich machen, so daß ich kommen und gehen konnte, wann ich wollte. Ich begann, leere Videokassetten aus dem Laden zu klauen und sie anderweitig zu verkaufen.

Obwohl ich schon in der Schule ein paar Freundinnen gehabt hatte, hatte ich um diese Zeit mit Louise, einem bildhübschen Mischlingsmädchen, meine erste ernsthafte Beziehung. Bei unserem ersten Date führte ich sie in ein piekfeines Restaurant im West-End aus, mit Rosen auf den Tischen und romantischer Musik, die im Hintergrund spielte. Danach sahen wir uns »Evita« an, mit Elaine Page und David Cassidy in den Hauptrollen. In der Pause tranken wir Harvey Wallbangers (einen Cocktail). „Ich glaube, die sind mir in den Kopf gestiegen!" lachte sie und legte ihre Arme um mich. Dann küßte ich sie zum ersten Mal. Auf der Heimfahrt saßen wir küssend und eng umschlungen in der U-Bahn, blind für die anderen Leute im Waggon, und ich war stolz darauf, mit so einer schönen Frau zusammenzusein. In den nächsten paar Monaten sahen wir uns oft, und ich übernachtete in ihrer Wohnung, wenn ihr Vater Nachtschicht hatte. Ich glaube, wir haben uns wirklich geliebt, doch mir fiel es schwer, die Beziehung aufrechtzuerhalten. Es fehlte mir an Selbstvertrauen und ich fühlte mich nicht gut genug für sie.

Als ich eines Nachts mit einer Tüte unbespielter Videokassetten den Laden verließ, kam ein Polizeiauto angefahren und ich wurde geschnappt. In Walthamstow wurde ich wegen Diebstahls an meinem Arbeitgeber sowie wegen Einbruchs in das Sportzentrum der städtischen Polizei angezeigt.

Zwei Wochen später stand ich vor Gericht und hörte mir an, wie mich der Schöffe zu einer dreimonatigen Strafe in einer Einrichtung für junge Sträflinge verurteilte. Ich wurde auf die Rückbank eines Gefängniswagens gesetzt und nach Hollesley Bay bei Ipswich in Suffolk gefahren.

Bei meiner Ankunft zog man mich aus dem Polizeiwagen, der Arzt untersuchte mich rasch und ich wurde ins Krankenhaus, ein vom Gefängnis getrenntes Gebäude gebracht, weil mein Bein als Folge des Motorradunfalls immer noch eiterte. Die Zellen waren klein und nur mit einem Waschbecken und einem Bett ausgestattet. Einmal in der Woche konnte man sich ein Buch vom Büchereiwagen ausleihen, aber es standen nie mehr als ein paar Dutzend Bücher zur Auswahl. Die Tage in Hollesley Bay waren unglaublich lang und das Regime schlimmer als in Kidlington. Wer nicht so wie ich dreiundzwanzig Stunden am Tag in einer Zelle eingesperrt war, kann nicht wirklich verstehen, wie lang einem die Tage vorkommen können – die Stunden erstrecken sich vor einem, ohne daß man sich auf irgend etwas freuen könnte, kein Fernsehen, keine Annehmlichkeiten, nichts. Durch mein Zellenfenster konnte ich den Strand und das Meer hinter dem Stacheldrahtzaun sehen. Das steigerte nur noch mein Gefühl, meine Freiheit verloren zu haben.

Ich erfuhr, daß einige der Krankenhausinsassen auf »Station 43« waren. Das hieß, daß sie zu ihrem eigenen

Schutz dort waren, nicht weil sie medizinische Hilfe brauchten. Ich erkannte bald, daß eine Möglichkeit, aus der Zelle herauszukommen, darin bestand, Aufgaben im Gefängnis zu übernehmen, und so meldete ich mich eines Tages als Freiwilliger bei einem Wärter. Ein paar Tage darauf bekam ich den Job, in einem der Büros Akten zu ordnen. Es war stumpfsinnige Arbeit, aber besser, als in der Zelle eingesperrt zu sein.

An einem Punkt ging es mir so schlecht, daß ich mit Selbstmordgedanken spielte, während ich auf dem Bett lag und an die Decke starrte. Das wäre ein Weg, dem Elend und der Langeweile ein Ende zu setzen, dachte ich. Zum Glück habe ich diese Stufe der Verzweiflung nie ganz erreicht. Damals dachte ich, daß mich die Wut am Leben hielt. Erst später fand ich heraus, was mich wirklich gerettet hat.

Wie viele der anderen Kerle dort verbrachte ich viel Zeit mit Schlafen. Wenn ich nicht schlief, war ich gezwungen zu denken. Das war unangenehm. Ich erinnere mich, daß ich zwei Briefe geschrieben habe, einen an meine Mama und einen an meinen Papa. Ich sagte ihnen, daß ich das Gefühl hatte, mein Leben sei gescheitert, und wie sehr es mir leid tat, sie durch meine Taten verletzt zu haben. Ich spürte, daß ich wirklich den Tiefpunkt erreicht hatte. Was erwartete mich wohl, wenn ich aus dem Gefängnis entlassen würde? Nichts. Ich hatte keinen Job, kein Geld und keine Bleibe. Mein Leben war leer und die Zukunft dunkel.

Wieder vor Gericht

Ich starrte aus dem Fenster, als der Zug durch die Landschaft von Suffolk fuhr, und dachte bei mir, wie gut es doch tut, die grünen Felder und Bäume wieder zu sehen. Das vermißt man richtig im Gefängnis. Ich schaute auf das Spiegelbild meines Gesichtes und sagte mir, daß ich nie wieder dort drin landen würde.

„Was tust du, wenn du wieder in Walthamstow bist, John?" fragte mich einer der Typen, der mit mir entlassen worden war.

„Meine Kumpel treffen, viel Knete machen", grinste ich zurück. „Und du?"

Sein Gesicht strahlte. „Als erstes will ich meine Kinder in den Arm nehmen."

Ich würde bei keinem meiner Eltern wohnen, überlegte ich, als die vertrauten Dächer und Hochhäuser des Londoner Ostens wieder in Sicht kamen. Ich war wütend auf sie, obwohl die Wut tief in mir verborgen war. Ihre Scheidung hatte mir viel Leid gebracht. Sue, die Bewährungshelferin, würde mich schon irgendwo unterbringen, tröstete ich mich.

Mein Bruder David, der in der Schreibwarenabteilung bei „Merrill Lynch" in der City arbeitete, hatte mich darum gebeten, uns in einem Pub bei der Haltestelle Liverpool Street zu treffen. Er sagte, er wolle früh Mittagspause machen. Kaum war ich eingetreten, winkte er mir von der Bar aus entgegen und kam dann geradewegs auf mich zu und umarmte mich. Ich war etwas verlegen, weil er das nie zuvor getan hatte. Aber ich war doch froh, daß er mich wieder willkommen hieß und erkannte wahrscheinlich zum ersten Mal, wie tief er mich liebte.

„Wie war es denn da drin, John?" fragte er mit ernster Miene.

Ich zuckte mit den Schultern. „Na ja, weißt du, nicht so schlimm. Hätte schlimmer sein können." Ich wollte ihn nicht wissen lassen, daß ich mit Selbstmordgedanken gespielt hatte. Ich war nicht fähig, selbst meinem Bruder etwas so Intimes mitzuteilen. Hätte ich es getan, hätte ich verletzt werden können.

Ich machte mich auf den Weg zu Sues Büro in Walthamstow. Sie gab mir die Adresse einer Pension in Chingford, die ein paar Meilen entfernt lag. Als ich im Begriff war zu gehen, pumpte ich sie um Geld an und sie nahm zwanzig Pfund aus einer Keksdose in einem Aktenschrank. Als sie es mir entgegenstreckte, ermahnte sie mich, es nicht zu vertrinken oder zu verspielen. „Natürlich nicht", gab ich zurück.

Nach ein paar Pint Bier (ca. 0,5 Liter) und einigen Billardspielen im „The Bell" nahm ich den Bus nach Chingford und ging zur Pension, die dem Polizeirevier gegenüberlag. Die Wirtin, eine kleine Italienerin mittleren Alters, sagte mir, das Zimmer koste inklusive Frühstück sieben Kröten die Nacht und ich müsse eine Kaution von zehn Pfund für das Zimmer und zwei Pfund für den Schlüssel hinterlegen. Sie gab mir ein Schreiben, das die Gebühren bestätigte.

Am nächsten Morgen nahm ich den Bus zurück nach Walthamstow und ging zum Sozialamt. Wie alle Sozialämter war es schmuddelig und trostlos und die Luft roch abgestanden. Die abblätternden grauen Wände waren mit Graffiti beschmiert und Zigarettenstummel lagen auf dem Boden verstreut. Bevor ich mich in der Schlange anstellte, nahm ich den zerknitterten Brief der Italienerin heraus und änderte die zehn Pfund in hundert Pfund und die zwei Pfund in zwanzig Pfund. Die werden nie herausfinden, daß ich das gemacht habe, dachte ich. Ich stolzierte zum Schalter, wo ich mich einer ernsten, molligen Frau mit einer dicken Brille gegenübersah. Was für eine erbärmliche alte Kuh, dachte ich. Ich schob das Schreiben der Italienerin und einen Brief vom Gefängnis unter der Trennscheibe hindurch und tippte mit den Fingern, während sie sie durchlas. „Stimmt das?" fragte sie mit schulmeisterlichem Ton.

Ich blitzte sie an. „Das ist doch die Quittung von der Pension, oder?"

Sie warf mir einen ungläubigen Blick zu und hieß mich um 15 Uhr wiederkommen.

Ich fand mich kurz vor drei wieder im Sozialamt ein und setzte mich in Erwartung einer weiteren langen Wartezeit, doch mein Name wurde schon nach wenigen Minuten ausgerufen. Oh nein, dachte ich, als ich mich dem kleinen Büro näherte und durch das Fenster in der Tür spähte, schon wieder diese erbärmliche alte Kuh.

„Setzen Sie sich, Herr Pridmore", befahl sie, als ich eintrat. Dann fügte sie sarkastisch hinzu: „Es ist jemand da, der Sie sehen möchte. Ich bin sicher, Sie werden sich freuen, sie zu sehen."

Instinktiv drehte ich mich um. Mein Mut sank. Zwei Bullen mit versteinerter Miene standen hinter mir. Die Frau hatte solch einen höhnischen Ausdruck auf dem Gesicht, daß ich ihr am liebsten eine geschmiert hätte, obwohl ich nie wirklich eine Frau schlagen würde. Sie wußte, daß ich gerade erst aus dem Gefängnis kam, aber das machte ihr nichts aus. Wie sich herausstellte, hatte sie die Italienerin angerufen, um die Richtigkeit des Schreibens zu überprüfen. Mir blieb nichts anderes übrig als alles zuzugeben.

Man brachte mich zum Polizeirevier in Chingford und zeigte mich des zweifachen Betrugs an. Nach etlichen Stunden entließen sie mich, und ich ging zur Pension zurück. Die Wirtin war sauer, daß ich das Sozialamt angelogen hatte, und weigerte sich, mir meinen Koffer zurückzugeben, bis ich das Geld zahlte, das ich ihr schuldig war. In dieser Nacht schlief ich im Gras auf der gegenüberliegenden Seite der Straße.

Am nächsten Tag traf ich einen meiner Kumpel namens Stuart, der mir anbot, auf dem Boden seiner Einzimmerwohnung zu schlafen, bis ich wieder zurechtkäme. Stuart war sehr dünn, hatte lange Haare und einen sehr schüchternen, weichen Charakter, und er trug Pringle-Pullis in schreienden Farben. Seine Eltern waren geschieden wie meine, was uns irgendwie zusammenschweißte.

„Paß auf, John", sagte Stuart. „Bomber plant, den Kleiderladen in der Straße auszunehmen. Hast du Lust?"

Ich kannte den Kleiderladen. Sie hatten ein paar hübsche Sachen; von der Art, die man leicht in Pubs und auf der Straße verkaufen konnte. Und obwohl es riskant war, stimmte ich zu. Ich brauchte dringend etwas Bargeld und mußte meinen Koffer zurückhaben.

Am nächsten Abend kamen Stuarts Kumpel Bomber und Smiley in die Wohnung. Sie hatten beide Frisuren wie Skinheads und Tätowierungen. Smiley war ein kleiner Typ mit einer Tätowierung des „British Movement" auf der Innenseite seiner Lippe und einem „M" auf einer Wange. Bomber war ungefähr 1,90 Meter groß und hatte diesen Spitznamen, weil er ein cholerisches Temperament hatte und wie eine Bombe explodierte. Sie hatten wie ich schon einiges gestohlen, aber im Gegensatz zu mir waren sie nie erwischt worden. Sie machten beide Bodybuilding und Kampfsport. Ich war ein paar Mal mit ihnen in der Sporthalle in der Walthamstow High Street gewesen, die von einem Typen geleitet wurde, der einmal Mister Universum gewesen war und passenderweise eine Miss World geheiratet hatte.

Ungefähr um drei Uhr morgens verließen wir die Wohnung und machten uns auf den Weg in die menschenleere Straße. „Okay", flüsterte Bomber und schaute blitzschnell um sich. „Auf geht's. Und denkt daran, wir gehen schnurstracks rein, schnappen uns die Ware und gehen wieder schnurstracks raus." Wir kannten die Einrichtung des Ladens und wußten also genau, was zu holen war.

Stuart und Smiley nickten, und wir hasteten die Straße entlang, wobei wir uns unruhig umsahen, ob uns jemand entdeckt hatte. Smiley beobachtete die Straße, während Bomber und ich das Blei in die zwei Fensterscheiben warfen. Es gab einen mächtigen Krach, gefolgt vom Einsetzen der Alarmanlage. Dann hechteten Stuart, Bomber und ich hinein, räumten das Glas aus dem Weg und gaben acht, daß wir nicht in Stücke geschnitten wurden. Mein Herz raste, als ich schnell ein paar Jeans und Lederjacken ergriff und dabei ein Gestell umstieß. Stuart hatte einen Stapel Männerjacken in den Armen und Bomber hatte sich ein paar lange Mäntel geschnappt.

Der Alarm heulte immer noch laut, als wir mit den Sachen die Straße hinunter flohen, um die Ecke in die Gasse bogen und durch die Hintertür in Stuarts Wohnblock hetzten. Atemlos und angespannt stürmten wir die Treppe hoch und zurück in die Wohnung. Einen Teil der Ware versteckten wir hinter dem Ofen, den Rest nahmen Bomber und Smiley mit.

Um ca. 8 Uhr morgens wurde ich durch lautes Klopfen an der Tür geweckt.

„Polizei! Aufmachen!"

Ich erstarrte. Stuart saß kerzengerade da, kletterte

dann aus dem Bett und schlüpfte in seine Hose. Zwei Bullen marschierten herein, als er die Tür öffnete. „Entschuldigt die Störung, Jungs", sagte der mit dem Schnurrbart, „aber in den Kleiderladen ein paar Türen weiter wurde eingebrochen. Wir dürfen uns doch mal kurz umsehen? Wir haben ein paar Kleiderbügel in der Gasse hinten gefunden."

Angespannt sahen wir zu, wie sie das Zimmer durchsuchten. „Nein, hier ist nichts", stellte der Kleinere enttäuscht fest und richtete sich auf, nachdem er unter das Bett geschaut hatte. Als sie die Tür hinter sich geschlossen hatten, grinsten Stuart und ich uns an und begannen uns sofort darüber zu unterhalten, wie wir die Sachen verkaufen wollten. Da es gute Ware war, würde es ein Kinderspiel sein.

Später suchte ich Bill Sherwin auf, meinen Anwalt. Ich erzählte ihm genau, was auf dem Sozialamt passiert war, und fragte ihn nach seiner Ansicht, wie meine Verteidigung aussehen sollte. Er war so korrupt wie ein Drei-Euro-Schein und behauptete, er könne dich aus jeder Anklage herausholen, wenn du nur genug Geld bezahlst. Er könne sogar ein Geschworenengericht bestechen, wenn du 25 Riesen hättest.

Ich war gespannt, mit welchem Schlachtplan er aufwarten würde. Er lehnte sich in seinem Drehstuhl zurück, legte die Hände aneinander und drehte einen dicken goldenen Ring an seinem Finger. Wie üblich trug er einen Nadelstreifenanzug mit einem rosa Hemd und einer auffälligen Krawatte. „Ich werde dich am richtigen Tag reinbringen", sagte er selbstsicher. An meinem verdutzten Gesicht konnte er ablesen, daß ich keine Ahnung hatte, was er damit meinte.

Als ich Sherwin ein paar Wochen später am Morgen meiner Verhandlung traf, sagte er mir, ich solle mir einen

Platz im hinteren Teil von Saal Nummer eins suchen. Seltsam, dachte ich, als ich all die Kerle bemerkte, die dort saßen. Was hatte Sherwin vor?

Wie auch immer, die ersten beiden gingen zur Anklagebank und der Gerichtsdiener verlas die Anklage: schwere Unsittlichkeit. Die drei Schöffen saßen ausdruckslos da. Die Männer waren auf den Toiletten des Whipps-Cross-Krankenhauses erwischt worden, einem wohlbekannten Treffpunkt Homosexueller. Dann wurden wieder zwei aufgerufen, und der Gerichtsdiener verlas die Anklage: wieder schwere Unsittlichkeit. Jetzt wurde der Hauptschöffe, ein mürrischer alter Kerl von der Art eines Majors mit einem Ledergesicht, immer aufgebrachter. Dann wurde ein weiterer Kerl aufgerufen. Und noch einmal verlas der Gerichtsdiener als Anklage schwere Unsittlichkeit. Ich schaute zu Sherwin hinüber und fragte mich, was da vor sich ging. Sein Gesichtsausdruck verriet jedoch nichts.

Der Schöffe hatte mit einem Bußgeld von fünfzig Pfund angefangen, aber als die Prozession dieser schamroten Männer vor ihm erschien, gingen die Strafen kontinuierlich nach oben – hundert Pfund, zweihundert, dreihundert. Die letzten Kerle bekamen irgendwas um die sechshundert Pfund. Als schließlich ich aufgerufen wurde, zeigte das Gesicht des Schöffen, daß er kurz davor war zu explodieren. Ich konnte sehen, was er dachte. Ich mußte dran glauben.

Alle drei Schöffen sahen mich angewidert an, als ich zur Anklagebank ging und so reumütig wie möglich auszusehen versuchte, während der Gerichtsdiener auf sein Blatt Papier schaute.

„Dem Beklagten wird zweifacher Betrug des Sozialamtes vorgeworfen, Euer Ehren."

„Nun, ich muß sagen, es tut gut, zur guten, ehrlichen Gaunerei zurückzukehren", unterbrach ihn der mürrische

Schöffe und sein Gesicht entspannte sich. Die beiden Schöffen rechts und links neben ihm lachten in sich hinein.

Dann beschrieb ein Polizist, was beim Sozialamt vorgefallen war. Als nächstes stand Sherwin auf und erklärte, daß ich das Verbrechen begangen habe, weil ich kein Geld hatte. „Euer Ehren", fuhr er fort, indem er dem Gerichtsdiener einen blauen Ordner reichte, „die Bewährungshelferin meines Klienten erklärte, daß die Situation aus seiner Spielsucht heraus entstanden sei."

Der Gerichtsdiener übergab den Ordner dem mürrischen Schöffen. Er ging ihn ein paar Augenblicke durch und wandte sich dann an Sherwin. „In Anbetracht der Fakten, die Sie mir geschildert haben, Herr Sherwin, habe ich mich entschlossen, Ihren Klienten mild zu behandeln."

Mir zugewandt sagte er feierlich: „Herr Pridmore, in dieser Angelegenheit erteile ich Ihnen ein Bußgeld in Höhe von fünfzig Pfund für jede der Anklagen. Und ich werde Sie nicht wieder ins Gefängnis bringen lassen."

Mensch Meier, dachte ich und warf Sherwin einen verstohlenen Blick zu, der ein breites Grinsen aufgesetzt hatte. „Äh, danke, Euer Ehren", stotterte ich.

„Der Angeklagte hat keine Kosten zu übernehmen", sagte der Schöffe und fügte nach einer Pause hinzu: „Ich meine, das Sozialamt kann sich das leisten."

Als wir danach auf der anderen Straßenseite im „The Bell" zusammensaßen, war Sherwin sehr zufrieden mit sich. Er sagte, er habe es so eingefädelt, daß ich nach den Männern mit der Anklage schwerer Unsittlichkeit aufzutreten hatte, weil er wußte, daß der Schöffe Homosexuelle nicht ausstehen konnte.

Ich war zutiefst erleichtert. Um ein Haar hätte ich wieder einsitzen müssen. Was nun? Mir war klar, daß ich eine eigene Bleibe brauchte, und mit dem Geld von der Ware, die wir verscheuert hatten, konnte ich irgendwo unterkommen. Stuarts Zimmer war für eine Weile in Ordnung gewesen, aber es war eng und ich glaube, daß wir uns langsam auf die Nerven gingen.

Ich brauchte dringend ein festes Einkommen, und so meldete ich mich auf eine Anzeige, in der ein nobles Hotel in Victoria einen Küchengehilfen suchte. Zu meiner Überraschung wurde ich sofort eingestellt. Der Küchenchef schien mich wirklich zu mögen und die Bezahlung war sehr gut, wenn man bedenkt, daß meine Kochkünste sich auf die Zubereitung von weißen Bohnen auf Toast beschränkten. Es stellte sich heraus, daß mich der Chef irgendwie für einen „Sous-Chef" (Stellvertreter des Küchenchefs) gehalten hatte, als ich mich dort vorgestellt hatte. Ich dachte, daß ich das besser mit ihm klären sollte. Als der Hilfskoch hörte, wie ich den Chefkoch an der Nase herumgeführt hatte, fand er das lustig und wies mir einen anderen Posten in der Küche zu.

Es dauerte nicht lange, bis ich eine eigene Bleibe hatte. Ich mietete ein Zimmer unten im Haus eines Nigerianers und seiner Familie. Die Familie ging kurz darauf nach Nigeria und ließ mich allein in dem Haus, wenngleich sie all ihre Zimmer zusperrte. Eines Tages kam ein Brief für den Hausbesitzer. Ich konnte erkennen, daß der Umschlag eine Geldautomaten-Karte enthielt. Ich öffnete ihn und fand darin ein Formular, das unterschrieben zurückgeschickt werden mußte. Ich hatte auf dem Tisch im Gang einmal einen unterschriebenen Scheck gefunden, also dachte ich mir, ich probiere, die Unterschrift des Mannes zu fälschen. Ich schickte das Formular ab, und eine Woche später kam die PIN-Nummer.

Zum ersten Mal nach meiner Entlassung aus dem Gefängnis hatte ich richtig Geld zum Spielen zur Hand. Ich hob ungefähr zweihundert Pfund am Tag an Geldautomaten ab und verpulverte es in Pubs, bei Buchmachern (im Wettbüro) und für ein paar anständige Klamotten. Damals stand ich auf Kappen, Tweedjacken und Lederhandschuhe: Ich wollte anders sein.

Ein paar Wochen später wurde ich ins Personalbüro des Hotels gerufen. Zwei Kriminalbeamte erwarteten mich. Ich fühlte, wie mir der Boden unter den Füßen schwand und wußte sofort, daß meine Masche mit der Geldkarte entdeckt worden war. Sie setzten mich in ein Auto und fuhren mich quer durch London auf das Revier nach Leyton.

Beim Verhör sagte ich den Polizisten, daß noch andere Leute in dem Haus wohnten und ich nichts von einer Geldkarte wüßte. Schließlich ließen sie mich gegen Kaution laufen, weil die Beweise nicht für eine Anklage ausreichten. Im Hotel wurde ich trotzdem entlassen. Das Auftauchen der Polizei war natürlich nicht geschäftsfördernd.

Da mein nigerianischer Vermieter jeden Tag zurückkommen mußte, hielt ich die Zeit für gekommen, mich aus dem Staub zu machen. Ich konnte mir denken, daß er nicht sehr liebenswürdig mit mir umgehen würde, wenn er herausfand, daß ich sein Bankkonto um über zweitausend Pfund gemolken hatte. Für eine kurze Zeit fand ich eine Einzimmerwohnung, und als ich die Miete nicht mehr bezahlen konnte, zog ich in eine schäbige Pension über einem Spirituosenladen in der Leytonstone High Road. Ich teilte mir ein Zimmer mit drei anderen Typen, allesamt arbeitslos, abgesehen von kleineren Gelegenheitsjobs.

Ein Kumpel erzählte mir von einem Laden in der Commercial Road, in dem man sich gestohlenes Parfum und Socken und noch so einiges besorgen konnte. Ich begann, diese Waren in der Oxford Street und bei der U-Bahn-Station Stratford zu verkaufen. Wie gehabt, gab ich das Geld ebensoschnell aus, wie ich es bekommen hatte.

Gary ist der einzige Mensch aus dieser Zeit, zu dem ich den Kontakt gehalten habe. Wir sind uns das erste Mal begegnet, als der Vermieter seinen Spirituosenladen verkaufte und uns alle in seiner anderen Pension in der Chelmsford Road unterbrachte. Gary war sieben Jahre älter als ich, bekam schon frühzeitig eine Glatze und hatte, seit er erwachsen war, die meiste Zeit seines Lebens damit verbracht, mit seiner Gitarre durch Großbritannien zu reisen, während ich eigentlich nur London wirklich kannte. Wir kamen sehr gut miteinander aus, und ich war fasziniert von den Geschichten, die er mir erzählte, während wir in den örtlichen Pubs Billard spielten. Ich war der Ansicht, daß das Problem bei Gary darin bestand, daß das, wovon er davonlief, ihn allenorts wieder einholte, so daß sein Ziel sich kaum von seiner Ausgangsposition zu unterscheiden pflegte.

Kurz nachdem ich in die Chelmsford Road umgezogen war, gab mir die Verwaltung von Waltham Forest eine Einzimmerwohnung im zweiten Stock eines kleinen Wohnblocks im Cathall-Road-Bezirk in Leytonstone. Gary erhielt auch eine Wohnung, und zwar im Beaumont-Bezirk in Leyton. Wie viele Quartiere in London hatte auch Cathall-Road seine eigenen Probleme, aber weil ich groß war – und ich hatte damals auch einen Dobermann namens Masai – wurde ich nie belästigt.

Gary und ich begannen, mit seinem klapprigen alten Lieferwagen Möbel zu verkaufen. Wir erzählten den Leuten oft, daß das Zeug geklaut sei, auch wenn es nicht stimmte. Wir verbrachten einen Großteil unserer Zeit und unseres Geldes im „The Crown", einem echten Billardlokal in der Leytonstone High Road. Wenn wir nicht

Billard oder Karten spielten, standen wir an der hufeisenförmigen Bar und unterhielten uns mit Leuten wie dem Waliser John, dem Iren Tom, einem einäugigen Italiener namens Bruno, dem wir den Spitznamen Patch (Augenklappe) gaben, und Scotch John.

Zu dieser Zeit begann ich eine Affäre mit Sharon, deren Mann wegen bewaffneten Überfalls auf eine Bingohalle einsaß. Sharon gab meinem Leben einfach nur ein wenig zusätzliche Würze. Was ihr Mann nicht weiß, dachte ich, kann ihn nicht verletzen. Im Unterschied zu meiner Beziehung mit Louise war diese hier rein sexueller Natur. Wir wollten jeweils nur den Körper des anderen. Für sie war ich wahrscheinlich einfach ein Mittel, um mit der Einsamkeit fertigzuwerden, die eine Frau empfindet, deren Mann im Gefängnis sitzt.

Eines Nachmittags gingen Gary und ich in einen Büromöbelladen in der Boundary Road in Walthamstow, dem wir zwei Aktenschränke verkaufen wollten, die wir aus einem Müllcontainer mitgenommen hatten. Der Besitzer des Ladens war Bulldog Smith. Als wir hereinkamen, saß er im hinteren Bereich und schaute sich ein Rennen im Fernsehen an. Er war ein stämmiger Mann Mitte fünfzig mit vernarbtem Gesicht und hatte einen Filzhut auf. Mir fiel gleich auf, daß seine Hose zu kurz war und seine blaue Strickjacke Löcher in den Ärmeln hatte. Er schien ein harter Kerl zu sein, und es war offensichtlich, weshalb man ihn Bulldog nannte.

Als wir mit einem der Aktenschränke vorsichtig auf ihn zu kamen, schaute er auf und sagte in echtem Cockney Akzent: „Was für 'ne Ladung Müll. Was habt ihr mir da angeschleppt?"

Gary und ich sahen zuerst einander und dann den Aktenschrank an denn es war uns peinlich und wir kamen uns lächerlich vor. „Die sind gut in Schuß", warf ich ein.

Bulldog war davon nicht beeindruckt. „Ihr habt die von der Müllkippe, stimmt's?"

„Nein" sagte ich wenig überzeugend.

„Okay, ich geb' euch 'nen Zehner und das war's", sagte Bulldog mit endgültigem Unterton, als er hinter seiner Theke hervorkam und seinen Blick lustlos über die Schränke schweifen ließ.

„Jo, okay" sagte ich und versuchte so zu klingen, als wäre mir das Geld egal.

„Ich will aber, daß ihr diesen Schreibtisch für mich ausliefert", sagte Bulldog und deutete in die andere Ecke des Ladens. „Und falls ihr mal erstklassige Ware bekommt, dann schaut vorbei und wir kommen vielleicht ins Geschäft." Wie sich herausstellte, war Bulldog einer der Gefährten der Krays gewesen, aber er hatte sich mit ihnen überworfen, nachdem in den sechziger Jahren in einem Club in Stoke Newington einer seiner Freunde, Jack „The Hat" McVitie, erschossen worden war. Bulldogs Narbe war das Ergebnis davon, daß er sich die Gunst der Krays verscherzt hatte. Danach soll Bulldog allem Anschein nach in einem ihrer Clubs sämtliche Fenster eingeschlagen haben. Es hieß, er sei der einzige gewesen, der den Krays je eine auswischen konnte.

Ich begann, für Bulldog Möbel auszuliefern und in seinem Laden auszuhelfen. Bald waren wir Trink- und Spielgenossen. Ich saß dann mit ihm in der Ecke und verschlang jedes seiner Worte, mit denen er meine Vorstellungskraft mit Geschichten und Anekdoten über die Schurken beflügelte, denen er begegnet war, und schilderte, wie es früher in East-End zugegangen war.

Ich glaube nicht, daß ich je einen lustigeren Typen getroffen habe. Eines Nachmittags kamen zwei Männer in den Laden mit einer Liste der Büromöbel, die sie haben wollten. Als sie um den Preis zu feilschen begannen, schob

Bulldog seinen Hut nach hinten und rief aus: „Ihr macht wohl Witze!"

„Schrei mich nicht an", sagte einer der Jungs.

„Wessen Laden ist das?" gab Bulldog zurück. „Zahlt ihr die Miete und die Gebühren? Wenn ich in meinem Laden schreien will, dann schreie ich, soviel ich will. Und jetzt raus mit euch!"

Eines Tages stellte mich Bulldog seinem Sohn Ray vor, der bei einigen der größten Popkonzerte in London im Sicherheitsdienst arbeitete. „He, John", sagte Ray eines Abends in der Kneipe, „hättest du nicht Lust, bei mir auszuhelfen und ein wenig Geld zu verdienen?"

„Bei was?"

„Sicherheitsdienst hinter der Bühne. Du mußt ungefähr eins neunzig groß sein, und ich weiß, daß du dich im Griff hast."

„Jo, das klingt gut", sagte ich. „Wo denn genau, Ray?"

Er nahm einen Schluck Bier und lehnte sich zurück an die Bar. „Beim »Run for the World« im Hyde Park."

Damals ahnte ich nicht, daß ich nicht nur bald mit Popstars verkehren, sondern auch in eine Welt hineinrutschen würde, wo Geld keine Rolle spielte, wo es reichlich Frauen gab und wo Drogen, Gefahr und Gewalt ein Teil des täglichen Lebens waren. Was von da an zählte, waren Macht und Ansehen.

Rausschmeißer

Wie mit Ray abgemacht, stellte ich mich ein paar Tage später im Hyde Park ein und meldete mich zum Dienst, zusammen mit etwa zwanzig anderen hart aussehenden Typen. »Run for the World« wurde organisiert, um Spendengelder für Drittweltländer zu sammeln. Tausende von Menschen würden im Park herumlaufen und viele Topkünstler, darunter Sting und Bob Geldof, würden ein Konzert geben.

Ray stellte mich Paddy vor, dem Iren, der „Cooler Hand Security" leitete, dann gab er mir ein gelbes T-Shirt und forderte mich auf, einigen Sicherheitsleuten zu helfen, Stühle von einem Lastwagen abzuladen. Obwohl die Typen wie Wandschränke aussahen, nahmen die meisten von ihnen nur einen Stuhl aufs Mal.

„Los, Jungs, ihr könnt mehr als das", rief der Fahrer aus der Kabine.

„Ja, warum sagst du nicht deinem dicken faulen Kumpel neben dir, er soll uns helfen?" erwiderte einer der Typen.

„Das ist nicht mein Kumpel, das ist meine Frau!" gab der Fahrer entrüstet zurück.

Eine große Anzahl Doppeldeckerbusse wurde entlang der Park Lane geparkt. Vor jedem war ein Stand, der »Run for the World« T-Shirts für fünf Pfund verkaufte. Eine unserer Aufgaben bestand darin, dafür zu sorgen, daß niemand das Geld klaute. Als Ray entdeckte, daß nur fünfzig Cent vom Verkauf jedes T-Shirts an »Run for the World« ging, schlug er einer Frau an einem der Stände vor, es sei doch eine gute Idee, einige T-Shirts in seinen Land Rover zu laden, damit im Park herumzufahren und so die T-Shirts im weiteren Umkreis zu verkaufen. Sie hielt das für eine großartige Idee. So fuhren Ray und ich im Park herum und verscherbelten die T-Shirts. Wir müssen ein paar Hundert verkauft haben. Am Ende hatten wir ein Dutzend McDonald's-Tüten voll Bargeld – das wir selbst einsteckten.

Später überraschten wir drei Jungs, die T-Shirts klauten. Wir ergriffen sie, zogen sie hinter ein paar Bäume und verpaßten ihnen eine Tracht Prügel. Ich erinnere mich, daß ich von dem Machtgefühl erregt wurde, das ich empfand, während ich mit den Fäusten auf einen der Kerle einschlug.

Das erste große Popkonzert, bei dem ich arbeitete, war ein gemeinsamer Auftritt von Queen und Status Quo im Wembleystadion im Sommer 1984, wenn ich mich recht erinnere. Ich war an einem der Hintereingänge des Stadions mit Ray verabredet. Er sagte mir, ich würde am Hintereingang arbeiten, zwischen dem Hauptstadion und der Garderobe hinter den Kulissen, direkt unter der Tribüne. Aufgrund der Berühmtheit und Fans der beiden Gruppen war das Konzert ausverkauft und zog ein bunt gemischtes Publikum an – nicht nur die erwarteten langhaarigen Hardrocker in Lederjacke.

Bei solch einem Ansturm war die Sicherheit gut organisiert. Wir erwarteten zwar keine Schwierigkeiten, aber wir rechneten damit, daß einige Fans vor Begeisterung ausflippen könnten. Das passiert fast immer bei Rockkonzerten, besonders wenn die Leute mit Alkohol oder Drogen, oder mit einer Mischung von beidem, vollgepumpt sind.

Ich bezog meine Stellung am Hintereingang und stellte mich innerlich auf einen langen, langweiligen Nachmittag ein. Ich war einfach nur ein Aufpasser. Nach ein paar

Minuten kam ein kleiner dienstbeflissener Mann vom Wembleypersonal zu mir und sagte, ich dürfe niemanden einlassen, der nicht den offiziellen laminierten Paß habe. Wie wenn ich das nicht wüßte, dachte ich, und versuchte, ihn so gut wie möglich zu ignorieren. Diese Pässe waren Gold wert. Es ging nicht lange, bis ein stetiger Strom von Leuten einsetzte, die mich fragten, ob sie hinein könnten. Jedes Mal schüttelte ich den Kopf und warf ihnen so gut ich konnte einen Blick zu, der besagte: Du machst wohl Witze Freundchen! Ich nahm es ihnen nicht etwa übel, daß sie es versuchten. Ich hätte dasselbe getan.

Dann tauchte dieser Typ in einem teuer aussehenden Anzug auf. Er müsse hinein, sagte er mir, aber Freddie Mercury, Queens Hauptsänger, habe seine Karte.

„Tut mir leid, mein Freund. Du kommst nicht rein ohne Karte", verneinte ich kategorisch und dachte: „Das kannst du deiner Großmutter erzählen!" Aber ich gab ihm 100 Punkte für seine Unverfrorenheit.

„Ja, aber Freddie Mercury hat meine Karte. Ich hab's doch gerade gesagt."

„Na, mein Freund, dann sind wir in der Zwickmühle, was?" sagte ich lässig.

Er schüttelte den Kopf und schaute verzweifelt. „Dann komm mal her", sagte er und schaute sich verstohlen um. „Komm her!"

Ich ging ein paar Schritte zur Seite und behielt gleichzeitig die Tür im Auge.

„Wenn ich etwas für dich springen lasse", sagte er mit leiser Stimme, „läßt du mich dann rein?"

„Selbstverständlich", antwortete ich. Jetzt sprach er meine Sprache. Er ließ einige Noten in meine Hand gleiten und marschierte rein.

Eine Minute später stand Paddy, der Chef, neben mir. „Wieviel hat er dir gegeben, John?"

„Was meinst du?" gab ich zurück und versuchte, unschuldig zu wirken. Paddy war allerdings kein Dummkopf.

„Dieser geschniegelte Typ. Also, wieviel?"

Es brachte nichts, Paddy anzulügen. Er hatte mich gesehen. „Fünfzig Pfund", antwortete ich und zog das Geld heraus.

„Okay, das ist gut", grinste Paddy. „Es hätte mir nicht behagt, wenn du es nur für zehn gemacht hättest."

Ich fühlte mich ziemlich gut, als ich das Stadion nach dem Konzert verließ. Ich hatte nicht nur fünfunddreißig Pfund an diesem Nachmittag verdient, sondern war auch äußerst leicht zu fünfzig Pfund extra gekommen.

In der folgenden Woche wurde ich mit fünf anderen Jungs zu einem Intensivkurs für Kampfsport in einem Haus in Yorkshire geschickt. Er wurde von Len geleitet, einem ehemaligen Soldaten der Spezialeinheit SAS (Special Air Services). Er war ein kleiner Typ mit Spitzbauch und einem fehlenden Ohr. Er hatte für Geld in Thailand gekämpft, bis ihm jemand eines Abends in einer Bar ein Ohr abschnitt.

Unter anderen Dingen zeigte uns Len die Druckpunkte des menschlichen Körpers und wie man auf Messer- und Feuerwaffenangriffe reagiert. Wenn wir übten, wie man einen Angreifer mit Messer entwaffnet, war das ziemlich schmerzhaft, denn am Messergriff war ein Cocktailspieß mit Klebeband befestigt. Wir hatten am Schluss alle viele Stiche an den Armen und auf der Brust. Seit ich aus Kidlington herausgekommen war, hatte ich oft ein Messer bei mir gehabt, doch jetzt beschloß ich, immer bewaffnet zu sein. Wir machten auch Gewichtstraining, lange Läufe und lernten Tai Jitsu, eine Kombination aus Kung Fu, Ninja, Karate, Boxen und Judo. Die meisten Kampfsportarten sind zur Verteidigung; diese Art jedoch diente klar zum Angreifen.

Ich erinnere mich, wie Len uns erzählte, daß jeder einen sechsten Sinn habe. Dies führte er eines Nachmittags vor, indem er einen seiner jungen Praktikanten bat, ihn von hinten mit einem Samuraischwert anzugreifen. Sobald der Junge das Schwert hob, drehte sich Len blitzschnell um und nagelte seinen „Angreifer" in einem Sekundenbruchteil auf den Boden, wobei er ihm das Samuraischwert an die Kehle setzte.

Die nächsten Monate arbeitete ich bei einigen ausverkauften Konzerten wie Simply Red, Michael Jackson und Bruce Springsteen, sowie bei Boxwettkämpfen in der Royal-Albert-Hall. Am meisten gefiel mir der Sicherheitsdienst bei einem Prince-Konzert in der Wembley-Arena. Der Verdienst war zwar nicht gerade umwerfend – dafür war eine Menge attraktiver, halbnackter Frauen auf der Bühne. Das beste Konzert, bei dem ich arbeitete, war das von Frank Sinatra, der zusammen mit Sammy Davis Junior in der Royal-Albert-Hall auftrat. Ich hatte Brendan ausdrücklich darum gebeten, bei dem Konzert Dienst tun zu dürfen, da ich schon immer ein großer Fan von Sinatra gewesen war. Es war fantastisch, ihn all diese großartigen Lieder, einschließlich „My Way", schmachtend singen zu hören.

Im Sicherheitsdienst überlegt man immer, wie man ein paar Pfund extra verdienen kann. Einmal machte ich ein Vermögen bei einem Amnesty-International-Konzert, indem ich Presseausweise verkaufte. Es stellte sich heraus, daß fast niemand von der Presse den speziellen Bereich nutzte, der für sie reserviert worden war, so daß einige von uns dachten, wir könnten nebenbei gut ein paar Pfund dazuverdienen. Da die Nachfrage nach Plätzen an der Veranstaltung groß war, war es kein Problem, die Presseausweise an Leute vor dem Stadion zu verkaufen. Da die Karten in der Regel für bis zu zweihundert Pfund verkauft wurden, konnten wir die Ausweise problemlos für bis zu hundert Pfund verkaufen. Als ich an jenem Abend das Stadion verließ, hatte ich mehr als tausend Pfund in der Tasche.

Ich lernte bald, wie man eine ganze Reihe von Betrügereien zuwege bringt. Zum Beispiel kaufte ich einem Typen von der Sporthalle massenhaft Geschenkgutscheine der Ladenkette „Texas Homecare" ab. Ich wußte nie, ob sie echt oder gefälscht waren. Das ging so: Ich kaufte Gutscheine im Wert von hundert Pfund für zehn Pfund, ging dann in eine Texas-Homecare-Filiale und kaufte teure Artikel wie zum Beispiel einen Bohrer. Ich ging dann in den Laden zurück und sagte etwas wie: „Meine Frau hat mir schon einen Bohrer gekauft. Könnte ich mein Geld zurückbekommen?"

Ich konnte sicher sein, daß sie mir den Gesamtbetrag bar erstatteten. Dies tat ich ein paar Monate lang und fuhr zu Texasfilialen im ganzen Land, wobei ich manchmal in Hotels übernachtete.

Eine andere Masche war die mit Milch-Bons. Ich kaufte normalerweise Bons im Wert von ca. fünftausend Pfund für vierzig Pfund. Dafür bekam man zwar kein Bargeld, doch die Läden gaben stattdessen Zigaretten. Ich denke, daß viele Ladenbesitzer den Verdacht hatten, die Bons seien gefälscht, doch das störte sie nicht, solange sie ihr Geld bekamen.

Eines Tages bot mir Brendan vom Rock-Sicherheitsdienst eine Arbeit als Türsteher im „Bertie's" an, einem gut frequentierten Restaurant in der Charing Cross Road. Ich war hin und weg. Das versprach mehr Geld und, so sagte man mir: Das war der Weg zu richtig fetter Kohle – vorausgesetzt, man stieg in den Drogenhandel ein. Ich gewöhnte mich schnell an meine neue Rolle als Türsteher und lernte bald, wie man zusätzlich Geld verdient. Es war zum Beispiel leicht, zehn Pfund von einem Kunden zu verlangen, damit er nicht in der Schlange anstehen mußte.

Nach einigen Monaten wurde mir eine Arbeit im „Starlight", einem beliebten Pub in Chingford, Essex, angeboten. In dem Pub hatten einige Messerstechereien stattgefunden und Martin, der Manager, den ich noch von der Zeit her kannte, als er Betreiber des „The Green Man" in Leytonstone war, war bestrebt, die Störenfriede loszuwerden. Falls das Pub den Ruf bekäme, ein Ort der Gewalt zu sein, würden die Leute nicht mehr kommen. Er hatte Brendan beauftragt, starke Männer zu besorgen.

Ich sollte Freitag, Samstag und Sonntag abends arbeiten, und sie bezahlten gut. Der Ort zog sowohl die Jungen vom East-End als auch die von Essex an. Die meisten wollten einfach nur einen schönen Abend verbringen, doch manche suchten Ärger.

Martin sagte mir, daß sein bester Türsteher, Ron, der etwa 1,95 Meter groß war, jetzt im „Sensations" arbeitete. Eines Abends, erzählte er, habe ein Junge mitten im Pub eine Schrotflinte gezogen. Ron ging einfach auf ihn los und schlug ihn grün und blau. Martin fragte mich, wie der Ärger meiner Ansicht nach abzustellen sei:

„Ganz einfach, Martin", antwortete ich. „Nur über Einundzwanzigjährige und keine Turnschuhe und Jeans."

„Nun, ich finde, Jeans geht ein bißchen zu weit", sagte er, „aber ich bin einverstanden, nur über Einundzwanzigjährige reinzulassen und Turnschuhe zu verbieten."

Der erste Abend verlief ohne Zwischenfälle, und ich wies mehrere Leute ab, weil sie Turnschuhe trugen. Am zweiten Abend wollte ein gutgekleideter Mann das Pub betreten, aber ich verweigerte ihm den Eintritt wegen seiner Turnschuhe.

„Ich bin ein Freund von Larry", antwortete er. Larry war der Besitzer.

„Das ist mir egal. Du bleibst draußen", sagte ich.
„Hol mir Larry", verlangte er.
„Tut mir leid, Freund, ich geh hier nicht weg."
Der Mann bestand darauf, daß ich den Besitzer hole, aber ich wich nicht von der Stelle.

Ein paar Minuten später kam ein Kunde heraus. Ich bat ihn, nochmals hineinzugehen und Larry zu holen. Als Larry herauskam, ließ er den Typen sofort herein, weil er ein guter Kunde war. Später sagte ich Martin, daß ich den Job kündigte, weil meine Autorität untergraben worden sei. Wenn ich jemandem den Einlaß verweigerte, weil er Turnschuhe anhatte, er dann später in Schuhen zurückkam und jemand anderes mit Turnschuhen an der Bar sah, dann würde ersterer sauer werden und womöglich Probleme machen. Martin erklärte Larry die Situation, der darauf dem Typen, den er eingelassen hatte, ein Paar Schuhe gab.

Eines Abends erschien eine lärmende Fußballmannschaft. Ich bemerkte, daß zwei von ihnen Turnschuhe anhatten. Ich erklärte ihnen die Spielregeln des Pubs bezüglich der Turnschuhe und sagte auch, daß wir nicht mehr als vier Jungs auf einmal einließen. Ein paar von der Mannschaft fingen an zu stänkern. Sie wußten, daß sie mich überwältigen konnten, doch selbst wenn sie sich den Eintritt erzwungen hätten, wären sie nicht bedient worden. Das Faß läuft jeden Augenblick über, dachte ich.

Auf einmal wurden sie still. Ich schaute hinter mich und sah Martin, einen Typen namens Short-Arm-Bob und acht andere Stammgäste, alle mit Billardqueues und Stöcken ausgerüstet. Die Fußballmannschaft stahl sich weg in die Nacht hinein.

Während meines Jahrs im „Starlight" gab es einen, der mich wirklich aufregte. Da er mit Larry befreundet war, meinte er, er hätte das Recht, nach der Sperrstunde weiterzutrinken und mich zu beleidigen, wenn ich ihn zum Gehen aufforderte. An meinem letzten Abend im Pub ging ich zu ihm hin und bat ihn, sein Glas leerzutrinken. Ich wußte genau, wie er reagieren würde. Diesmal ließ ich es mir nicht gefallen, und so nahm ich ihn nach draußen und verpaßte ihm eine gute Tracht Prügel.

Nachdem ich „Starlight" verlassen hatte, bekam ich eine Arbeit als Türsteher im „Tango's", einem Nachtclub neben dem „Bertie's". Ich verstand mich gut mit Phil, einem anderen Türsteher. Er war ein kleiner Ire mit dunklem Haar, war gutaussehend und schaffte es immer, in einem Anzug schmuddelig auszusehen. Er konnte Guinness trinken wie ein Fisch. Obwohl er verheiratet war und drei Kinder hatte, verbrachte er wenig Zeit zu Hause in Canning Town. Er hatte eine ganze Reihe Freundinnen. Ich fand bald heraus, daß Phil vor niemandem Angst hatte, und wie ich trug er immer ein Messer bei sich. „Alle Leute sind Ungeziefer", sagte er eines Tages zornig. Einer der Türsteher vom „Bertie's" regte Phil auf, weil er uns ständig um Hilfe bat, im Restaurant für Ruhe zu sorgen. Eines Abends flippte Phil aus und verdrosch ihn auf der Straße. Danach belästigte er uns nie wieder.

Ein paar Monate, nachdem ich im „Tango's" angefangen hatte, ging ich mit Phil im „The Boleyn" in West-Ham etwas trinken und erwähnte im Verlauf unserer heiteren Unterhaltung einen wirklich harten Typen, den ich die Woche zuvor kennengelernt hatte. „Naja", sagte Phil, „ich habe schon viele berüchtigte Leute getroffen, doch das nützt auch nichts, wenn sie mit einem Messer im Rücken in der Gasse liegen."

„Wie meinst du das?"

„Ich glaube nicht, daß du weißt, wer ich bin und mit wem ich Umgang habe." Er erzählte mir dann, was eines Abends in einem East-Ham-Pub vorgefallen war. Alles drehte sich um einen gewissen Daly, der ein Spiellokal führte, eine illegale Trink- und Spielhölle, in der Nähe eines Pubs, das von Jim Sutton geführt wurde. Jim hatte das Pub übernommen, nachdem er seinen Job als Cheftürsteher im Nachtlokal „Sensations" im West-End gekündigt hatte, obwohl er später wieder dort arbeiten ging. Jeder, der ins Spiellokal ging, ging für gewöhnlich auch in Jims Pub etwas trinken, welches „Arkwright's" hieß, und zu jeder Stunde offen hatte. Daly war darüber nicht glücklich und hatte das Gefühl, Jim ruiniere sein Geschäft. So beschloß er eines Abends, ins Pub zu gehen und Jim die rote Karte zu zeigen.

Phil war im Pub gewesen, um mit Jim und zwei anderen, Ron und Bob, noch schnell etwas zu trinken, bevor er im „Sensations" arbeiten ging. Das Pub war gesteckt voll. Da kam Daly mit fünf anderen herein, ging schnurstracks zur Bar und wollte wissen, wer Jim sei.

„Das bin ich", sagte Jim.

„Gut. Wir sind gekommen, um dir den Kopf abzuschneiden", sagte Daly und zückte im Nu seine Machete.

Jim zog eine Pistole unter der Bar hervor und schoß dem Kerl in die Brust.

Vor Ort explodierte die Gewalt. Phil versetzte Daly einen Stich in die Kehle, während Jim sechs Messerstiche abbekam. Bob und Ron hatten klaffende Wunden im Gesicht. Phil zielte dann mit dem Gewehr auf den Kopf eines anderen Typen.

„Laß mich. Ich bin tot!" schrie der Kerl.

„Das bist du jetzt", sagte Phil und drückte ab. Das Gewehr ging nicht los, deshalb versetzte er ihm stattdessen einen Stich in den Kopf. Ich werde nie die Bösartigkeit in Phils Stimme vergessen, als er den Vorfall schilderte.

Unmittelbar danach wurde Jim an einen sicheren Ort gebracht, wo ein Arzt seine Wunden nähte. Kurz darauf setzten sich Jim, Bob und Ron nach Spanien ab, da sie wußten, daß die Polizei hinter ihnen her war. Phil wollte nicht mit ihnen gehen, weil er bei seinem Vater bleiben wollte, dessen Gesundheitszustand kritisch war. Schließlich wurden Jim, Bob und Ron in Spanien verhaftet und nach London zurückgebracht. Phil stellte sich selbst. Sherwin, derselbe Anwalt, der mir einen Freispruch von der Anklage auf Betrug erwirkt hatte, sagte ihnen, daß er sie schadlos davonkommen lassen könne, wenn sie genug bezahlten.

Der einzige Beweis, den die Polizei gegen die drei hatte, kam von zwei Mädchen, die während des Kampfes durch das Fenster in das Pub geschaut hatten. Keiner der anwesenden Kunden meldete sich. Die Mädchen erzählten der Polizei, daß sie gesehen hatten, wie der Mann hinter der Theke auf einen Mann schoß und Phil auf einen anderen einstach. Diese Mädchen traten nie vor Gericht auf. Sie bekamen Besuch, wie man im East-End sagt – was soviel heißt wie: Ihnen wurde angedroht, daß sie mit Konsequenzen zu rechnen hätten, wenn sie vor Gericht aussagten. Das Verfahren gegen alle vier Männer wurde vom Gericht in der ersten Instanz verworfen. Während ich Phils Geschichte zuhörte, wurde mir klar, daß der Mann namens Ron derselbe war, der vor mir im „Starlight" gearbeitet hatte.

Am Ende eines Arbeitsabends ging ich normalerweise mit Phil in einen anderen Nachtclub. Wir wurden immer respektvoll behandelt und erhielten Freigetränke. Das war großartig.

Als Jim Sutton als Cheftürsteher ins „Sensations" zurückkehrte, gingen wir oft dorthin. Ich war nie wirklich beeindruckt vom „Sensations". Klar, es war erstklassig, voll wohlhabender und attraktiver Leute, aber es war nicht mein Fall. Jim mochte ich allerdings von Anfang an.

Ich hatte noch nie jemanden gesehen, der so selbstsicher war wie er. Er war ca. 1,80 Meter groß und erinnerte mich mit seinem gepflegten Schnurrbart an den Schauspieler Errol Flynn. Obwohl er höflich und charmant war, sah ich ihm an, daß er eine sehr harte Art hatte.

Topgruppen wie Pogues und Tom Tom Club traten im „Tango's" auf. Bob Dylan gab sogar einmal abends ein Spezialkonzert dort und »Kiss FM«, das damals noch ein Schwarzsender war, moderierte regelmäßig am Freitagabend. Diese Auftritte waren immer ausverkauft. Ohne daß der Besitzer es wußte, verdienten wir zusätzlich Geld, indem wir Eintrittskarten wiederverkauften. Am Montag- und Dienstagabend, wenn es verhältnismäßig ruhig war, verlangten wir von den Kunden fünf statt vier Pfund und kassierten die Differenz. Am Ende hatte jeder von uns in der Regel hundert Pfund zusätzlich in der Tasche.

Um ans große Geld zu kommen, planten Phil und ich, im „Bertie's" einzubrechen. Wir nahmen an, daß nach einem Wochenende, an dem viel los gewesen war, zwischen zwanzig- und hunderttausend Pfund im Tresor sein mußten.

„Das wird ein Kinderspiel!", meinte Phil.

Ein paar Tage später, mitten in der Nacht, fuhren wir in meinem Mercedes zum West-End. Im Kofferraum hatten wir einen Sackkarren, auf den wir den Tresor laden wollten. Wir hatten auch Schneidewerkzeuge dabei für den Fall, daß wir ihn nicht heben konnten. Wir stellten das Auto in der Gasse neben dem Restaurant ab und holten den Sackkarren aus dem Mercedes. Mit einem Brecheisen machte sich Phil daran, die Tür aufzubrechen.

Auf einmal standen wir dem Manager Auge in Auge gegenüber. „Was macht ihr beide hier?" fragte er sichtlich überrascht.

„Äh, wir wollten einfach noch spät etwas trinken gehen", antwortete ich wenig überzeugend. Was machte er noch hier, nachdem das Restaurant schon geschlossen hatte?

„Und was soll dann das ganze Werkzeug und der Sackkarren?"

Wir drehten uns einfach um, stiegen in den Mercedes und fuhren weg. Während wir nach Ostlondon zurückfuhren, machten wir uns Sorgen. Wenn wir geschnappt würden, könnten wir Knast schieben. Das Einzige, was zu unseren Gunsten sprach, war, daß der Manager uns nur als „John" und „Phil" kannte und lediglich wußte, daß wir für die Sicherheitsfirma von Brendan und Warrens arbeiteten.

Am nächsten Morgen riefen wir unseren Chef an und sagten ihm, daß wir ihn dringend sprechen mußten. Er lud uns zu sich nach Ladbroke Grove ein. Wir sagten ihm, daß der Restaurantmanager fälschlicherweise annahm, wir hätten „Bertie's" ausrauben wollen und daß die Polizei ihn kontaktieren könnte. „Hör zu", sagte ich, „du mußt diese Karteikarten mit unseren persönlichen Angaben verlieren."

„Ich weiß nicht, ob ich das tun kann", antwortete er. „Ich möchte keine Probleme mit den Bullen kriegen."

„Dann sieh's einfach so", sagte Phil und setzte ihm ein Messer an die Kehle, „wenn du es nicht tust, bekommst du noch mehr Probleme mit mir. Ich schneide dir die Kehle durch."

Er wußte, daß Phil keine Witze machte. Er ging hoch in sein Büro, kam mit den Karten zurück und übergab sie Phil.

Blieb noch das Problem mit dem Manager vom „Bertie's". Er hatte einen Besuch nötig. Am nächsten Abend erschien Alex, ein Kumpel von Phil und mir, und „wechselte ein paar Worte" mit ihm, wie man so schön sagt. Wir hörten nie etwas von der Polizei.

Wir beide wurden allerdings ein paar Monate später geschnappt, nachdem wir einen Kunden im „Tango's" zusammengeschlagen hatten. Er war ein Großmaul und ging uns auf die Nerven. Als ich ihn aufforderte zu gehen, weigerte er sich und wurde gewalttätig. Phil und ich warfen ihn hinaus, zerrten ihn auf die Straße und verpaßten ihm eine rechte Tracht Prügel. Später rief er die Polizei an, und wir wurden verhaftet und der Körperverletzung angeklagt.

Der Fall kam nie vor Gericht. Dafür sorgte Jim. Er fand heraus, wer der Typ war und entdeckte, daß er einen Autosalon im Südosten Londons besaß. Kurz nach dem Vorfall wurde eines Nachts in den Salon eingebrochen. Nichts wurde entwendet. Stattdessen wurden ein Ziegelstein und ein Benzinkanister auf jedes Auto gestellt. Dabei wurde eine Notiz für den Besitzer hinterlassen. Darauf stand: „Mein Name ist Ziegelstein. Wenn irgend jemand wegen der Sache mit Phil und John vor Gericht erscheint, dann wird der Ziegelstein ins Auto gesetzt und das Benzin im Salon ausgegossen. Das gibt ein tolles Feuerwerk!"

Mittlerweile kannte ich Jim sehr gut und war Mitglied seiner „Firma" (Gang) geworden. Ich erinnere mich, wie er eines Tages Phil, Ron und mich bat, in ein Pub in West-Ham zu kommen, um ihm zu helfen, eine kleine Angelegenheit mit einer „Größe" aus Südlondon zu regeln. „Und, John, du mußt mit schwarzem Anzug und schwarzer Krawatte kommen", fügte er hinzu.

Als ich im Pub ankam, war ich von dem Anblick überwältigt. Da waren wohl über sechzig Typen in schwarzem Anzug und schwarzer Krawatte um die Bar versammelt. Um solch eine Armee zusammenzukriegen, mußte Jim schon sehr viel Respekt genießen. Ein paar Minuten später kam der Kerl aus Südlondon mit einem halben Dutzend

Begleiter herein. Ich wünschte, ich hätte einen Fotoapparat dabei gehabt, um ihren Gesichtsausdruck festzuhalten, als sie uns alle sahen. Ich vermute, der Typ war in der Absicht gekommen, Jim zu sagen, was er zu tun habe. Er und Jim verschwanden in einem Hinterzimmer. Ich weiß nicht, worüber diskutiert wurde, aber als sie herauskamen, lächelte Jim und der andere nicht.

Eines Abends sandte Lenny McLean, ein berüchtigter Faustkämpfer, der in der Folge ein Buch über seine Heldentaten schrieb, einen Boten zum „Sensations", um Jim mitzuteilen, daß Lenny später in den Club käme und mit Champagner und „großem Bahnhof" empfangen zu werden wünschte. Jim war davon gar nicht beeindruckt. Falls Lenny in den Club kommen sollte, sagte er, würde er wie alle anderen bezahlen.

Ich hatte Lenny ein paar Mal im „British Oak Pub" in der Lea-Bridge-Road getroffen, als ich mit Bulldog unterwegs war, der illegale Boxkämpfe mitorganisierte. Ich mochte Lenny nicht. Er war sehr aggressiv, ein bißchen ein Maulheld und hatte wenig Respekt für andere, obwohl er vor Bulldog Respekt hatte. Lenny war zwar als großer Kämpfer bekannt, aber er trug nie ein Gewehr oder ein Messer bei sich. In der Hinsicht war er nicht wirklich eine Größe. In den alten Zeiten wäre er eine gewesen, doch als Schießeisen auf der Bildfläche erschienen, wurden Leute wie Lenny für kleine Nummern gehalten.

An dem besagtem Abend tauchte Lenny also im „Sensations" auf, kurz nachdem er seinen Boten gesandt hatte, genau wie Jim erwartet hatte. Jim bat Lenny, mit ihm in eine Gasse in der Nähe des Clubs zu gehen. Bevor Lenny irgend etwas sagen konnte, zog Jim eine Pistole hervor und sagte ihm, daß er sich nicht mit Boxern abgab, sondern nur mit echten Männern. Sprachlos wandte sich Lenny um und ging.

Gewalt, oder die Möglichkeit von Gewalt, wurde zu einem Teil meines Lebens. Ich hatte jetzt eine Machete und eine Flasche Tränengas im Auto. Ich hatte sie allerdings nie bei meiner Arbeit an der Tür dabei. Dafür hatte ich ein Bowiemesser, eine Jiffy-Limonadendose gefüllt mit Ammoniak und manchmal einen Schlagring bei mir. Obwohl ich 1,90 Meter groß war, gab es immer Leute, die sich mit mir anlegen wollten. Man muß sich immer den Rücken freihalten.

Als Türsteher lernte ich sehr gut, die Menschen nach ihrer Körpersprache zu beurteilen. Wenn jemand aggressiv aussah, ließ ich ihn nicht hinein. Ich hatte einen Instinkt dafür, wer angriffslustig und wer nur ein bißchen ausgelassen war. Ich erinnere mich, wie einmal im West-End-Pub „Nightingales" ein großer schwarzer Typ mit riesigen Muskeln an den Armen in Begleitung seiner Freundin erschien. Er tat sehr großspurig, und ich sagte ihm, daß ich ihn nicht einließ.

„Warum?" protestierte er.

„Weil du nicht richtig angezogen bist."

„Was meinst du: Ich bin nicht richtig angezogen? Warum?" sagte er und zeigte mit dem Finger auf mich.

Ich blieb still, weil ich mich nicht auf einen Streit einlassen wollte. Ich hatte ihm gesagt, daß er nicht hereinkam, und damit war die Sache erledigt.

„Du willst mich also aufhalten?" ließ er nicht locker.

„Nein, nicht ich, aber er." Noch während ich sprach, streckte ihn einer der anderen Türsteher mit einem einzigen Schlag zu Boden. Seine Freundin begann loszuschreien, doch wir standen einfach nur da und ließen sie schreien. Nach ein paar Minuten rappelte sich der Typ auf und verzog sich still wie ein Mäuschen.

Mein denkwürdigster Abend als Türsteher war, als einst um die zwanzig Rugbyspieler im „Nightingales" auftauchten. Sie sahen sehr schick aus in ihren Clubjacken, Krawatten und Sporthosen und versicherten uns, daß sie keine Probleme machen würden. Sie sahen okay aus, so daß der Cheftürsteher zustimmte, sie einzulassen, doch er machte klar, daß sie alle Punkt elf gehen müßten. Mit anderen Worten, es gab keine Verlängerung zum Austrinken. Sie waren damit zufrieden und ließen sich an der Bar im oberen Stockwerk nieder. Die obere Bar zog alle Touristen an, während unten gewöhnlich mit Drogen gehandelt wurde. Der Manager wußte vom Drogenhandel und erhielt einen großzügigen Anteil der Einnahmen.

Zur Sperrstunde ging ich zu einem vom Rugbyteam hin und bat ihn, jetzt auszutrinken. „Wir haben noch zwanzig Minuten", sagte er abweisend.

„Nein. Als ihr gekommen seid, wurde euch allen gesagt, daß es keine Verlängerung zum Austrinken geben wird." Er beschimpfte mich und nahm einen Schluck Bier. „In einer Minute komme ich wieder und dann will ich euch alle draußen sehen", sagte ich.

Ich roch Ärger, deshalb ging ich nach unten, um zwei andere Türsteher vorzuwarnen, die gerade die Kunden rausschickten. Sie kamen mit mir hoch, und wir nahmen strategische Positionen um die Bar herum ein.

Dann ging ich wieder auf den gleichen Rugbyspieler zu und befahl ihm zu gehen. Er beschimpfte mich erneut. Das war's. Ich schlug ihm das Glas aus der Hand. „Du spinnst", sagte er, zu mir gewandt.

„Stimmt, ich spinne", antwortete ich, packte ihn an der Jacke und beförderte ihn zur Tür. Innerhalb weniger Minuten hatten wir alle aus dem Pub hinausgeworfen und die Türen zugesperrt. Dies war eine professionelle Glanzleistung.

Ein andermal ging ich zu einem Kerl und forderte ihn auf zu gehen, weil er einige Frauen auf der Tanzfläche belästigt hatte. Er ging auf die Tür zu, drehte sich dann um und schwang ein Messer. Wie eine Rakete ging ich auf ihn los, aber er ergriff die Flucht.

Als ich mir langsam einen Namen als Türsteher machte, wurden mir in zahllosen Clubs Stellen angeboten wie im „Buzz Bar", „Cairos" und „Driver's" im West-End, „The Farley" in Stoke Newington und „Kitson's" in Limehouse. Das einzige Mal, wo ich selbst etwas einstecken mußte, war im „Driver's", wo mir einer einen Schlag aufs Auge gab. Einer seiner Kollegen mußte mich im Polizeigriff festhalten, weil ich den Kerl wahrscheinlich umgebracht hätte. Ein anderes Mal wäre ich beinahe auch geschlagen worden – von einer Frau. Ich hatte einen Marokkaner aus dem Club geworfen, nachdem ich ihn dabei ertappt hatte, wie er sich über die Bar lehnte und sich selber Bier zapfte. Dann erblickte ich seine Freundin, die ungefähr 140 Kilo wog und erbost von der Tanzfläche auf mich losstürmte. Oh nein, dachte ich. „Wenn du näher kommst, schlag ich dich, daß du die Vöglein singen hörst", warnte ich sie. Zu meiner großen Erleichterung ging sie weg. Sich gegen eine Frau verteidigen zu müssen – vor allem, wenn sie 140 Kilo wiegt – ist der Alptraum eines jeden Türstehers.

Die meisten Türsteher, die ich kannte, waren echte Ganoven, aber unter den Türstehern bestand ein gegenseitiger Respekt, wenn auch für die anderen wenig Respekt da war, besonders für die Polizei. Manche denken, daß Türsteher im Vergleich zu Soldaten nicht so hart sind. Eines Abends bat ich meinen Stiefbruder Simon und drei seiner Kollegen, die alle bei den Gardegrenadieren waren, mir beim Türdienst im „Nightingales" auszuhelfen. Alle waren über 1,80 Meter groß und körperlich sehr fit, doch nach dem halben Abend sagten sie, sie hätten genug von der Aggressivität und gingen heim. „Es ist wie der Dritte Weltkrieg", sagte Simon.

Im „Driver's" in Covent Garden trugen wir Fliegerjacken und -hosen statt Anzüge, weil es dort so viele Schlägereien gab. Der Club, der bis drei Uhr morgens offen hatte, hatte keinen Bekleidungscode, so daß alle möglichen Leute hinkamen. Eines Nachts wurden ein Mädchen und ihr Freund brutal auf der Straße zusammengeschlagen, nachdem sie den Club verlassen hatten. Sie waren keine Unruhestifter, sondern wollten einfach einen schönen Abend verbringen. Offensichtlich hatte es einem der Jungs, der sie zusammengeschlagen hatte, nicht gepaßt, daß das Mädchen nicht mit ihm tanzen wollte. Phil, der auf einen Drink in den Club gekommen war, war genauso in Rage wie ich, so stiegen wir in mein Auto und suchten die Jungs. Aus der Beschreibung des Pärchens wußten wir, wie sie aussahen. Wir hatten sie schon früher am Abend herumalbern sehen.

Wir rechneten aus, daß sie mit großer Wahrscheinlichkeit am Trafalgar Square auf einen Nachtbus warteten. Wir fuhren ein paar Mal um den Platz herum und erspähten sie dann tatsächlich auf einer Mauer sitzend. Sie lachten. Wir hielten an, sprangen aus dem Auto, und ohne die Leute zu beachten, die auf die Busse warteten, gingen wir auf sie los. Der Größere verduftete, und Phil setzte ihm nach. Ich packte den anderen, drückte ihn an die Wand und begann, auf ihn einzuschlagen. Plötzlich hörte ich jemand schreien. Ich warf einen Blick über die Schultern und sah, wie Phil wütend auf die Beine des Typen einstach, den er gefangen hatte.

Als ich am folgenden Abend im „Driver's" auftauchte, sagte mir der Besitzer, daß ein Türsteher eines anderen Clubs Phil und mich suchte. Es stellte sich heraus, daß die zwei Jungs, die wir zusammengeschlagen hatten, Freunde des Türstehers waren. Phil und ich gingen schnurstracks zu ihm. Als wir den Club erreichten, war Phil bereits auf 180. Er ging zum Türsteher, zog seine Pistole und sagte:

„Hast du ein Problem mit uns? Nach dem, was die beiden dem Pärchen angetan haben, können sie froh sein, daß wir ihnen nicht gleich bei lebendigem Leib die Haut abgezogen haben." Eingeschüchtert sagte der Türsteher, daß er die beiden noch nicht einmal kenne.

Manche Menschen, die ich rauswarf, schworen, mit einer Pistole wiederzukommen, doch sie kamen nie. Tatsächlich hörte ich aber von Türstehern, auf die geschossen wurde. Normalerweise passiert das, weil sie jemandem massiv zusammengeschlagen haben. Ich erinnere mich, daß dies einst einem Türsteher in einem Club in Limehouse widerfuhr. Gerade vor den stillen Kerlen mußte man sich wirklich in acht nehmen.

Ich hatte nie wirklich Angst an der Tür, weil ich wußte, daß ich Unterstützung von den anderen hatte, und wir hatten eine Reihe von Waffen im Club, um mit jeder Art von Unruhestiftern fertigzuwerden. Der beste Türsteher, mit dem ich je gearbeitet habe, ist zweifelsohne Max, ein 1,85 Meter großer italienischer Gewichtheber. Max machte einen sehr professionellen und gelassenen Eindruck, und er war äußerst höflich zu den Kunden. Er hatte allerdings etwas an sich, was einem sofort Respekt einflößte. Wenn man ihn provozierte, war's geschehen. Einmal sah ich, wie er einen US-Marinesoldat an der Gurgel heraustrug.

Inzwischen investierte ich das Geld, das ich verdiente, in Drogen. Einmal kauften Phil und ich zwei Kilo „Rocky" in einem kleinen Laden in Brixton, von dem uns jemand erzählt hatte. Sie versuchten uns reinzulegen und glauben zu machen, daß sie uns erstklassiges Rocky gaben, während es in Wirklichkeit wie Dreck schmeckte. Als wir uns weigerten zu zahlen, wurden sie aggressiv. Plötzlich zog Phil seine Pistole und zielte auf sie. Sie erstarrten vor Schreck. Dann zeigte einer von ihnen auf eine Tüte, die den guten Stoff enthielt. Wir kauften ein paar Kilo, warfen das Geld auf den Tisch und verschwanden. Ich entdeckte, daß wir unser Geld mit einer Investition von zwischen eineinhalb und zweitausend Pfund für ein Kilo Rauschgift verdoppeln konnten, indem wir Leute dazu brachten, es grammweise zu verkaufen. Dadurch geriet ich noch tiefer in die ganze Drogenszene hinein.

Die Drogenszene

Als ich mich einmal spät am Abend mit Jim in einer Bar unterhielt, erzählte er mir, er habe einen Hinweis bekommen, daß sich vierzig Kilo Drogen in einer Garage unter dem Torbogen bei der Bahn in Hackney befanden und daß die Besitzer der Drogen in der Szene keinen Namen hatten. Hätten die Drogen einer Gang gehört, nicht Amateuren, hätte Jim sie nicht angefaßt. Er war schlau.

„Hast du Lust, mir und Phil behilflich zu sein, John?" fragte er.

„Ja, klingt ansprechend, Jim", antwortete ich beim Gedanken an einen anständigen Anteil.

Ein paar Nächte später fuhren Jim, Phil und ich hinüber nach Hackney. Wir parkten den Lkw ein paar Meter von der Garage entfernt in einem verlassenen Seitensträßchen und sondierten die Umgebung. Alles war ruhig bis auf den Verkehrslärm von der Hauptstraße. Mit einem Bolzenschneider brachen wir das Türschloß auf, stahlen uns hinein und durchleuchteten mit unseren Taschenlampen den Raum. Die Drogen – „Rocky" – befanden sich in mehreren Kisten in einer Ecke. Wir nahmen sie eilig aus den Kisten, steckten sie in schwarze Müllsäcke, luden sie in den Lkw und fuhren zu Jims Haus in der Nähe von Chigwell in Essex. Jim hatte ein Haus mit Stil: Es befand sich in einem mehrere Hektar großen Garten und hatte im hinteren Teil einen Swimming Pool. Er gab mir zehn Kilo als Anteil. Ich wußte, daß ich sie problemlos den Dealern in der Cathall-Road-Siedlung verkaufen konnte.

Danach fuhr Jim Phil und mich nach Leyton, wo ich die Drogen im alten, klapprigen Rover lagerte, den ich vor meiner Wohnung hielt. Ich fuhr nie damit, da ich noch einen BMW und einen Mercedes hatte. Ich benutzte ihn nur, um heikle Sachen zu lagern.

Die Welt ist klein, wenn man ein Krimineller ist. Man erfährt oder hört bald von denen, die sich in kriminellen Kreisen bewegen. Am nächsten Abend ging ich in ein örtliches Pub, um mich mit Pep zu treffen, einem Dealer, den ich ziemlich gut kannte. Ich verkaufte ihm zwei Kilo für 3500 Pfund und sagte ihm, er solle im Quartier ein bißchen Werbung machen. Innerhalb weniger Tage hatte ich alles verkauft und um die 15000 Pfund kassiert. Ich war noch nie so leicht zu Geld gekommen.

Kurz danach bat mich Jim, einen Land Rover auf einem Parkplatz in Folkstone abzuholen und ihn nach Liverpool zu fahren. Er gab mir 10000 Pfund für den Job, daher wußte ich, daß der Land Rover mit Kokain oder sogar mit Gold vollgestopft sein mußte – aber es war nicht meine Aufgabe, Fragen zu stellen.

Ende der achtziger Jahre war Londons Drogenszene sehr international geworden. Zwei Typen, die tief in dieser Szene steckten, waren Syed, ein Iraker, und Afif, ein Palästinenser, der Beziehungen zur Palästinensischen Befreiungsorganisation (PLO) hatte. Ich kaufte Afif blanko Kreditkarten ab, der sie von korrupten Postboten bezog. Es dauerte gewöhnlich vier Tage, bis die Karten storniert wurden. Bis dahin konnte man bis zu 5000 Pfund ausgegeben haben.

Syed, der von der irakischen Armee desertiert war, nachdem er einen Offizier umgebracht hatte, war ein sehr geachteter und loyaler Türsteher. Er war ein stämmiger Mann, der immer lächelte und gerne Leute zu arabischem Essen mit sechs Gängen zu sich einlud. Er war auch ein großartiger Backgammonspieler. Afif, der Omar Sharif ein bißchen ähnelte, hatte nur daran Interesse, aus den Leuten Kapital zu schlagen und würde einem in den Rücken fallen, ohne eine Sekunde zu überlegen. Er bewirtete mich stets im großen Stil in der Hoffnung, daß ich ihn mit Leuten wie Jim und Bulldog bekanntmachen würde. Das kam aber überhaupt nicht in Frage.

Dank Syed und Afif begegnete ich vielen arabischen Millionären, meistens in Restaurants in Bayswater und in der Edgware Road. Sie hatten gerne Kontakt mit Londons Ganoven. Einmal wurde ich beauftragt, bei der Geburtstagsparty der Tochter eines kuwaitischen Geschäftsmanns in einem Tophotel im West-End für die Sicherheit zu sorgen. Es erschienen mehrere hundert Personen einschließlich einiger hochklassiger Prostituierter. Einer der Jungs begann dann, Schwierigkeiten zu machen. So führte ich ihn im Würgegriff aus dem Hotel in eine Nebenstraße und verpaßte ihm einen Denkzettel. Am Ende der Veranstaltung dankte mir der kuwaitische Gastgeber dafür, daß ich mich um den Vorfall gekümmert hatte und gab mir zusätzlich 2500 Pfund.

Eines Tages sagte mir Afif, er habe acht entführte Lastwagen voller Elektrogeräte. Sie waren offenbar in einer Garage in Kilburn und in einem Lager in Wembley versteckt worden. Er fragte mich, ob ich meine Kontakte spielen lassen könnte, um ein Treffen mit zwei Topgrößen Südlondons zustande zu bringen. Gegen besseres Wissen sagte ich zu.

Wir trafen uns im Hilton Hotel in der Park Lane, wo die Südlondoner für den Vormittag eine Suite gebucht hatten. Bei einem Champagnerfrühstück besprachen wir das Geschäft. Die Männer sagten, sie würden keine acht Lastwagen kaufen, wenn sie nicht eine Liste der darin enthaltenen Gegenstände hätten. Afif schien nicht genau zu wissen, was in den Lastwagen war. Er sprach vage von Videos, Camcordern und so weiter. Dazu schien er nicht einmal zu wissen, ob es wirklich acht Lastwagen waren. Ich erinnere mich, wie ich dachte, daß meine Glaubwürdigkeit rapide abnahm. Warum hatte Afif sich nicht darum gekümmert, die genauen Angaben herauszufinden? Ich konnte an den Gesichtern der beiden Südlondoner Ganoven ablesen, daß Afif sie immer mehr frustrierte.

Dann sagte Afif, er bringe sie zu den Lastwagen, damit sie alles selber sehen könnten. Die Männer wollten nicht dorthin gehen. Als Afif darauf bestand, daß sie gingen und er die 40 000 Pfund bekam, wurde die Atmosphäre sehr angespannt.

„Hör zu, Afif, sie wollen nicht zu den Lastwagen gehen", unterbrach ich ihn verärgert. Ich wandte mich den beiden Männern zu und bat sie um Verzeihung für die Zeitverschwendung. Ich verließ das Hotel dann allein und schwor mir, nie wieder etwas mit Afif zu tun zu haben. Später erfuhr ich von Syed, daß es Afifs Absicht gewesen war, die Männer zu den Lastwagen zu bringen, ihnen das Geld abzuknöpfen und sie dann zu erschießen. Ob Afif auch die Absicht hatte, mich zu erschießen, werde ich wohl nie erfahren.

Mit ihrem Ruf von Drogenhandel, Schießereien und Mord haben die Yardies – Gangster aus Jamaika – sich in der Londoner Unterwelt in den letzten zwanzig Jahren einen Namen gemacht. Ich bin ihnen nie wirklich begegnet, doch ich erinnere mich, wie sie nach Hackney zogen. Die örtliche Gang sah die Jamaikaner nicht gern in ihrem Revier, deshalb schickten sie einen Boten in ein Yardie-Haus mit der Nachricht, daß sie nicht willkommen seien. Einer der Yardies zog eine Maschinenpistole, drückte sie dem Mann gegen die Nase und sagte ihm, dies sei ihre

Antwort. Später an dem Abend wurden vier Yardies erschossen und ihr Haus angezündet. Sie verschwanden.

Ein Freund von Syed, Terry, begann mir Kokain zu besorgen, während ein Typ namens Double-Duster („Doppelschläger" – er hatte diesen Namen, weil er mit zwei Schlagringen kämpfte) mir Sulfat oder Cannabis besorgte. Die Drogen brachten mir durch den Handel nicht nur Geld ein, sondern ich nahm den Stoff auch selber, um mein Gewissen zu betäuben.

Cannabis gab es als Harz, in flüssiger Form, als Gras, das man rollte, oder als Rocky oder Leb, das man brannte, zerbröckelte und dann rauchte. Die schlechteste Art Cannabis war schwarz, hergestellt aus dem Mark der Pflanze. Im Gegensatz dazu gab es Kokain nur in zwei Varianten: als Pulver, das gewöhnlich mit Dingen wie Babymilch oder Abführmitteln vermischt war und geschnupft wurde, oder als Crack, die reinste Form. Um Crack herzustellen, wurde das Kokain erhitzt, und wenn es kristallisiert war, blieb Rock übrig. Crack rauchte man in einer Pfeife oder konsumierte es über einem Halm, mit Hilfe einer Wasserflasche, die mit einer perforierten Alufolie bedeckt ist.

Ich besuchte einmal eine Crackfabrik in einem Haus in Battersea. Normalerweise befanden sich Crackfabriken in Bauernhöfen oder in Lagerhäusern mitten auf dem Land, nicht in der Londoner Innenstadt. Das Haus war wie eine Burg. Um hineinzukommen, mußte man durch vier verstärkte Stahltüren gehen. Die Fabrik befand sich im Keller, wo junge Frauen den Crack wuschen. Für den Fall einer Polizeirazzia gab es einen Geheimtunnel, der durch eine Falltür zu öffnen war und der das Haus mit einem Nachbarhaus auf der anderen Seite der Straße verband.

Sulfat und Ecstasy waren sehr beliebte Drogen bei Leuten von der Partyszene. Sulfat oder Speed, wie es auch manchmal hieß, konnte man auf zwei Arten nehmen, entweder durch Spritzen oder durch Sniffen. Sulfat gab einem viel Energie und ermöglichte, lange Zeit wach zu bleiben, doch danach wieder nüchern zu werden, war nicht gerade angenehm. Ich mochte es nie. Ecstasy, das es in Tablettenform gab, war sehr ähnlich. Es gab einem viel Energie, erzeugte aber ein sehr angeheitertes Gefühl. Man hatte nicht nur das Bedürfnis zu tanzen, sondern fühlte sich auch sexuell sehr erregt.

Gelegentlich kamen Geheimpolizisten in Zivil in die Clubs, um nach Drogen zu fahnden. Doch Leute wie Jim hatten engen Kontakt zu gewissen Polizeibeamten und erhielten Listen darüber, wo und wann solche Fahndungen geplant waren. Für die Weitergabe dieser Informationen bekamen diese Polizeibeamten Schmiergeld. Wir stellten dann sicher, daß an einem solchen Abend keine Drogen da waren und kein Drogenhandel stattfand, wenn der Club überwacht wurde. Manchmal wußten wir nicht den genauen Tag, nur die Woche, doch wir stellten trotzdem sicher, daß es keine Drogenaktivität gab. Falls Drogen gefunden wurden, konnte der Club geschlossen werden. Ich kann mich aber nicht daran erinnern, daß irgend jemand je wegen Drogendelikten in einem der Pubs oder Clubs, wo ich arbeitete, verhaftet worden wäre.

Ich legte mir bald ein Kontaktbuch an mit den Namen und Telefonnummern der Drogenlieferanten und -dealer. Ich war einfach der Mittelsmann. Ich hatte nie Adressen von meinen Kontaktpersonen, immer nur Telefonnummern. Ein Dealer rief mich zum Beispiel an und bat mich um, sagen wir, 30 Gramm Crack. Ich rief dann einen Lieferanten an, bekam ein Angebot und organisierte einen Treffpunkt für beide Parteien, normalerweise in einem Parkhaus oder auf dem Parkplatz eines Supermarkts. Das war noch vor der Zeit der Überwachungskameras. Der

Lieferant ging nie selbst zu diesen Treffen; er schickte einen Laufburschen. Nach dem Deal traf ich den Lieferanten in einem Pub und erhielt meinen Anteil an Geld in einem braunen Umschlag. Wenn zum Beispiel 30 Gramm Kokain 1100 Pfund kosteten, bezahlte der Dealer dem Lieferanten 1400 Pfund, und ich verdiente 300 Pfund.

Ein Dealer, der 30 Gramm reines Kokain für 1400 Pfund kaufte, wußte, daß er einen massiven Gewinn machen würde, wenn er das Kokain mit Babymilchpulver oder etwas Ähnlichem mischte, um es weiter zu strecken. Je weniger man es streckte, desto mehr Leute wollten es, weil sie es selbst strecken und weiterverkaufen konnten. Je weiter man in dieser Kette ging, desto schlechter wurde die Qualität. Die Leute kamen zu mir, um Drogen zu kaufen, weil sie wußten, daß ich gute Beziehungen in London hatte, die Ware immer von Qualität war und ich im Gegensatz zu anderen Typen nie jemanden ausnahm. Drogenkriege fangen damit an, daß Leute einander übers Ohr hauen.

Als ich in einem Nachtclub von Kensington arbeitete, versuchte ich zum ersten Mal Kokain. Viele Dealer bezahlten uns gut, um dort Geschäfte machen zu können. Drei von uns arbeiteten unten im Club und sechs arbeiteten oben. Die Kollegen oben konfiszierten die Drogen, wenn die Leute hereinkamen, während wir unten darauf achteten, ob sich jemand verdächtig verhielt. Wir gingen oft auf die Männertoiletten, wo wir auf eine Kloschüssel stiegen und in die andere Kabine hinüberschauten. Wenn wir einen sahen, der sozusagen nicht sein Geschäft verrichtete, schlug einer von uns an die Tür. Da er nicht merkte, daß er aus der nächsten Kabine beobachtet wurde, stopfte sich der Typ gewöhnlich die Drogen unter die Unterwäsche. Wenn er herauskam, leugnete er, Drogen bei sich zu haben. Wir sagten ihm, daß wir gesehen hätten, wie er sie versteckt hätte, und ließen ihm die Wahl, entweder uns die Drogen zu geben oder der Polizei übergeben zu werden. Wir bekamen immer die Drogen. Wir erzählten dem Kunden, daß wir die Drogen das Klo heruntergespült, was wir natürlich nie taten. Am Ende des Abends hatten wir oft Drogen im Wert von ein paar tausend Pfund. Damals verkaufte sich Kokain für fünfzig Pfund pro Gramm, während Ecstasytabletten sich für zehn Pfund verkaufen ließen.

Ich begann auch, an Crack-Partys in Syeds Wohnung in Notting Hill Gate teilzunehmen. Zuerst aßen wir und tranken Champagner, danach rauchten wir Crack im Wert von ungefähr tausend Pfund. Zum Schluß hatten wir für gewöhnlich noch Sex mit Prostituierten oder mit Mädchen, die wir in einem der Clubs aufgegabelt hatten. Eine Party konnte bis zu zwei Tage dauern.

Ein Schuß Crack dauert zwischen zwei und vier Minuten, während denen man euphorisch ist. Denk an die größte Freude, die du je gehabt hast, und multipliziere sie mit tausend, dann hast du den Rausch, den dir Crack verleiht. Crack gibt dir auch das Gefühl, übermenschlich zu sein und du machst dir kein Gewissen mehr. Es macht dich allerdings paranoid, und es geht dir nur noch um Crack. Du sorgst dich nicht mehr um dich oder sonst jemand. Es ist die Droge, die am meisten süchtig macht, mehr noch als Heroin. Ich habe allerdings nie mit Heroin gehandelt. Der Grund dafür war, daß die Leute, mit denen ich verkehrte, meinten, daß Heroin nur Elend mit sich bringe. Es war eine Art moralischer Kodex, wenn auch ein falscher.

Wie Kokain macht auch Cannabis paranoid, aber es macht auch lethargisch und führt oft zu schwerer Trunksucht beim Versuch, den Wahn zu bekämpfen. Obwohl Cannabis selbst nicht süchtig macht, macht es doch der Rausch, den es hervorruft. Aus meiner Erfahrung weiß ich, daß man einer Droge bald überdrüssig wird und schließlich andere versuchen will.

Mittlerweile war ich durch den Drogenhandel ein erfolgreicher „Geschäftsmann" geworden. Ich beschloß, eine zweite Wohnung zu mieten im Beaumont-Viertel nahe der Cathall Road, damit die Polizei mich nicht so leicht finden konnte. Weil durch den Drogenhandel so viel Geld hereinkam, beschloß ich auch, ein luxuriöses Penthouse-Appartement für 520 Pfund pro Woche im St.-John's-Wood Villenblock mit Blick auf das Lord's-Cricket-Feld zu mieten.

Ich hatte das Bedürfnis nach einem sauberen Ort, um gewisse Geschäfte abzuwickeln – und wohin ich auch Freundinnen mitnehmen konnte. Zu der Zeit hatte ich oft zwei bis drei Freundinnen auf einmal. Nur meine nächsten Kollegen wußten jedoch, wo diese Wohnung war.

Ich warf das Geld mit beiden Händen hinaus. Ohne Bedenken ging ich in die Oxford Street und gab 500 Pfund für Kleider aus. Ich aß in Spitzenrestaurants und übernachtete in den besten Hotels, wobei ich nie auf den Preis achtete. An einem Wochenende nahm ich einmal ein Mädchen, das ich im „Driver's" aufgegabelt hatte, nach Brighton, wo wir zwei Nächte im feudalen Queen's Hotel übernachteten. Wir gingen in Restaurants und in ein Casino und gingen groß einkaufen. Es bedeutete mir nichts, daß ich an einem Wochenende 4 000 Pfund verpulvert hatte. Ich liebte Autos und besaß jetzt einen 7er BMW in Silbermetallic mit persönlichem Kennzeichen – RE 800 (manchmal nannte ich mich deswegen Robert Ellis) sowie eine klassische weiße Mercedeslimousine aus den siebziger Jahren mit feinsten Silberaccessoirs.

Einen großen Teil des Geldes vertrank und verspielte ich auch. Ich konnte locker 300 Pfund in einer Nacht ausgeben. Die Nachmittage verbrachte ich in Pubs, bei Buchmachern (in Wettbüros) oder bei Hunderennen in Walthamstow, Romford oder Hackney. Ich hatte eine Vorliebe für Pubs wie „The Frog" und „Nightgown" in der Old Kent Road und „The Rose and Crown" in Stratford, wo live gesungen wurde. Mit das Schlimmste bei der Arbeit als Türsteher war es, immer diese Musik anhören zu müssen: „Garage", „House", „Dance" und „Acidmusic". Ich hielt das nicht aus! Interessanterweise hatte Bulldog eine sehr gute Stimme und nahm manchmal in Pubs an Talentwettbewerben teil, wo er seine Version von Al Jolsons „Mammy" zum Besten gab.

Außerhalb der kriminellen Welt besuchte ich meinen Papa etwa einmal im Monat und meine Mama etwas öfter. Aufgrund seiner Erfahrung als Polizist denke ich, daß mein Vater vermutete, daß ich mit verschiedenen Verbrechern Kontakt hatte, doch er sagte nie etwas. Ab und zu ging ich mit ihm in die Kneipe beim Fußballplatz in West-Ham. Der Fußball interessierte mich nie. Die Kneipe war einfach ein guter Ort zum Trinken und für das Glücksspiel. Mein Vater arbeitete nicht mehr bei der Polizei, nachdem er verletzt worden war, während er bei einem Fußballspiel in West-Ham Dienst tat. Ein Mann hatte seiner Freundin eine aufgerissene Bierdose ins Gesicht gestoßen und mein Papa ging in die Menge, um ihn festzunehmen. Da gingen die Freunde des Mannes auf ihn los und begannen ihn zu treten und zu schlagen. Ironischerweise sprang eine Ordnungskraft hinzu, um meinem Vater zu helfen, doch mein Vater realisierte nicht, wer es war, schlug ihn mit seinem Knüppel und brach ihm das Nasenbein.

Als ich sechsundzwanzig war, lernte ich Charlotte – oder Charlie, wie ich sie nannte – in Bulldogs Laden kennen. Sie hing immer dort herum. Bulldog erzählte mir, sie habe keine Bleibe mehr, nachdem sie Krach mit ihrer Mutter gehabt hatte. Da sie mir leid tat, bot ich ihr an, in meiner Wohnung zu übernachten, bis sie etwas gefunden hätte. Am Tag darauf zog sie mit ihrem dreijährigen Sohn Jason bei mir ein. Es war gut, Charlie bei mir zu haben, dachte ich. Sie hielt die Wohnung sauber und bot mir immer an, etwas zu kochen, wenn ich zurückkam. Und Jason war ein liebenswürdiges Kind. Charlie und ich begannen bald, miteinander zu schlafen. Sie wußte allerdings nicht, daß ich bereits eine Freundin hatte, Angie, mit der ich schon ein paar Monate zusammen war.

Mit meinem Image als „harter Typ" war es einfach, Mädchen zu angeln. Wenn Phil und ich auf „Tour" waren, war es immer dasselbe Spiel. Wir mußten uns nie an die Frauen heranmachen: Immer kamen sie auf uns zu. Am Ende eines Abends hatten wir oft drei bis vier Telefonnummern. Dann ging es nur noch darum, die Mädchen auszusuchen, die es uns am meisten angetan hatten, und sie zu bitten, zu warten, bis alle gegangen waren. Wenn der Club geschlossen wurde, nahmen wir sie mit zu einem anderen Club und gingen danach in meine Wohnung, um miteinander Sex zu haben. Wir konnten die Frauen irgendwann nicht mehr zählen, mit denen wir geschlafen hatten. Es ging nur um körperliche Befriedigung, nicht um Liebe. Ich war egoistisch und benutzte die Frauen einfach. Selbst damals fühlte ich mich nie gut, wenn ich am nächsten Morgen aufwachte – manchmal neben einem Mädchen, an dessen Namen ich mich nicht einmal mehr erinnern konnte.

Damals erzählte ich weder Charlie noch sonst jemand viel von mir. Ich empfand immer noch die Ablehnung, die ich als Kind erlebt hatte. Ich war mir noch selbst fremd und nährte immer noch viel Wut und Bitterkeit in meinem Herzen. Als Charlie auszog, wußte sie nicht viel mehr über mich, als zum Zeitpunkt ihres Einzugs. Wirklich nahe fühlte ich mich nur meinem Hund Masai.

Ich machte mir keine Gedanken über die Zukunft oder die Folgen meiner Handlungen und wurde immer gewalttätiger. Als Phil und ich einmal frühmorgens nach einer Nacht in West-End heimfuhren, kamen wir an eine Ampelkreuzung in Barking, wo ich einen Mann bemerkte, der uns angaffte. Ich drehte das Fenster runter und fragte, was er schaue. Er fluchte mich an und raste davon. Wir setzten ihm nach und rammten seinen Wagen von hinten. Er fuhr zur Seite, wir taten dasselbe. Ich zog meinen Schlagring an und sprang aus dem Auto. Der Mann saß im Auto und sah verängstigt aus, doch ich konnte sehen, daß er in der linken Hand einen Totschläger hielt. Mit dem Schlagring schlug ich sein Fenster ein und traf ihn seitlich im Gesicht, so daß er Sternchen sah und von Blut und Glas bedeckt war. Ich ging zum Auto zurück und sagte wie nebenbei zu Phil: „Er sieht nicht sehr gut aus." Dann fuhren wir lachend und Witze reißend davon.

Ausgerastet

Wenn ich jetzt zurückblicke, kann ich sehen, daß ich zunehmend gewalttätiger wurde wegen der Leute, mit denen ich verkehrte. Wenn man mit Leuten zusammen ist, die andere erschossen und erstochen haben, muß man versuchen, ihr Gewaltniveau zu erreichen, um von ihnen respektiert zu werden. Respekt bedeutete mir damals alles. Ich war stolz, Mitglied von drei Gangs zu sein: der von Jim, Bulldog und Syed.

Ich hatte jetzt mit dem zu tun, was man „Schulden eintreiben" nennt. Wenn manche Menschen das Gefühl haben, daß sie über das Gesetz nicht zu ihrem Recht kommen, greifen sie bisweilen zu anderen, drastischeren Mitteln. Es gibt immer Leute, die bereit sind, im Auftrag anderer ihre Muskelkraft an einzelnen auszulassen, wenn der Preis stimmt. Ich gehörte zu diesen Leuten.

Schulden eintreiben konnte jedoch auch riskant sein. Wenn man jemandem einen Besuch abstattete und ihm sagte, man würde ein paar Tage später wiederkommen, um das Geld abzuholen, konnte die Polizei dastehen und einen verhaften, und wenn man überführt wurde, Geld unter Drohung verlangt zu haben, konnte man ins Gefängnis wandern.

Um dies zu vermeiden, folgte ich der Regel, jeden immer nur einmal zu besuchen.

Der Besitzer eines Pubs in Camberwell rief mich einmal an und bat mich einzugreifen, weil er Ärger mit einigen Jugendlichen hatte, die Freigetränke von ihm verlangten und damit drohten, das Pub zu verwüsten. Ich sagte zum

Besitzer, daß wir sechs Männer brauchten und es 500 Pfund pro Mann und pro Abend kosten würde.

„So viel!" rief er aus.

„Ja, wenn du ganze Arbeit haben willst", sagte ich ihm.

Ich wußte, daß man in dem Pub alles bekam: Schwarzmarktzigaretten, gestohlene Videos, gefälschte Pässe und Führerscheine, sogar Prostituierte und Pistolen. Der Chef führte im Keller auch noch eine illegale Spielhölle. Wenn er diesen Rowdies nachgegeben hätte, hätte er seinen Ruf als „bekannte Größe" und dieses ganze Zusatzgeschäft verloren. Er bezahlte brav, und zwar im Voraus, wie es üblich war.

Am folgenden Freitagabend gingen wir sechs zum Pub und warteten auf die Rowdies. Wir saßen drei Stunden lang herum, doch sie erschienen nicht. Die folgenden drei Abende kamen wir wieder, und wiederum gab es kein Anzeichen von den Jugendlichen. Da dies dem Besitzer drei Riesen pro Abend kostete, bestand er darauf, daß unsere Zahl auf drei reduziert würde – auf mich, einen Gewichtheber namens Roy und Steve, einen Kickboxer, der in Thailand als Türsteher gearbeitet hatte.

Am fünften Abend saßen wir drei im Pub, als ein Dutzend Halbstarke frech hereinschlenderten, zur Bar gingen und sofort anfingen, den Chef zu belästigen. Er nickte uns zu. Wir sahen sofort, daß die Jugendlichen ein Kinderspiel waren. Sie hatten nur eine große Klappe und konnten es nicht mit uns aufnehmen, obwohl wir nur zu dritt waren.

Roy stand auf, ging zu ihnen hin und befahl ihnen mit klaren Worten zu gehen. Sie begannen, ihm gegenüber eine dicke Lippe zu riskieren, doch Roy hatte keine Angst, wie ich wußte.

„Warum sollten wir gehen?" höhnte einer der Gruppe.

„Das werdet ihr in zwei Sekunden erfahren, wenn ihr nicht geht", antwortete Roy kühl.

Steve und ich standen jetzt hinter ihm. Ich hatte meine Hand auf dem Tränengasbehälter in meiner Tasche. Plötzlich versetzte Steve dem frechen Jungen blitzartig einen Tritt, der ihn zu Boden taumeln ließ. Roy ergriff einen anderen beim Genick. Ich zog mein Tränengas aus der Tasche und schwenkte es drohend vor den Jugendlichen hin und her, worauf sie zurückwichen. Der Vorlaute rappelte sich vom Boden auf und hielt sich den Magen.

„Na, wollt ihr alle drankommen?" forderte Roy sie heraus. „Wer ist der Erste?"

Die Jugendlichen standen regungslos da, dann begannen sie, einer nach dem anderen das Pub zu verlassen.

„Und setzt mir ja nie wieder einen Fuß über diese Schwelle", rief ihnen Roy hinterher, „denn sonst werdet ihr es euer Leben lang bereuen!"

Der Besitzer war so zufrieden mit unserer Arbeit, daß er uns das Doppelte bezahlte. Danach hatte er nie wieder Ärger mit den Jugendlichen.

Diese Art Arbeit war allerdings nicht so üblich. Durch eigentliches Schulden-Eintreiben bekam ich regelmäßig Arbeit. Beim Schulden-Eintreiben übernahmen wir normalerweise nur Aufträge im Wert von zwanzig Riesen oder mehr. Wir verlangten jeder 300 Pfund pro Tag für die Ausgaben sowie zwanzig Prozent des eingetriebenen Geldes. Wenn wir einmal einen Auftrag angenommen hatten, garantierten wir, daß wir nicht länger als drei Tage brauchen würden, um das Geld einzutreiben.

Mit Bulldog und Jim stellte ich immer zuerst sicher, daß die Person, von der wir Geld eintreiben sollten, nicht „vernetzt" war. Wir wollten nämlich nicht ins Haus eines „Paten" platzen. Wir haben nie jemand ernstlich zusammengeschlagen, obwohl wir ab und zu jemanden etwas zurecht möbeln" mußten. Meistens jedoch reichte der Schock, wenn die Spitze einer Machete auf ihren Hals gerichtet war.

Einmal bat ein Gebrauchtwagenhändler aus Hackney Syed und mich, achtundzwanzig Riesen einzutreiben, die ihm sein Ex-Geschäftspartner schuldete. Er versprach uns einen Bonus, falls wir dem Typen die Beine brachen. Als wir zum Haus dieses Mannes in Nordlondon kamen, erkannten wir auf Anhieb am Zustand des Hauses, daß er keine zwei Pfennig zusammenkratzen konnte. Er sagte, wenn wir ihn zusammenschlagen wollten, sollen wir es gleich hinter uns bringen.

„Ich habe kein Geld und das ist die Wahrheit", flehte er.

Wir wußten, daß es die Wahrheit war. Es kam für uns nicht in Frage, diesen Typen zusammenzuschlagen, deshalb gingen wir und nahmen nie mehr Kontakt mit dem Händler auf.

Ein anderes Mal gingen wir zu einem Juwelier, um 20 000 Pfund einzutreiben, die er einem anderen Juwelier schuldete. Als er uns sagte, daß er nicht so viel Bargeld habe, sagten wir, daß wir stattdessen fünf Rolex-Uhren mitnehmen würden und er sie als gestohlen melden könne. Wir wußten, daß wir sie für je 2 000 Pfund verkaufen konnten. Wir gingen zum anderen Juwelier zurück und gaben ihm 3 000 Pfund plus den Tausender, den er uns anfangs gezahlt hatte. Er war damit zufrieden, und wir machten je dreitausend Pfund Gewinn aus dem Verkauf der Uhren. Eine davon behielt ich allerdings für mich.

Demselben Juwelier wurden 30 000 Pfund für eine Reihe Rolex-Uhren geschuldet, die er einem Pakistani verkauft hatte. Er engagiere Ted, einen Faustkämpfer, der sich für einen zweiten Lenny McLean hielt, das Geld einzutreiben. Syed und ich sollten ihm helfen. Ich hatte Ted eine Woche zuvor kennengelernt, und er redete nur von sich selbst und vom Kämpfen. Das Problem war, daß er nicht das Charisma hatte, sich wirklich als harten Mann zu verkaufen. Zudem hatte er nie Respekt vor den Leuten. Auch war ich mit der Art und Weise, wie er die Sache ausgehandelt hatte, nicht zufrieden. Statt daß wir im Voraus das Geld bekämen, würden wir dreißig Prozent vom Wert der Uhren bekommen, aber erst, nachdem wir das Geld geholt hätten.

Syed, Ted und ich fuhren mit meinem Mercedes nach Richmond. Als wir bei der angegebenen Adresse ankamen, merkten wir, daß es eine Druckerei war. Wir drangen ins Gebäude ein.

Die Männer und Frauen, die an den Maschinen standen, schauten verblüfft. Ted stürmte durch den Raum, packte einen stämmigen Mann am Genick und verlangte nach dem Pakistani.

„Ich kenne ihn nicht!" stotterte der Mann.

„Ted!" schrie ich über den Lärm der Maschinen.

„Warte, John!" schrie er zurück. Zum vor Angst erstarrten Mann gewandt, den er gepackt hielt, sagte er: „Wenn du mir nicht sagst, wo er ist, nehme ich dich raus und schlage dich zusammen."

„Ted!" schrie ich erneut.

„Was ist denn?"

„Laß ihn los. Es ist die falsche Adresse." Ich hatte auf meinem Adresszettel nachgeschaut, den ich in der Tasche trug, und merkte, daß wir nicht bei der Nummer 247, sondern bei der Nummer 274 aufgekreuzt waren.

„Ich bin von Unfähigen umgeben", sagte Ted wütend, als wir wieder ins Auto stiegen und zur korrekten Adresse brausten.

Niemand war da. Wir fragten mehrere Nachbarn, ob sie den Mann gesehen hatten, doch sie sagten alle, daß er schon ein paar Tage nicht mehr da sei.

Wir hatten das Gefühl, einem Phantom nachzujagen und beschlossen, nach Ostlondon zurückzufahren. Die Stimmung war verdrießlich. Wir waren nicht bezahlt worden. Um die Atmosphäre etwas zu heben, kurbelte ich das Fenster herunter und drehte Pavarotti voll auf. Ich hörte oft Pavarotti und Opernmusik im Auto. Ich fand das entspannend.

Als wir die Battersea Road entlang fuhren, wurden wir von einem roten BMW geschnitten. Ted, der am Steuer saß, war darüber erbost und begann, laut zu fluchen. Als wir bei der nächsten Ampel ankamen, rammte er den BMW absichtlich von hinten. Vier Schwarze sprangen aus dem Auto und sahen aus, als ob sie zur Sache kommen wollten. Doch als wir ausstiegen und sie unsere Statur sahen, stoben sie auseinander. Mit unseren mit Gel nach hinten gekämmten Haaren und den schwarzen Anzügen sahen wir aus, als ob wir direkt aus dem Film »Der Pate« kämen. Ted und Syed jagten ihnen nach, während ich zur Pavarottimusik ihr Auto in Stücke trat.

Schließlich stiegen wir alle wieder in den Mercedes ein und waren schon viel besser gelaunt. Doch gerade als wir losfahren wollten, erschien ein Polizeiauto und versperrte uns den Weg.

Ein Polizist kam auf uns zu und befahl uns, im Auto zu bleiben und ihm die Schlüssel zu geben. Sirenen waren in der Ferne zu hören und plötzlich erschienen aus dem Nichts noch mehr Polizeiwagen und -busse.

Syed und Ted begannen, mit dem Polizisten zu streiten. Ein Polizeimeister kam zu mir herüber, da ich der Ruhigste zu sein schien, und sagte: „Wir sehen euch an, daß ihr keine Spaßvögel oder sonst was seid. Seid ihr eine Gang?"

„Vielleicht", antwortete ich achselzuckend.

„Nun, erzählen Sie, was passiert ist."

Die vier Schwarzen waren wieder aufgetaucht und standen ein paar Meter von uns entfernt bei einer Gruppe Polizisten. Ich erzählte dem Polizeimeister, daß uns das andere Auto geschnitten und einer der Schwarzen uns mit einem Messer bedroht habe. Ich bemerkte, daß sich mittlerweile auf beiden Spuren ein Rückstau gebildet hatte.

Der Polizeimeister ging zu den Schwarzen hinüber und empfahl ihnen, keine Anzeige zu erstatten. Was sie auch nicht taten. Als wir losfuhren, schaltete Ted das Lokalradio ein. Wir lachten alle, als wir im Verkehrsbericht hörten, daß es in Battersea aufgrund „eines Vorfalls" einen größeren Stau gebe.

Dann klingelte mein Handy. Es war mein Bruder David. „John", sagte er, „vergiß nicht, morgen um zehn in der St.-Josephs-Kirche in Leyton zu sein. Du bist der Pate meines Sohnes, erinnerst du dich?"

„Natürlich, wie könnte ich so etwas vergessen?" antwortete ich und hatte Andrews Taufe tatsächlich vollkommen vergessen.

„War das Bulldog wegen der Ware in Bermondsey?" fragte Syed.

„Nein", lachte ich, „das war mein Bruder, der mich daran erinnerte, daß ich morgen in die Kirche muß!"

Ich kann mich an einige amüsante Vorfälle aus dieser Zeit erinnern. Einmal kam Phil um 2.30 Uhr morgens zu meiner Wohnung in Cathall Road und forderte mich auf, mit ihm hundert Mountainbikes aus einem Lager in Dagenham zu klauen. Er hatte die Fahrprüfung nicht bestanden und wenn er fuhr, fuhr er lausig. Doch er liebte Abenteuer und ich hatte nicht vergessen, wie wir einmal versucht hatten, im „Bertie's" einzubrechen.

„Wir können sie für fünfzig Pfund das Stück verkaufen", sagte er überzeugend.

„Ja, aber wie wollen wir die transportieren?"

„Damit", sagte Phil und zeigte durchs Fenster.

Ich schaute hinaus und sah zu meinem Erstaunen einen Sieben-Tonnen-Lkw unten stehen.

„Du machst wohl Witze!" rief ich aus. „Ich bin noch nie ein Ding dieser Größe gefahren."

„Für alles gibt es ein erstes Mal", grinste er.

Aus Loyalität zu Phil erklärte ich mich bereit, den Lkw zu fahren, was ich aber schon bald bereute. Während wir durch Leyton fuhren, demolierte ich teilweise zwei Straßenlampen und streifte beinahe ein halbes Dutzend Autos und eine Telefonkabine. Ich kam mir vor, als würde ich einen Panzer fahren. Gott sei Dank sind die Straßen leer, dachte ich.

Schließlich kamen wir beim Lager an und ich parkte den Lkw davor. Zwei Autos versperrten den Eingang zum Lager, und so versuchten Phil und ich, die Autos mit einem Bolzenschneider aufzubrechen, um sie fortzubewegen. Die Fenster einzuschlagen, hätte die Leute aus den Wohnungen gegenüber aufmerksam machen können. Es nützte aber nichts: Die Bolzenschneider funktionierten nicht. Da schlug Phil vor, die Autos einfach mit dem Lkw wegzuschieben. Ich sagte ihm, daß dies zu viel Lärm machen würde, doch er bestand darauf.

„Warum bist du so entschlossen, diese Mountainbikes zu haben?" fragte ich ihn.

„Weil ich meinem Sohn eines zu Weihnachten versprochen habe", antwortete er.

Ich konnte es nicht fassen. Phil schwamm im Geld. Wozu mußte er in ein Lager einbrechen?

„Hör zu, Phil", sagte ich entschieden, „ich werde ihm eines kaufen. Los, wir müssen weg von hier, ehe wir geschnappt werden."

In der Unterwelt gibt es eine lebenswichtige Regel: Man verpfeift niemanden. Deshalb bekommen sogenannte

Superspitzel geheime Unterkunft und Polizeischutz rund um die Uhr. Ich habe nie jemand verpfiffen – obwohl ich zugeben muß, daß es eine Versuchung war, als ich in der Zeitung las, daß eine große Belohnung in Aussicht stand für Informationen, die zur Verhaftung und Verurteilung einer Person führten, die ich nicht mochte.

Ich wurde ein paar Mal für Banküberfälle angefragt, doch ich hatte immer das Gefühl, das Risiko sei zu groß, wenn man seinen Gewinnanteil mit der möglichen Gefängnisstrafe abwog. Ich war nie sehr risikofreudig. Ich wählte sehr sorgfältig, welche Art von Verbrechen ich beging.

Ich wurde nie als Killer engagiert. Ich erinnere mich aber an einen Abend, wo ich mit Phil in West-End in einem Club war und er mir einen Mann vorstellte, der ein Killer war. Der Typ sah aus wie der Nachbar von Nebenan. Nichts an ihm ließ vermuten, daß er mindestens vier Menschen getötet hatte, doch ich erinnere mich, daß ich dachte, daß seine Augen tot waren.

Eines Tages sagte mir Bulldog, daß ein Mann, den er aus seinem Laden gefeuert hatte, ein paar gefälschte Pässe und 200 Pfund gestohlen habe. Er hatte den Typ gefeuert, weil er Geld vom Erlös der Möbel, die er verkauft hatte, entwendet hatte. Es stellte sich heraus, daß der Typ eines Tages zurückgekommen und mit seinem Ersatzschlüssel hereingekommen war. Als jemand von Bulldogs Personal kam, zog der Typ ein Messer. Bulldog beauftragte mich, mir den Kerl vorzuknöpfen, falls ich ihn sehen sollte.

Ungefähr einen Monat später saß ich in Walthamstow in einem Café beim Frühstück, als ich sah, wie der Kerl ins Sozialamt gegenüber ging. Ich verließ das Café und wartete, bis er herauskam. Als er herauskam, zog ich ihn in eine Seitenstraße, packte ihn an der Gurgel, warf ihn gegen die Wand und schlug ihm ein paar Mal ins Gsicht. Er sackte zusammen und ich gab ihm einen harten Tritt in den Kopf und ließ ihn stöhnend und blutend liegen.

Zwei Tage später wurde ich verhaftet und wegen Körperverletzung angeklagt. Ich leugnete, den Mann angegriffen zu haben und gab an, noch nie von ihm gehört zu haben. Als ich Phil darüber verständigte, erfand er ein falsches Alibi, und zwar, daß Phil, Martin, der Manager vom „Starlight", und ich zur Zeit des Übergriffs in Epping Forest Golf spielten. Mein Anwalt Sherwin sagte mir, daß es keinen Beweis gab, um mich überführen zu können, so daß ich nichts zu befürchten hatte.

Als der Fall vor das Amtsgericht in Walthamstow kam, sagte der Mann aus, daß er für Bulldog gearbeitet habe und angegriffen worden sei, weil er Geld entwendet habe. Als Sherwin ihn ins Kreuzverhör nahm, sagte der Typ, daß der Angriff so brutal gewesen sei, daß sich ihm alles tief ins Gedächtnis eingegraben habe.

„Wirklich?" fragte Sherwin. „Wenn dem so ist, warum haben Sie dann der Polizei gesagt, daß sich der Angriff morgens ereignete, wo Sie mir gerade sagten, der Angriff habe am Nachmittag stattgefunden?"

Als Ray, der Sohn von Bulldog, aufgerufen wurde auszusagen, sagte er, daß er der Besitzer des Ladens sei und daß der Mann nie für ihn gearbeitet habe. Das war's. Der Fall wurde verworfen.

Ein paar Wochen später hörte ich, daß dem Typen beide Beine gebrochen worden waren, als ihn jemand mit Baseballschlägern angegriffen hatte. Ich hatte den Verdacht, Phil könnte wohl etwas damit zu tun haben.

Eines Tages rief mich Ted an und fragte, ob ich bei ihm zu Hause in Kingston vorbeikommen könne. Er sagte, er habe sich mit einem Türsteher im Nachtclub „Options" angelegt und der Türsteher sei hinter ihm her. Es klang ein bißchen nach einer unausgegorenen Geschichte, doch ich willigte ein und nahm Syed mit.

Als Ted die Tür öffnete und uns ins Wohnzimmer führte, wirkte er etwas nervös. Ray und ein paar andere Kerle saßen schon da. Wir hörten alle zu, wie uns Ted den Kampf schilderte. „Ich mache mir Sorgen, weil ein paar Kerle hinter mir her sind", sagte er und zündete sich eine Zigarre an.

„Warum?" fragte Ray.

„Sagen wir einfach: Mir kam etwas zu Ohren, und ich möchte von euch Rückendeckung."

Ein paar Minuten später klopfte es laut an der Tür. Ted ging hin und kam mit Scott zurück, einem anderen Türsteher, den ich kannte. Er war ein Kollege sowohl von Ted wie von den Leuten im „Options". Plötzlich zog Scott eine abgesägte Schrotflinte unter seinem langen Mantel hervor und richtete sie auf uns.

„Okay. Raus! Sofort!" befahl er.

Scott war ein Idiot. Was hatte er vor? Er hätte nie im Leben abgedrückt. Da machte Ted blitzschnell einen Satz nach vorn und stach ihm mit einem Messer in die Kehle. Die beiden stürzten in der Diele zu Boden. Scott schrie. Im nächsten Augenblick war ein gewaltiges Krachen zu hören, und ein anderer Typ erschien in der Diele und drohte mit einem Gewehr. Es war auf meinen Kopf gerichtet. Alle machten sich aus dem Staub. Ich hechtete hinter eine Wand und schlug die Wohnzimmertür zu. Ich hörte, wie das Gewehr sich entlud. Darauf folgten mehrere Kracher und dumpfe Geräusche. Ich stand neben der Tür mit dem Rücken zur Wand und hielt meine Machete umklammert.

Nach dem, was mir wie eine Ewigkeit vorkam, wurde alles still und ich hörte das Geräusch quietschender Autoreifen. Vorsichtig kam ich hinter der Wand hervor.

Ein Kumpel von Ted lag auf dem Boden und blutete an der Brust und an einem Bein. Teds Gesicht war blutüberströmt. Dann kamen Ray und die anderen von oben herunter.

„Was zum Teufel war denn das jetzt?" sagte Ray.

„Ehrlich, Leute, ich wußte nicht, daß sie mit Ballermännern kommen würden", sagte Ted.

„Natürlich", antwortete ich.

„Wir sollten deinen Kumpel wohl besser ins Krankenhaus bringen", sagte Ray.

Wir brachten Teds Kumpel ins Kingston Hospital und ließen ihn dort. Wir wollten dort nicht herumhängen für den Fall, daß Fragen gestellt würden. Darauf gingen wir in „The Bishop", ein örtliches Pub, um den Vorfall noch einmal Revue passieren zu lassen. Ted erzählte uns, daß er wußte, wo die Typen wohnten und daß er ihnen nachsetzen wollte.

„Hör zu, Ted, ich werde mich deswegen nicht in einen Krieg hineinziehen lassen. Das ist dein Problem", sagte ich entschieden. Ray und die anderen stimmten mir zu.

Im Bewußtsein, daß wir schon in einen Krieg verwickelt waren, ob wir wollten oder nicht, gingen wir nach unserer Ankunft in Ostlondon geradewegs zu Bulldog. Nachdem wir ihm erklärt hatten, was sich zugetragen hatte, sagte er, er werde Lenny McLean anrufen, der Scott kannte. „Lenny wird es in Ordnung bringen", sagte er zuversichtlich.

Später an diesem Tag rief Scott Ray an und sagte, er wolle keinen Krieg. Ray sagte, auch wir wollten keinen Krieg. So schlossen wir Frieden.

Eine Woche später tauchte eine maskierte Gang im Nachtclub auf, wo Ted arbeitete, und traktierte ihn mit Hämmern, so daß er einen Schädelbruch davontrug und sechs Wochen ins Krankenhaus mußte. Als er wieder herauskam, wollte er sich rächen. So ging er eines Abends zum „Options" und ließ einen Kugelhagel los, wobei er den Manager traf. Er wurde verhaftet, verurteilt und viereinhalb Jahre ins Gefängnis gesteckt.

Du hast ihn umgebracht

Im Jahr 1991 saß ich gemütlich an der Bar im „The Oliver Twist" in Leyton und trank mit Steve, dem Wirt. Wir sprachen gerade über das Ende des Golfkriegs, als ein Typ namens Murphy sich mir näherte und mir über die Schulter zuflüsterte: „Wenn man Leute anrempelt, sagt man Entschuldigung ..."

„Ich weiß nicht, was du meinst, Kumpel", sagte ich und nahm einen Schluck Bier. Ich wußte allerdings genau, wovon er sprach. Ein paar Minuten zuvor hatte ich ihn auf dem Rückweg vom Zigarettenautomaten gestreift. Murphy war ein hochgewachsener, dünner Ire mit langem, fettigem braunen Haar, der mich aus irgendeinem Grund immer an einen Reißverschluß erinnerte. Er war ein harmloser Dieb, dafür bekannt, Autos zu klauen, und ein unbedeutender Drogenhändler. Er war einer von jenen, die eine bekannte Größe sein wollten, doch er war ein Niemand. Er war eine Flasche, besonders wenn er schon ein paar getrunken hatte.

„... sonst könnte es dir wehtun ...", fügte er provokativ hinzu und kam mir noch näher. Steve witterte Ärger und wurde angespannt.

„Was hast du gesagt?" wandte ich mich herausfordernd zu ihm.

„Das hast du doch gehört. Oder bist du nicht nur blöd, sondern auch taub?"

Etwas in mir brannte durch. Mit einer Hand packte ich Murphy an der Gurgel, die andere schlug ich ihm ins Gesicht und schrie: „Ich und blöd?"

Nach Luft ringend schlug er nach mir, doch er verfehlte mich und wir taumelten auf die Theke, wobei Aschenbecher und Gläser zu Boden krachten. Ich rang mit ihm, dann nagelte ich ihn fest und begann, mit der Faust auf seinen Kopf einzuschlagen. Ich bemerkte, daß mein Hemd voll Blut war. Murphy hatte mich gestochen. Dann spürte ich ein leichtes Brennen in meinem Rücken. Ich drehte mich um und sah Walsh, einen Kumpel von Murphy, ein Stanleymesser schwingen.

Wutentbrannt nahm ich ein Glas von der Bar und schmetterte es Murphy seitlich ins Gesicht. Er heulte wie eine Katze und kugelte sich auf dem Boden. Sein Kollege machte den Rückzug. Ich hatte das Glas zuvor nicht zerbrochen, so daß es Murphy nur leicht am Kopf schnitt – doch meine Hand war blutüberströmt, wo das Glas sie aufgeschlitzt hatte.

Die beiden verließen fluchtartig das Pub, wobei Murphy sich den Kopf hielt, und ich blieb benommen zurück und hielt mir den Magen. Peggy, die Frau des Wirts, schickte mich schnell nach oben. Sie ließ mich an den Tisch sitzen und schnitt kleine Pflasterstreifen für meine Schnittwunden an der Hand und am Bauch sowie ein Pflaster für den Rücken.

„John, du solltest ins Krankenhaus gehen", drängte sie besorgt.

„Kommt nicht in Frage. Ich muß diesem Murphy nach. Er wird nicht erfahren, was ihn getroffen hat." Ich brodelte.

Nachdem ich von Steve herausgefunden hatte, wo Murphy und der andere wohnten, rief ich Phil mit meinem Handy an. „Komm sofort her. Ich muß ein Geschäft erledigen. Und bring mir eine Pistole."

Ich hatte noch nie auf jemanden geschossen, doch mein Haß auf Murphy war so groß, daß ich ihn schwer verletzen wollte. Am einfachsten und schnellsten ging es durch Schießen. Ich hatte noch nicht entschieden, ob ich ihn nur verstümmeln oder ganz aus dem Verkehr ziehen wollte.

Niemand läßt sich auf eine Diskussion ein mit jemand, der ein Gewehr in der Hand hält. Du kannst der beste Boxer, ein Karate-King oder sogar in der SAS sein – wenn du in den Lauf eines Gewehrs schaust, bist du ein Nichts. Es heißt: Tu das Verbrechen nur, wenn du bereit bist, die Zeit dafür „abzusitzen". Doch bei den Gefühlen, die ich für Murphy hatte, dachte ich nicht an mögliche Folgen. Es kam mir nie der Gedanke, daß ich eingelocht werden könnte.

Phil war in wenigen Minuten da. Er gab mir eine 38er-Pistole, die gleiche wie er hatte, und ich ließ sie in der Seitentasche meiner Lederjacke verschwinden. Dann fuhren wir zum Hochhaus, in dem Murphy wohnte, und gingen hoch zu seiner Wohnung im siebten Stock. Ich klopfte gar nicht erst an, sondern trat die Tür ein, und wir stürmten herein. Verängstigt saßen Murphys Frau und drei Kinder im Wohnzimmer.

„Los, wo ist er?" brüllte ich und richtete die Pistole auf sie, während Phil die Zimmer durchsuchte.

„Ich weiß es nicht!" kreischte seine Frau und umklammerte die drei Kinder. „Ich habe ihn seit heute morgen nicht gesehen. Laßt uns in Ruhe!"

„Nun, wenn du ihn siehst, sag ihm, daß er tot ist!" brüllte ich und drohte mit der Pistole. Als ich ging, trat ich die Tür mit solcher Wucht, daß das Holz mitten entzwei brach.

Phil und ich beschlossen, im Auto auf Murphy zu warten. Nach ungefähr drei Stunden gaben wir es auf. Offensichtlich wußte er, daß ich hinter ihm her war und hielt sich schön von zu Hause fern. Ich wußte allerdings, daß Murphy manchmal an der Bar in einem Pub namens

„The Beaumont" arbeitete, und so beschlossen Phil und ich, ihm dort am nächsten Tag einen Besuch abzustatten.

Obwohl es ein sonniger Morgen war, war ich in düsterer Stimmung, als wir zum Pub fuhren. Murphy sollte eine Lektion erteilt werden, die er nie vergessen würde. Wir blieben einen Moment vor dem Pub stehen, nickten uns schweigend zu und stießen die Tür auf.

Außer einigen älteren Männern, die an ihrem Bier nippten und die Zeitung lasen, war das Pub leer. Ich hielt im Pub nach Murphy Ausschau, konnte jedoch nur einen älteren, bärtigen Mann ausmachen, den ich für den Wirt hielt. Vielleicht war Murphy hinten oder auf dem Weg hierher.

„Äh, hallo, kann ich mal mit Ihnen sprechen?" rief Phil, als wir bei der Bar waren.

„Ja, der Herr, was darf ich Ihnen bringen?" sagte der Wirt fröhlich.

„Haben Sie ein Geschirrtuch?" fragte Phil.

„Ein Geschirrtuch?" sagte er verblüfft. „Aber was wollen Sie trinken?"

„Kümmern Sie sich nicht ums Getränk. Bringen Sie mir einfach ein Geschirrtuch", knurrte Phil.

Der Wirt verzog das Gesicht, griff unter die Bar und reichte Phil ein Geschirrtuch. Dann wurde er bleich, als Phil die Pistole auf die Bar legte. Der Lauf zeigte auf ihn, und Phil hatte den Finger am Abzug.

„Prost", sagte Phil und bedeckte die Pistole lässig mit dem Geschirrtuch. „Murphy: Wo ist er?"

„Er hat heute morgen angerufen und seinen Job an den Nagel gehängt", sagte der Wirt nervös.

„Okay, ich hinterlasse Ihnen eine Telefonnummer", sagte Phil, nahm einen Stift und kritzelte etwas auf einen Bierdeckel. „Wenn Sie irgend etwas läuten hören, rufen Sie diese Nummer an. Verstanden?"

„Sicher, sicher", sagte der Wirt und steckte den Bierdeckel in seine Hosentasche. „Ich verspreche es. Ich möchte keine Schwierigkeiten."

Als wir aus dem Pub hinausgingen, schlug ich vor, Pep aufzusuchen, einen Drogenhändler vor Ort, der seine Ohren überall hatte. Die meisten Deals machte er in verschiedenen Pubs der Umgebung.

Wie ich erwartet hatte, hatte sich Pep in einem naheliegenden Pub verkrochen. Er saß an einem Tisch in der Nähe der Jukebox und unterhielt sich angelegentlich mit einem Jungen, der eine Baseballmütze aufhatte.

„Okay, Pep?" sagte ich.

Er lächelte und schickte den Jungen weg. „Hi, John, du hast bestimmt Ware für mich."

„Nein, heute nicht. Ich muß ein ernstes Geschäft erledigen. Murphy. Wo ist er?"

„Er kam gestern Abend zu mir und sagte, daß er zu jemand grob gewesen sei. Als er mir sagte, es handle sich um Bulldogs Sohn, wußte ich, daß es du warst. Ich sagte ihm, daß er dir weit unterlegen sei und sich aus dem Staub machen solle."

Viele dachten, ich sei Bulldogs Sohn. Das war mir egal. Im Gegenteil, ich war stolz darauf; so viel Hochachtung hatte ich vor Bulldog.

Aber meine Wut stieg, als ich hörte, daß Pep Murphy gesagt hatte, er solle verduften. „Warum sagst du ihm, er solle sich aus dem Staub machen?" fragte ich.

„Was meinst du?"

„Ich suche den Kerl, und du sagst ihm, er solle abhauen. Das meine ich."

„Ich habe nichts dabei gedacht."

„Natürlich hast du nichts dabei gedacht, du denkst nie etwas", sagte ich, lehnte mich über den Tisch und tippte mit dem Finger auf seine Brust. Hör mal, du hast mich ernsthaft geärgert."

„John, reg dich nicht auf, ich hab dich nicht geärgert."
„Bleib mir aus den Augen, Pep. Hörst du?"

Daraufhin gingen Phil und ich. Ich wußte, daß Pep Angst hatte. Das geschah ihm recht, weil er Partei für Murphy ergriffen hatte, dachte ich. Aber mir ging's nicht so sehr um Pep. Ich wollte Murphy. Ich wußte, daß es nur eine Frage der Zeit war. Ich würde so lange warten, wie es dauerte – und da Pep ihm geraten hatte, sich aus dem Staub zu machen, konnte es lange dauern, bis er aus seinem Schlupfloch kam.

Ich setzte meine Suche nach Murphy fort und schaute immer wieder im „The Beaumont" vorbei sowie in anderen Pubs, wo er gewöhnlich trinken ging, und streute allgemeine Informationen darüber aus. Niemand hatte ihn allerdings gesehen, oder wenn sie ihn gesehen hatten, sagten sie es nicht. Die Tatsache, daß Bulldog innerhalb von drei Tagen nach dem Kampf jemanden organisiert hatte, um Walsh am hellichten Tag inmitten von Canning Town zusammenzuschlagen, machte mich noch entschlossener, Murphy aufzuspüren.

Um die Zeit heiratete ich – für Geld. Durch Max, mit dem ich im „Driver's" arbeitete, hatte ich ein brasilianisches Servierfräulein namens Patricia kennengelernt. Als sie mir 3 000 Pfund anbot, um sie zu heiraten und sie dann auf eine Einwanderungsbehörde zu begleiten, damit sie die britische Staatsbürgerschaft beantragen und in London bleiben könne, um Musik und Tanz zu studieren, war ich gerne bereit. Das klang nach leichtem Geld. Diese geschäftliche Vereinbarung führte dahin, daß wir zusammen schliefen. Es war toll, sie in Pubs mitzunehmen, da sie eine sehr attraktive Frau war und an meinem Arm gut aussah. Eines Abends nahm ich sie mit zu meinem Vater. Danach stellte er fest: „Sie hat die längsten Beine, die ich je gesehen habe!"

Als wir im Zimmer des Standesamtes von Walthamstow standen, war ich völlig unbeholfen. Ich war unglaublich nervös. Die einzigen Anwesenden waren eine Freundin von Patricia sowie Max und Bulldog – die des Spaßes wegen gekommen waren. Patricia, die ziemlich glücklich wirkte, gab Max einen Fotoapparat, um das Ereignis festzuhalten.

„John, du willst nicht, daß diese Bilder etwas werden, denn sie könnten als Beweis verwendet werden", sagte Max leise.

Als Bulldog sah, wie nervös ich war, flüsterte er: „Du weißt, alles ist nur zum Schein, mein Sohn. Es ist nicht echt." Ich lachte leise und begann mich zu entspannen.

Der Standesbeamte machte ein verdutztes Gesicht, als Max begann, Fotos von unseren Hüften und Füßen zu machen. Er konnte sich nicht zusammenreimen, was da vor sich ging. Bulldog mußte das Lachen unterdrücken, und meine Nervosität kam wieder zurück. Am Ende der Zeremonie gab Bulldog Patricia einen Riesenkuß auf die Lippen und grinste. „Das ist der einzige Grund, warum ich gekommen bin."

Ich war erleichtert, als dieses Theater vorbei war. Draußen steckte mir Patricia einen Umschlag mit der Hälfte der Geldsumme zu. Ein paar Wochen später, nachdem ich das Formular für die Einwanderung ausgefüllt hatte, gab sie mir den Rest. Ein Jahr später wollte sie die Scheidung, weil sie einen anderen Engländer kennengelernt und sich in ihn verliebt hatte. Ich verlangte von ihr nochmal tausend Pfund für die Unterschrift unter die Scheidungspapiere.

Während ich früher nie Schwierigkeiten gesucht hatte, geriet ich jetzt regelmäßig mit anderen aneinander. Einmal ging ich im „The Beaumont" vom Geldspielautomat zu meinem Barhocker zurück, als ein großer Kerl mit den Armen voller Tätowierungen den Hocker mit einem Ruck zu sich zog und sich darauf setzte.

„Sorry, Kumpel, das ist mein Barhocker", sagte ich wütend.

„Oh, steht denn dein Name drauf?" antwortete er sarkastisch.

„Ja", konterte ich scharf und warf ihm einen drohenden Blick zu.

Er zuckte mit den Schultern, erhob sich vom Hocker und ging hinüber zum Ende der Bar.

Mir kam der Gedanke, mein Ruf stehe auf dem Spiel. Dieser Kerl hatte mich soeben beleidigt und ich hatte ihn gehen lassen. Ich ging zu ihm hinüber.

„Wie war das gleich mit ‚Steht mein Name auf dem Hocker'"?

„Ich weiß nicht, auf was du hinauswillst", begann er.

Bevor er fortfahren konnte, schlug ich ihm voll ins Gesicht, dann wieder und wieder. Mein Herz raste. Ich stellte mir vor, er sei Murphy. Schließlich, als Blut aus seinem Mund und seiner Nase floß, taumelte er aus dem Pub auf die Straße.

Eines Abends war ich mit Bulldog im Nachtclub „Kitson's" in Limehouse, dessen Inhaber Terry Marsh war (nicht der Boxer gleichen Namens). Terry mochte Bulldog und mich, weil wir ihm nie Schwierigkeiten bereiteten und er sich zu jeder Zeit auf unsere Hilfe verlassen konnte. Ich saß an der Bar und wartete auf Bulldog, der auf der Toilette war. Als er zurückkam, sah ich, wie ein junger Kerl in ihn hineinrannte und sein Getränk verschüttete. Die beiden standen da und schauten sich an.

Das konnte ich nicht hinnehmen. Ich ging hinüber und legte den Jungen mit einem Boxhieb auf den Rücken. Im nächsten Augenblick sprangen sechs seiner Kumpel auf mich. Ich spürte einen Schlag auf meinem Hinterkopf.

Einer von ihnen hatte mich mit einer Flasche geschlagen, doch sie war nicht zerbrochen. Ich rastete aus und schlug wild um mich. Einer der Türsteher kam mir zu Hilfe, und zusammen warfen wir die Jungs hinaus.

Als ich wieder an der Bar war, sagte Bulldog kühl zu mir: „Was war denn jetzt wieder los?"

„Was meinst du? Der Junge hat das Getränk über dich geschüttet."

Bulldog faßte sich an die Stirn und seufzte. „Aber John, er bot mir gerade an, mich auf ein Getränk einzuladen."

„Was?"

„Hör mir zu", sagte er ruhig, „du mußt dich beruhigen, Junge, sonst wirst du genau zu dem, was du in den anderen nicht magst. Wenn ich mit dir etwas trinken gehe, will ich nicht, daß der Abend in einer Schlägerei endet. Das macht mir keinen Spaß. Nimm dir meinen Rat zu Herzen, John, und finde eine Lösung – bevor es zu spät ist."

Wir verließen „Kitson's" und fuhren zu einem anderen Club im East-End. Sowohl Bulldog als auch ich waren gern ein bißchen unterwegs, da man auf diese Weise auf dem Laufenden bleiben konnte, was im Revier los war. Wir fuhren durch Forest Gate, als ich an einer Ampel aus Versehen den Wagen vor mir rammte. Obwohl es meine Schuld war, sprang ich aus dem Auto und begann, über den anderen Fahrer zu fluchen, der aus seinem Auto ausgestiegen war, um sich den Schaden anzusehen. Dann schlug ich auf ihn ein, bis er quer auf der Motorhaube liegen blieb.

„John! Um Himmels willen. Was habe ich dir soeben im „Kitson's" gesagt?" sagte Bulldog, als ich wieder ins Auto stieg. „Beruhige dich. Du wirst noch geschnappt."

Ich machte mir keine Sorgen, geschnappt zu werden. Es gibt eine gewisse Art von Kriminellen, die das Gefühl haben, sie seien unbesiegbar. Man erreicht einen Punkt, wo man nicht einmal mehr an die Möglichkeit denkt, geschnappt zu werden oder eine Gefängnisstrafe zu verdienen. Und selbst wenn man gefaßt würde, hätte man das Gefühl, man werde sich über einen korrupten Anwalt einen Ausweg erkaufen können. So ging es mir damals. Ich fühlte mich unbesiegbar.

Dann geschah es. Jemand erzählte mir, daß Murphy oft seinen Sohn von der Schule abholte. Eines Nachmittags wartete ich vor der Schule, aber es gab kein Anzeichen von ihm. Die nächsten paar Tage kam ich zurück, aber wiederum war er nirgends zu sehen. Dann, ein paar Tage später, fuhr ich an der Schule vorbei und sah zu meiner Freude Murphy mit seinem Sohn aus dem Tor herauskommen. Eine unkontrollierbare Wut stieg in mir auf. Ich sprang aus dem Auto, ließ die Tür weit offenstehen und ging auf ihn zu. Er hatte mich nicht gesehen.

„Murphy!"

Er wandte sich ruckartig um, und Entsetzen spiegelte sich auf seinem Gesicht.

„Bring mich nicht um!" flehte er.

„Unerledigtes Geschäft", sagte ich und schritt näher auf ihn zu. „Kennst du mich noch?"

Bevor er antworten konnte, schlug ich ihm die Faust ins Gesicht, so daß er sich um die Achse drehte und zu Boden stürzte. Ich setzte mein Knie an seine Gurgel und begann, erbarmungslos auf seinen Kopf einzuhämmern. Meine Wut war unkontrollierbar. Ich packte seine Ohren und schlug seinen Kopf aufs Pflaster, ungeachtet der Schreie der zusehenden Eltern und Kinder.

„Du bringst ihn um!", schrie eine Stimme.

Als ich diese Worte hörte, ließ meine Wut nach und ich stand auf. Ich stand keuchend da und schaute auf Murphy, der mitten auf der Straße lag und dem Blut übers Gesicht und vom Kopf strömte. „Wenn ich dich das nächste Mal sehe, bringe ich dich wirklich um", sagte ich, wandte mich um und gab ihm einen letzten Tritt in die Rippen.

Als ich wegfuhr, hatte ich allerdings nicht das Gefühl der Genugtuung, das ich erwartet hatte. Ich hatte so lange auf meine Rache gewartet. Kaum ein Tag war vergangen, an dem ich nicht darüber nachgedacht hatte, was ich Murphy antun würde, wenn ich ihn erwischte. Doch jetzt, wo es passiert war, fühlte ich mich seltsam leer.

An jenem Abend rief ich auf dem Weg zur Arbeit im „Nightingales" Phil übers Handy an und sagte ihm, daß ich Murphy endlich erledigt hatte.

„Wurde langsam Zeit", sagte Phil. „Wie fühlst du dich denn?"

„Großartig", antwortete ich munter. „Vor allem, als ich das Blut aus seinem Kopf fließen sah." Innerlich jedoch fühlte ich mich seltsam enttäuscht. Rache war so toll auch wieder nicht.

Zwei Wochen später saß ich am Freitagabend im „The Beaumont" und feierte einen großen Drogenhandel, als Murphys Vater und Bruder hereinkamen. Sie erblickten mich und kamen direkt auf mich zu. Ich stand auf, kampfbereit. Der Vater begann mit seiner Schimpftirade, weil ich seinen Sohn zusammengeschlagen hatte – doch was ihn anscheinend mehr verdroß war, daß ich es vor seinem Enkelkind getan hatte.

Der Mann war vielleicht etwas über sechzig, doch es fiel mir nicht ein, das in einem Pub voller Menschen hinzunehmen. Ich schlug ein Glas vom Tisch und schmetterte es ihm ins Gesicht. Es zersplitterte auf der Stelle, und er brach zusammen. Dann ging der Sohn auf mich los, doch bevor er irgend etwas ausrichten konnte, zückte ich mein „Wespen-Stilett", einen langen, dünnen Dolch, und ging auf ihn zu. Er wich zurück und streckte die Hände hoch.

Ich machte einen Satz auf ihn zu und schlitzte seinen Arm auf. Im Pub wurde es totenstill. Ich spürte, wie alle Augen auf mich gerichtet waren.

„Kommt nur! Wollt ihr auch drankommen?" schrie ich und schwenkte drohend die Klinge in der Luft. „Los!"

„Hey, John, komm, das reicht", sagte eine Stimme.

„Ja, John, Schluß für heute", sagte ein anderer.

Ich stand da, Adrenalin jagte durch meinen Körper. Murphys Bruder kniete bei seinem Vater, der sich vor Schmerzen krümmte. Ich ließ meinen Blick über die Gesichter im Pub wandern. Alle starrten mich an. Keiner trank etwas.

Ich wußte aber, daß niemand auf mich losgehen würde. Dazu hatten sie nicht den Mumm.

„Sollen wir um die Ecke spazierengehen?" schlug eine Stimme vor.

Ich wandte mich blitzschnell um und sah einen fetten Kerl auf mich zukommen. Plötzlich wurde mir bewußt, daß die anderen in der Überzahl waren, und ich zog mich zurück aus dem Pub. Ich ging in meine Wohnung, rief Syed und Andrew an, einen großen Schwarzen, mit dem ich im „Driver's" arbeitete und der in der Nähe wohnte, und verabredete mich mit ihnen in einer halben Stunde beim „The Beaumont". Dann zog ich meinen Anzug aus und einen Trainingsanzug an.

Ich traf Syed und Andrew vor dem Pub. Sie hatten Golfschläger dabei. Wir gingen ins „The Beaumont" und begannen, wahllos alles und jeden niederzuhauen. Die Menschen hechteten in Panik hinter die Tische oder flohen nach draußen. Der dicke Kerl war beim Billardtisch. Ich ging zu ihm hin und schwang den Golfschläger. Ich erwischte ihn am Kopf und er stürzte auf den Billardtisch. Dann ging ich zur Bar und zerschmetterte alle Gläser mit dem Schläger, bevor ich einen Barhocker nahm und ihn durch ein Fenster schleuderte. Als wir drei das Pub verließen, schrie ich dem Wirt zu: „Wenn die Polizei benachrichtigt wird, komme ich zurück und bringe dich um!"

Als ich abends im Bett lag, dachte ich darüber nach, daß das Jahr 1991 bis dahin nicht gerade glorreich gewesen war.

Nur ein paar Wochen später fuhr ich in den frühen Morgenstunden durch London, während Bulldog mir sagte, ich hätte jemand umgebracht, und mich fragte, ob ich Geld brauche, um unterzutauchen. Meine erste Reaktion war die gewesen, daß dem Kerl recht geschehen war. Er hatte damit angefangen, denn er hatte versucht, wieder ins „Nightingales" hineinzukommen. Dann traf es mich plötzlich wie ein Keulenschlag. Der Kerl, den ich umgebracht hatte, hatte vielleicht Frau und Kinder. Was hatte ich getan? Ich hatte jemandem das Leben genommen. Panik ergriff mich. Dann tröstete ich mich mit dem Gedanken, daß sie mich nicht für Mord anklagen konnten, da niemand den Schlagring gesehen hatte. Falls ich gefaßt würde, würde die Anklage auf Totschlag lauten. Dafür würde ich aber immer noch zehn Jahre kriegen.

Ich setzte Bulldog ab. „John", sagte er, „falls du irgend etwas brauchst oder ich irgend etwas tun kann, sag es mir."

„Danke, Bulldog", antwortete ich und versuchte, locker zu wirken.

Als ich in meiner Wohnung in der Beaumont-Siedlung ankam, drehte ich mir einen Joint und setzte mich in den Sessel. Ich fragte mich, was ich tun sollte. Allmählich dämmerte mir, daß ich noch nie glücklich gewesen war. Hier war ich, siebenundzwanzig Jahre alt, hatte einen Haufen Geld, einen immerwährenden Nachschub an Frauen und einen Ruf als „harter Mann", der Respekt forderte. Warum also war ich nicht glücklich? Was fehlte in meinem Leben?

Ich wollte erfahren, was nach meiner Flucht aus dem Pub geschehen war, und rief deshalb einen der Türsteher an. Er sagte mir, daß der Typ, den ich zusammengeschlagen hatte, bewußtlos, aber lebend, im Krankenwagen fortgebracht worden war. Als die Polizei ankam und begann, Fragen über mich zu stellen, gab man ihr an, ich sei John Howe, ein Deckname, den ich oft gebrauchte.

Eine Stunde später rief mich Mick, der Chef der Türsteher vom „Nightingales", an und berichtete, der Kerl sei wieder bei Bewusstsein und in Ordnung. Ich müsse mir keine Sorgen machen, sagte er. Ich war erleichtert, als ich das hörte. Ich wollte es glauben. Mick schlug mir vor, eine Woche freizunehmen.

Während dieser Woche schossen mir viele Gesichter von Menschen, die ich verletzt hatte, und von Mädchen, mit denen ich geschlafen hatte, durch den Kopf, vor allem Murphy und der Kerl vom „Nightingales". Ich fragte mich, ob der Verfolgungswahn, den ich von den Drogen manchmal hatte, ewig bleiben würde. Alles Böse, das ich getan hatte, kam mir ständig in den Sinn. Ich sah mich, wie ich wirklich war, ohne Maske von Macht, Ruf und Geld. Es war, wie wenn mir jemand einen Spiegel vorhielt – aber einen Spiegel, der das Innere zeigte, nicht das Äußere. Der Lebensstil meiner Kollegen begann mich abzustoßen, weil sie mich an mich selbst erinnerten.

Eines Nachmittags ging ich mit Gary die Hauptstraße von Walthamstow entlang, wo er als Metzger arbeitete, und wir schwelgten in Erinnerungen an die Zeit, als wir Möbel mit seinem Lieferwagen verkauften, und an die lustigen Anekdoten mit Bulldog. Im Gegensatz zu mir war er aufrichtig, und hatte Frau und Kinder. Ich werde nie seinen glücklichen Gesichtsausdruck vergessen, als er über die Geburt seines Sohnes sprach.

„Was macht man, wenn einem das Leben sinnlos erscheint und man nur an alles Schlechte errinnert wird, das man getan hat?" fragte ich ihn.

„Du darfst dein Leben nicht von der Vergangenheit beherrschen lassen", antwortete Gary. „Du mußt vorwärts gehen und dich durchboxen. Du bist kein schlechter Mensch, John. Überlaß deine Vergangenheit Gott."

Seine Worte gaben mir wieder Mut und meine Stimmung hob sich, doch ich verstand den Teil mit Gott nicht. Am darauffolgenden Freitag ging ich wieder im „Nightingales" arbeiten in der Annahme, daß der Fall sich gelegt habe. Ich war erst ungefähr eine Stunde dort, als die Polizei hereinplatzte. Es müssen um die zwanzig gewesen sein. Ich wurde verhaftet mit der Begründung, ich sei des Mordversuchs angeklagt, wurde hinten in einen Polizeiwagen gesteckt und zur Polizeistation in der Vine Street gebracht, wo man mich in eine Zelle sperrte. Wie üblich, wenn ich wegen etwas verhaftet wurde, sagte ich der Polizei, daß ich weder essen noch trinken noch mit jemand sprechen würde, bis ich meinen Anwalt gesprochen hatte. Als ich Sherwin anrief, sagte er, daß er sofort einen Rechtsanwalt schicken würde.

Als der Rechtsanwalt kam, erklärte ich ihm, was geschehen war. Er erkundigte sich bei der Polizei nach der Sachlage. Es stellte sich heraus, daß die Polizei fünf Zeugen hatte, die gesehen hatten, wie ich den Mann geboxt hatte. Der Mann hatte schwere Blutungen erlitten und einen gebrochenen Kiefer und würde für den Rest seines Lebens Narben haben. Ich sagte dem Rechtsanwalt, ich hätte den Mann geboxt und daß er mit dem Kopf auf den Boden geprallt war. Der Rechtsanwalt meinte, ich würde wahrscheinlich der fahrlässigen schweren Körperverletzung angeklagt.

„Was ist das Maximum für schwere Körperverletzung?" fragte ich.

„Zehn Jahre", erwiderte der Rechtsanwalt. „Mein Rat ist, nichts zu sagen. Wenn sie eine Gegenüberstellung vornehmen wollen, könnten sie Sie ein paar Tage zurückhalten."

Als ich in das Verhörzimmer geholt wurde, antwortete ich auf alle Fragen des Inspektors mit „kein Kommentar". Ich wurde der schweren Körperverletzung angeklagt und gegen Kaution freigelassen. Mit einer Anklage wegen schwerer Körperverletzung war es für mich unmöglich, als Türsteher zu arbeiten. Falls ich noch jemand verletzte und verhaftet würde, würde ich meine Kaution verlieren und direkt in Untersuchungshaft wandern.

Als ich zu Sherwin ging, um mit ihm den Fall zu besprechen, sagte er mir, meine Verteidigung sei, daß ich den Mann gestoßen habe. Er versuchte mir zu versichern, daß ich davonkommen würde, doch ich war nicht wirklich überzeugt. Vielleicht hatte mich mein Glück endgültig verlassen.

Auf den Knien

Eines Nachmittags fuhr ich zur Wohnung eines Freundes in Kilburn, um mit ihm Backgammon zu spielen, doch er war nicht daheim. Als ich im Auto saß und auf ihn wartete, dachte ich über das Gespräch mit Gary nach und wie er gesagt hatte, ich solle die Vergangenheit Gott überlassen. Das ging mir nicht aus dem Sinn. Ich nippte an einer Dose Starkbier und rauchte Drogen, doch dann sah ich einen Polizisten auf mich zukommen. Ich schnippte den Joint aus dem Fenster und stellte die Dose unter den Sitz. Der Polizist bat mich, auszusteigen und ins Röhrchen zu blasen. Danach sagte er, ich sei unter dem Grenzwert – knapp. Er legte mir nahe, nicht mehr zu trinken und heimzufahren. Ich hatte die Nase voll und befolgte seinen Rat.

Wieder in meiner Wohnung, saß ich allein da und dachte über mein Leben nach, das ein einziger Scherbenhaufen war. Ich fühlte mich sehr niedergeschlagen und leer. Es war etwa 21 Uhr. Dann hörte ich etwas, was ich nur als Stimme beschreiben kann. Sie zählte mir die schlimmsten Dinge auf, die ich je getan hatte. Das muß der Fernseher sein, dachte ich, und zappte zum nächsten Sender. Die Stimme war immer noch da. Ich schaltete den Fernseher aus. Was war los? Wurde ich wahnsinnig?

Dann machte es „klick" in mir: Es war die Stimme, die wir alle schon gehört haben, mal wenn wir etwas Gutes getan haben, mal wenn wir etwas Schlechtes getan haben. Es war die Stimme Gottes, mein Gewissen. Mir stockte der Atem. Es war, als würde ich sterben, und eine unglaubliche

Angst ergriff mich. Ich komme in die Hölle, dachte ich. Ich fiel auf die Knie und Tränen stiegen mir in die Augen. „Gib mir noch eine Chance!" weinte ich.

Plötzlich hatte ich das Gefühl, als ob jemand seine Hände auf meine Schultern legen und mich aufrichten würde. Eine unglaubliche Wärme durchflutete mich und die Angst verflog augenblicklich. In diesem Moment wußte ich – wußte es wirklich und glaubte es nicht nur – daß Gott existiert.

Ich hatte ein unbändiges Verlangen, meine Wohnung zu verlassen und jemandem diese unglaubliche Erfahrung mitzuteilen. Als ich die Tür hinter mir schloß, schaute ich auf die Uhr und sah zu meiner großen Überraschung, daß es schon 1 Uhr morgens war. Unglaublich: Es waren vier Stunden vergangen. Dann tat ich etwas, was ich zuvor noch nie getan hatte: Ich betete. „Gott, bis heute habe ich in meinem Leben immer nur von dir genommen, aber jetzt möchte ich geben." Da wurde ich von etwas, was ich nur als wahnsinniges Gefühl der Liebe beschreiben kann, verzehrt. Das ist der unglaublichste Rausch, den ich je erlebt habe, dachte ich. Es dauerte kaum mehr als eine Minute. Dann wußte ich zum ersten Mal in meinem Leben, daß Gott mich liebt. Bis dahin hatte ich immer geglaubt, ich sei wertlos und es sei egal, ob ich lebend oder tot sei.

Mir fiel niemand ein, der dies verstehen würde. Wem konnte ich es sagen? Dann hatte ich eine Eingebung: Ich könnte es meiner Mutter erzählen. Sie und mein Stiefvater waren die einzigen Menschen, die ich kannte, die an Gott glaubten. So machte ich mich auf den Weg zu ihrem Haus, das eine halbe Stunde entfernt lag. Mama war es gewohnt, daß ich zu jeder Tages- und Nachtzeit auftauchte, normalerweise betrunken mit einen Blumenstrauß in der Hand.

Als sie die Tür öffnete, platzte es aus mir heraus: „Mama, ich glaube, ich habe Gott gefunden."

„Was, um halb zwei morgens?" antwortete sie und rieb sich den Schlaf aus den Augen. Alan stand hinter ihr im Schlafanzug.

Mama ging in die Küche, um Wasser aufzusetzen, und ich setzte mich mit Alan in die Stube, der mich verdutzt anschaute. Sie kam zurück, setzte sich aufs Sofa und sagte: „Hast du getrunken?"

„Nein, Mama", antwortete ich, „mir ist etwas äußerst Seltsames passiert." Dann erzählte ich ihnen die außergewöhnlichen Ereignisse dieser Nacht. Von ihren Gesichtern konnte ich ablesen, daß sie nicht so überrascht waren, wie ich es gedacht hätte. Da erinnerte ich mich, wie beide mir schon mehrfach erzählt hatten, daß Gott ihnen im Leben oft geholfen habe. Ich erinnerte mich auch daran, wie ich gelacht und gesagt hatte, Gott sei nur ein Märchen, das die Leute zu gutem Verhalten auffordere. Jetzt war ich da und wußte, daß Gott nicht nur existierte, sondern mich darüber hinaus auch noch liebte.

Nachdem ich zu Ende erzählt hatte, hatten Mama und Alan Freudentränen in den Augen. Alan sagte: „Das ist wunderbar, unsere Gebete sind erhört worden."

„John", sagte Mama langsam, „ich muß dir etwas sagen."

„Was?"

„Ich habe jeden Tag deines Lebens für dich gebetet. Doch vor zwei Wochen hatte ich das Gefühl, daß meine Gebete nicht erhört werden. Ich bat Jesus, er möge dich holen. Wenn dies bedeute, daß du stirbst, dann möge er dich sterben lassen, doch er möge nicht zulassen, daß du dich oder andere noch mehr verletzt." Sie sagte auch, sie habe eine Novene zum heiligen Judas Thaddäus gebetet, dem Patron für hoffnungslose Fälle.

Ich wußte, wie sehr meine Mutter mich liebte und ich wußte, daß sie gesehen haben mußte, was für ein Monster aus mir wurde, daß sie dieses Gebet gebetet hatte. Ich war überwältigt beim Gedanken, daß sie jeden Tag meines Lebens für mich gebetet hatte, und ich lehnte mich hinüber zu ihr und nahm sie in den Arm. Ich empfand eine tiefe Liebe zu ihr, wie ich sie schon lange nicht mehr empfunden hatte. Es war, als sähe ich meine Mutter in einem anderen Licht.

Dann sagte Alan zu mir: „Ich habe etwas für dich, das meinem Papa gehörte." Er übergab mir ein Neues Testament. Es war die King-James-Übersetzung, sagte er, und die Worte Jesu waren rot gedruckt. Dann schlug er vor, zusammen zu beten und Gott für das zu danken, was er in meinem Leben getan hatte. Es war ein komisches Gefühl, da dies das erste Mal seit der Grundschule war, daß ich mit anderen betete.

Als ich in jener Nacht auf dem Sofa meiner Mutter lag, konnte ich kaum einschlafen. Ich dachte darüber nach, wie aufregend das Leben sein könnte, hatte aber auch Angst bei dem Gedanken, wie sehr sich mein Lebensstil ändern mußte. Würde ich die Kraft dazu haben?

Am nächsten Morgen beim Frühstück redete mir eine Stimme in meinem Kopf unaufhörlich ein, ich hätte mir alles nur eingebildet und Gott gebe es vielleicht doch nicht. Doch ich wußte, daß er existiert. Ich sprach mit Alan darüber und er sagte mir, es gebe genauso einen Teufel, wie es Gott gibt. „Der Teufel will nicht, daß du Gott kennst. Doch in deinem Herzen weißt du, daß du durch die Ereignisse von gestern abend Gott begegnet bist. Denke nicht zu viel. Laß dein Herz für dich denken." Als er mir vorschlug, zum Pfarrer, Denis Hall, zu gehen, stimmte ich zu und bat ihn, für mich einen Termin zu vereinbaren.

Etwas später an diesem Morgen machte ich mich auf den Weg zur Kirche St. Joseph und fühlte mich nervös. Als ich an der Tür klingelte, dachte ich an meinen letzten Besuch hier, als das erste Kind meines Bruders David getauft wurde. Jetzt fühlte ich mich ziemlich anders. Pfarrer Hall, ein großer, glatzköpfiger Mann, öffnete lächelnd die Tür und führte mich ins Wohnzimmer. Alan hatte mir gesagt, daß er ein Fan von West-Ham sei, so sagte ich scherzend, er habe einen guten Geschmack. Dann erzählte ich ihm, was geschehen war. Er hörte zu, dann sagte er, es höre sich so an, als habe ich eine dramatische Bekehrung erlebt, wie der heilige Paulus, und daß ich kein Spinner sei. „Glaube fest daran, daß du wirklich Gott erlebt hast", sagte er beruhigend. „Du bist nicht der einzige. Ich bin schon einigen Leuten begegnet, die ähnliche Erfahrungen gemacht haben." Er schlug mir vor, zu fünftägigen Exerzitien ins Priorat Aylesford in Kent zu fahren. Obwohl ich nicht wußte, was Exerzitien sind, war ich einverstanden.

Als ich an diesem Abend wieder in meiner Wohnung war, legte ich mich aufs Bett und schlug das Neue Testament auf, das Alan mir gegeben hatte. Die erste Geschichte, die ich las, war die vom verlorenen Sohn, der sein ganzes Leben verschleuderte und danach von seinem Vater wieder mit offenen Armen aufgenommen wurde. Als ich diese Worte las, begann ich zu weinen. Diese Geschichte handelte von mir. Ich bin der verlorene Sohn, dachte ich. Ich hatte mich von Gott abgewandt und ein zügelloses Leben geführt, ohne an das Morgen zu denken.

Ein paar Tage später kam ich im Priorat Aylesford an, das in wunderschöner Lage am Ufer des Flusses Medway liegt. Ich entdeckte, daß es von Karmeliten geführt wurde. Mir wurde ein Zimmer zugewiesen und die Essenzeiten mitgeteilt – wobei ich immer noch nicht wußte, was ich mit meiner Zeit dort anfangen sollte. Als ich an diesem Abend in der Bücherei saß, zog ich Rauschgift aus der Tasche. Ich bot auch den beiden Gästen, die da waren, davon an, doch sie lehnten höflich ab.

„Warum nicht?" fragte ich den Älteren.

„Weil ich heroinabhängig war, und ich habe meine Frau, meine Kinder, meinen Beruf, alles verloren. Ich hatte wirklich den Tiefpunkt erreicht und lebte am Ende in einem leerstehenden Haus, wo ich tagaus tagein die gleichen Kleider trug. Ich lag oft in meinem eigenen Urin. Eines Tages erinnerte ich mich an etwas, was mir meine Mutter immer gesagt hatte: Vergiß nie, Gott zu danken. Aber ich meinte nicht, daß ich etwas hatte, wofür ich Gott danken sollte. Dann ging ich auf die Toilette, und wie ich da saß, dachte ich: Dafür kann ich Gott danken. Und wie ich es sagte, spürte ich den Heiligen Geist. Schließlich bekam ich mein Leben wieder in den Griff. Ich kam wieder mit meiner Frau und meinen Kindern zusammen, und jetzt bin ich Sozialarbeiter. Jetzt, wo Gott in meinem Leben ist, merke ich, daß ich keine Drogen brauche. Ich brauche nur ihn. Er will, daß ich einfach ich bin, und dieses ganz Zeug hält mich davon ab, ich zu sein."

Ein Teil von mir wollte lachen bei der Toilettengeschichte, doch ich tat es nicht, weil ich in den Augen dieses Mannes sehen konnte, daß er über etwas sehr Reelles und Tiefgreifendes sprach. Während meines Aufenthalts in Aylesford unterhielten wir uns viel, wobei wir gewöhnlich beim Ententeich saßen. Ich gab nicht alles über mich preis – gewiß nicht die schweren Verbrechen oder den Vorfall im „Nightingales" –, aber wir kamen gut miteinander aus und er verstand, wo ich herkam.

Ich verspürte einen großen Frieden während dieser Tage in Aylesford, aber ich sprach mit keinem der Priester bis zum letzten Tag, als Pater Wilfred McGreal auf mich zukam und mich fragte, ob ich ein Gespräch haben wolle. Ich sagte ja, und wir gingen auf sein Zimmer. Er fragte nach meiner Vergangenheit, aber wiederum überflog ich sie nur. Ich erzählte ihm lediglich, daß ich geklaute Sachen gekauft und Blanko-TÜV-Berichte verkauft hatte. Nach der Unterhaltung sagte er mir, daß er mir die Absolution geben werde, was bedeutete, daß Jesus mir vergab. Ich begriff allerdings nicht ganz, wovon er sprach.

Wieder in Leyton, wußte ich nicht, was ich tun wollte. Aber eines wußte ich: Ich wollte nicht mehr Türsteher und Drogenhändler sein. Dieser Lebensstil führte nur in die Zerstörung. Da ich das Bedürfnis verspürte, anderen zu helfen, begann ich, einen Teil meiner Kleider sowie Geld verschiedenen Hilfswerken und der St.-Joseph-Kirche zu geben. Ich bekam einen Job als Hilfsarbeiter bei Simons Schwiegervater. Die Arbeit war hart, und am Ende der ersten Woche war ich so geschlaucht, daß ich oft in meinen Arbeitskleidern einschlief. Ich spürte aber, daß das, was ich tat, diesmal ehrlich war.

Inzwischen las ich jeden Tag in der Bibel und betete täglich, doch ich hatte keine persönliche Beziehung zu Gott. Ich sah ihn ein bißchen wie einen Schulmeister und hatte Angst vor ihm. Meine Gebete bestanden aus Fragen, auf die ich Antworten erwartete. Eines Abends wollte ich mir ein Pornovideo anschauen, doch plötzlich fühlte ich, daß das nicht richtig war. Ich öffnete die Bibel und las spontan die Worte: „Schafft mir diesen Götzendienst ab." Auf der Stelle tat ich alle Pornovideos in eine Tragtasche, ging vor die Haustür und warf sie in die Mülltonne.

Ich hatte auch ernste Probleme mit der katholischen Kirche. Ich fand die Messe langweilig, mit dem ganzen Aufstehen und Sich-Setzen, und ich konnte nicht verstehen, warum die Kirche Geschiedenen nicht erlaubte, wieder zu heiraten. Der Papst schien einfach wie ein

König zu agieren, und ich konnte den Gedanken, daß der Vatikan so viel Reichtum besaß, nicht mit der Tatsache vereinbaren, daß so viele Menschen auf der Welt in Armut leben.

Ich begann, mich von Bulldog, Ray, Phil, Syed und den anderen zu distanzieren. Sie meinten, es käme daher, daß ich der schweren Körperverletzung angeklagt war, doch ich wußte, daß ich in meine alten Muster zurückfallen würde, wenn ich weiterhin mit ihnen Umgang hätte. Ich rauchte allerdings immer noch Rauschgift.

Meinen Lebensstil und meine Verhaltensweisen zu ändern, war nicht leicht. Viele Aggressionen steckten noch in mir. Kurz vor Weihnachten fuhr ich mit meinem Auto rückwärts aus meinem Parkplatz unter den Wohnungen in Cathall Road, als mir ein Mann mit Rastazöpfen in einem Range Rover die Ausfahrt versperrte und sich weigerte wegzufahren. „Na los, es ist Weihnachten. Frieden allen Menschen und so", rief ich gutmütig aus dem Fenster. Doch er stieg aus und drohte mir mit einen Baseballschläger. Ich aber gab sicherlich nicht nach! Ich sprang aus meinem Wagen, öffnete den Kofferraum, zückte meine Machete und forderte ihn heraus. Er sprang wieder in den Range Rover und fuhr mit quietschenden Reifen davon.

Ein anderes Mal war ich abends nach einem Hunderennen in Walthamstow mit meinem Papa, Simon, David und meinem Schwager Geoffrey in einem indischen Restaurant in Chingford essen gegangen. Mein Papa und Simon fingen an, sich lautstark über etwas zu streiten. Dann stand mein Papa auf, um auf die Toilette zu gehen. Als er an zwei Männern an einem Nebentisch vorbeiging, hörte ich, wie einer von ihnen sagte: „Hältst du endlich die Schnauze, du alter Idiot?" Ich war wütend. Als mein Papa zurückkam, sagte ihm derselbe Typ noch einmal, er solle das Maul halten.

Das reichte. Ich sprang auf, packte den Kerl an der Gurgel und drückte ihn an die Wand.

„Aaaagh ... was soll das?" stotterte er.

„Sag danke", sagte ich und drückte noch fester zu.

„Daa-a-a-nke."

Ich lockerte den Griff.

„Wofür danke ich dir?" stammelte er.

„Du dankst mir dafür, daß ich dich nicht umgebracht habe. Wenn du noch ein Wort sagst, bringe ich dich um."

Ich ging wieder zu meinem Tisch und setzte mich. Die zwei Jungs standen auf und bezahlten ihre Rechnung. Als sie bei der Tür waren, rief jener, den ich gepackt hatte, uns zu: „Wir holen Gewehre."

„Ja, aber holt auch große", rief ich zurück. Ich wußte, daß dies eine leere Drohung war. Wenn jemand wirklich ein Gewehr holt, tut er es einfach. Er kündigt es nicht an. Ich glaube, daß ich aus diesem Vorfall lernte, wie sehr ich meinen Papa liebte.

Bei Wintereinbruch begann ich, die Arbeit auf dem Bau zu hassen. Der Lohn war mickrig, gerade 200 Pfund pro Woche, und jeden Abend war ich geschafft und dreckig. Wenn ich am anderen Ende Londons arbeiten mußte, verließ ich die Wohnung um 6 Uhr und kam nicht vor 20 Uhr heim. Eines Tages beschloß ich auf einem Bau in Putney, meine Sachen zu packen und lief mitten während der Schicht weg.

Tags darauf rief mich Ray an, er brauche zehn Tafeln Schokolade – mit anderen Worten, zehn Kilo Rauschgift. Ich rief einen gewissen Don an, der sagte, er werde die Ware liefern. Ein paar Tage später traf ich Don in einem Pub und er gab mir meinen Anteil von 5 000 Pfund.

Doch in der Nacht hatte ich das Gefühl, Gott verraten zu haben, indem ich noch mehr Geld mit Drogen verdient hatte. Am nächsten Morgen stopfte ich das Geld in einen

Umschlag und warf ihn in den Briefkasten eines hiesigen Wohltätigkeitsinstituts. Kurz danach verkaufte ich meinen Mercedes, kündigte meine Wohnung in St.-John's-Wood und meldete mich arbeitslos.

Meine Mutter schlug mir vor, zum Büro des Freiwilligendienstes in Walthamstow zu gehen, das sich im ersten Stock der Unierten Reformierten Kirche befand, und zu schauen, ob ich einen ehrenamtlichen Dienst leisten könnte. Innerhalb weniger Wochen holte ich Rentner in einem Kleinbus ab und brachte sie zu einem Begegnungszentrum, das ein Stockwerk unter der Kirche lag. Dieses Begegnungszentrum wurde von Madge und Arthur geleitet, einem wunderbaren Ehepaar, das beschlossen hatte, als Rentner älteren, einsamen Menschen eine Anlaufstelle zu bieten, wo man sich treffen und eine preisgünstige Mahlzeit bekommen konnte. Als der Koch ging, fragte mich Madge, ob ich mittwochs kochen würde. Ich sagte ja. Ich liebte diese Arbeit, auch wenn ich die meiste Zeit keinen Pfennig Geld hatte. Ich hatte das Gefühl, nützlich zu sein. Ich hatte das Gefühl, etwas wert zu sein.

Ich kam auch mit Christine gut aus, einer Amerikanerin, die ein Jahr für die Kirche arbeitete und im Begegnungszentrum aushalf. Es wurde allerdings klar, daß unsere Beziehung nicht über eine Freundschaft hinausgehen würde. Eines Abends begann sie völlig unverhofft, mich leidenschaftlich zu küssen. Es war ein irres Gefühl, und ich vermißte sie wirklich, als sie am nächsten Tag eine Woche auf Exerzitien ging. Als sie zurückkam, war ich fassungslos, als sie mir sagte: „Ich habe Amerika verlassen, um von einem Mann wegzukommen. Ich will keine neue Beziehung. Ich möchte, daß wir nur Freunde sind." Ich fühlte mich sehr verletzt, weil ich mit Christine korrekt umgegangen war.

Ein paar Wochen später fuhr ich Bulldog ins Whipps-Cross-Krankenhaus zu einem Termin. Er hatte furchtbare Kopfschmerzen. Während ich auf ihn wartete, kam ich mit Tina ins Gespräch, einer fantastischen Blondine mit Minirock und anliegendem Top. Sie sagte, sie sei eine alleinerziehende Mutter und war einverstanden, am Abend mit mir auszugehen.

Als ich in ihre Wohnung kam, landeten wir so gut wie sofort im Bett. Ich besuchte sie jeden Tag in der darauffolgenden Woche. Ich wußte aber, daß zwischen uns nur Lust war. Wir benutzten einander. Es war mir sehr peinlich und ich fühlte mich schlecht, als ich das nächste Mal zum monatlichen Treffen bei meinem Seelenführer war. Ich bat ihn um ein Beichtgespräch und erzählte ihm von Tina. Er erwiderte, wie ich es von ihm erwartet hatte, daß ich sie nicht mehr treffen dürfe. Am nächsten Abend ging ich zu Tina und betete um die Kraft, der Versuchung zu widerstehen. Sie war bestürzt, als ich ihr sagte, daß ich sie nicht mehr treffen könne. Sie behauptete, das mache nichts, doch an ihrem Gesicht konnte ich ablesen, daß sie verletzt war und sich ausgenutzt fühlte.

Kurz danach begann ich, Leute zu besuchen, die ans Haus gefesselt sind. Ich werde nie Winifred vergessen, die über achtzig war und Leukämie hatte. Außer der Haushaltshilfe war ich praktisch der einzige Mensch, den sie sah. Sie war eine sehr fröhliche, gebildete und intelligente Frau, die nie schlecht über andere sprach. Wir wurden gute Freunde. Als ich entdeckte, daß sie zu den „Quäkern" (religiöse Glaubensgemeinschaft) gehörte, begannen wir, gemeinsam zu beten. Manchmal fuhr ich sie mit ihrem Rollstuhl zur Abtei Waltham, einem Ort, wo sie oft mit ihrem Mann gewesen war, als er noch lebte. Ihre einzigen anderen Ausfahrten waren zum Krankenhaus für Blutproben. Einige Zeit später, als ihr Krebs im Endstadium war, rief ich sie an, um mich nach ihrem Befinden zu erkundigen.

„Weißt du, John", sagte sie, „ich schaue aus diesem Fenster und denke darüber nach, daß nur Gott einen Baum erschaffen konnte." Seither denke ich an ihre Worte, wenn ich niedergeschlagen bin, und sie haben mir geholfen zu erkennen, wie unbeschreiblich Gott ist.

Ich begann, nach einem tieferen Gespür für Gott zu suchen. Ich hatte angefangen, Jesus durch die Lektüre des Neuen Testaments kennenzulernen. Ich fand es leichter, eine Beziehung zu Jesus zu finden als zu Gott Vater, zum Teil wegen meiner Beziehung zu meinem Vater. Nachdem ich mich eines Tages über irgend etwas mit meinem Vater gestritten hatte, fuhr ich am Nachmittag nach Southend-on-Sea. Es war sehr stürmisch. Wie ich da am Strand stand und die Wellen meine Füßen umspülten, sagte ich zu Gott: „Wenn ich dir nicht ganz gehören kann, dann laß eine dieser Wellen über mir zusammenschlagen und laß mich sterben." Ich machte mir Sorgen wegen der Anklage der schweren Körperverletzung, die immer noch über mir hing. Ich hätte einen langen Gefängnisaufenthalt nicht verkraftet.

Aus irgendeinem Grund mußte ich an den Priester Brian O'Higgins denken, den ich zum ersten Mal getroffen hatte, als ich als Teenager im Krankenhaus lag. Als ich nach Leyton zurückkam, fand ich seine Adresse im Katholischen Adressbuch und besuchte ihn am folgenden Tag im Chelmsford. Ich erzählte ihm, wie es um mich stand, und er sagte, ich sei ein „Konservenchrist" (verborgen, nur in den eigenen vier Wänden). „John", sagte er, „du mußt herausgehen!"

Ein paar Tage später fragte mich Andrew, der dabei gewesen war, als ich das „The Beaumont" mit Golfschlägern kurz und klein geschlagen hatte, ob ich ihm

2 000 Ecstasytabletten besorgen könne. Er sagte, er kenne jemand, der bereit wäre, zehn Pfund pro Tablette zu zahlen. „Ich werde mich umhören", sagte ich, hatte aber keine Absicht, mich weiter mit Drogengeschäften abzugeben. Als ich wegging, dachte ich bei mir, daß dies eine perfekte Gelegenheit gewesen wäre, ihm von Gott zu erzählen – doch ich hatte sie verpatzt.

Später an diesem Tag erhielt ich einen Anruf von Double Duster, der mich fragte, ob ich jemanden kenne, der Ecstasytabletten wolle. Wenn er über tausend wolle, sagte er, könne er sie für je fünf Pfund erhalten. Ich sah darin eine Falle des Teufels und war wütend.

„Schau, Duster", sagte ich, „ich habe Jesus gefunden und ich bin an Drogengeschäften nicht mehr interessiert. Und wenn du nur ein bißchen Verstand hast, änderst du dein Leben und lernst ihn kennen."

Duster verstummte. Schließlich sagte er: „Dann brauchst du deine Kontaktadressen auch nicht mehr. Ich gebe dir acht Riesen dafür."

Ich knallte den Hörer auf. Dann nahm ich mein Adreßbuch aus der Schublade und überflog alle Namen und Telefonnummern, die ich in den letzten Jahren gesammelt hatte. Als ich zuschaute, wie es im Aschenbecher verbrannte, hatte ich das Gefühl, daß dieser Teil meines Lebens endgültig vorbei war.

Da ich immernoch wütend war, ging ich mit Masai spazieren. Dann beschloß ich, zu Andrews Wohnung zu gehen.

„Hör zu, Andrew, ich muß dir etwas sagen", sagte ich zu ihm. „Ich werde dir diese Ecstasytabletten nicht besorgen."

„Warum?" fragte er mit verdutztem Blick. „Was ist los?"

„Ich habe Jesus gefunden und mein Leben Gott übergeben."

Zu meiner Überraschung antwortete er nüchtern: „Bete

auch für mich, John, daß ich eines Tages Gott kennenlerne."

„Das tu ich, mein Freund", sagte ich und hoffte tatsächlich, daß er eines Tages den Verbrechen den Rücken kehren und Gott in sein Leben einlassen würde.

Ich wußte, daß dieser Moment ein Wendepunkt in meinem Leben war, weil ich jetzt keine Angst mehr hatte, offen über Jesus zu reden. Von da an begann ich, den Leuten zu erzählen, wie ich Gott gefunden hatte, aber ich versuchte nicht, sie zu bekehren. Als ich es Bulldog sagte, sagte er: „Das überrascht mich nicht, mein Sohn, denn du hast dich verändert. Das ist schön für dich, aber laß mich damit in Ruhe." Das war die Reaktion aller Kollegen, mit denen ich mich früher herumgetrieben hatte.

Ab und zu ging ich mit Frank etwas trinken, einem hartgesottenen Kommunisten, der im Begegnungszentrum arbeitete. Trotz unserer verschiedenen Weltanschauungen kamen wir gut miteinander aus. Frank war davon fasziniert, wie ich nach einem Leben voll Verbrechen und Gewalt Gott gefunden hatte, behauptete aber immer, daß er nicht an Gott glaube. Eines Tages überraschte er mich dann, als er sagte, er wolle die Möglichkeit der Existenz Gottes erkunden. Ich schlug ihm vor, eine Bibel zu kaufen und sie zu lesen.

Ein paar Wochen später saß Frank in einem Park in Hackney und aß „Kentucky-Brathähnchen", als sich ein Mann neben ihn auf die Bank setzte und auch ein paar Pommes von ihm wollte. Frank gab ihm ein paar Pommes sowie ein Stück vom Hähnchen. Dann zog der Mann ein Messer und wollte Geld. Voll Schreck antwortete ihm Frank, daß er kein Geld habe, sondern nur Essens-Marken. Der Mann ging. Als Frank nach Hause kam, öffnete er das Johannesevangelium und las den Satz: „Wer gibt, empfängt." Er erzählte mir, daß er womöglich gestorben wäre, wenn er nicht das Hähnchen sowie die Pommes gegeben hätte. Durch diesen Vorfall wußte er, daß Gott existiere, sagte er.

Schließlich kam der Tag, an dem mein Fall vor Gericht kam, und ich ging zum Amtsgericht in der Marlborough Street. Falls ich schwerer Körperverletzung für schuldig befunden wurde, konnte ich zehn Jahre eingesperrt werden. Meine Verteidigung war, daß ich den Jungen gestoßen hatte. Ich hatte neunzehn Zeugen gefunden, die mir Rückendeckung gaben – auch wenn außer den Türstehern keiner von ihnen da gewesen war. Die Polizei hatte fünf Zeugen gefunden, die sagten, ich hätte den Mann geschlagen.

Sherwin hatte mir gesagt, wir würden nach dem vorgehen, was er „herkömmliches Verfahren" nannte. Das bedeutete, daß die Staatsanwaltschaft ihre Beweise vorbringen würde, ich aber nicht aussagen mußte. Der Richter würde entscheiden, ob die Beweislage ausreichend war, daß der Fall vor das Bezirksgericht kam. Falls der Fall so weit ginge, hatte ich beschlossen, nicht unter Eid zu lügen: Ich war bereit, mich für schuldig zu erklären und keinen der falschen Zeugen aufzurufen.

Als ich auf der Anklagebank saß und den Jungen anschaute, den ich angegriffen hatte, war ich nicht nur in Sorge, wie der Fall wohl ausgehen würde, sondern hatte auch schwere Gewissensbisse wegen meiner Taten. Wegen mir war er sechs Wochen im Krankenhaus gewesen. Selbst jetzt noch mußte er eine Halskrause tragen und sich auf einen Stock stützen, ganz zu schweigen von den inneren Narben, die er haben mußte.

Ich hörte zu, wie der Anwalt des Anklägers den Fall darlegte und es war mir, als spreche er über jemand anderen. Ich hatte nicht mehr das Gefühl, derselbe zu sein, jetzt wo Gott in meinem Leben war.

Dann stand mein Anwalt auf und fragte den Mann, den ich angegriffen hatte, was ihm von dem Vorfall noch in Erinnerung sei.

„Ich trank mit meinen Freunden im ‚Nightingales'", sagte er, „und dann forderte mich jemand auf zu gehen. Sonst weiß ich nur noch, daß ich danach im Krankenhaus erwachte."

Ein zweiter Zeuge betrat den Zeugenstand und beschrieb, wie er gesehen hatte, daß ein Rausschmeißer seinen Kollegen geschlagen habe.

Darauf ging der Anwalt zum Mann zurück, den ich angegriffen hatte. „Sitzt der Mann, der Sie angegriffen hat, in diesem Saal?" fragte er.

„Er sieht so aus", erwiderte der Mann und zeigte auf mich auf der Anklagebank.

„Ich frage nicht, ob er so aussieht", entgegnete mein Anwalt. „Ich frage Sie, ob sie hundertprozentig sicher sind, daß der Mann, von dem Sie behaupten, daß er Sie geschlagen habe, in diesem Saal ist."

Der Mann zögerte und ließ seinen Blick durch den Gerichtssaal schweifen. „Nein, ich kann es nicht mit Sicherheit sagen", sagte er mit kaum vernehmbarer Stimme. Zur Zeit des Angriffs hatte ich einen Bart gehabt und meine Haare waren mit Gel zurückgekämmt, so daß sie dunkel wirkten. Inzwischen hatte ich mir den Bart abrasiert, und mein Haar sah heller aus, weil ich kein Gel mehr benützte.

An den Richter gewandt sagte mein Anwalt: „Euer Ehren, der Fall sollte verworfen werden mangels Beweisen gegen meinen Klienten."

Es wurde eine fünfminütige Pause eingelegt. Danach war die Staatsanwaltschaft einverstanden, den Fall fallenzulassen, weil zu wenig Beweismittel da waren. Mir fiel ein Stein vom Herzen, und doch wurde ich immer noch von Schuldgefühlen gepeinigt. Bis heute weiß ich nicht, ob Phil und Jim die Zeugen bestochen hatten oder nicht, aber ich halte es für sehr wahrscheinlich. Ob sie es getan haben oder nicht – ich wußte, ich hatte es allein Gott zu verdanken, weil er nicht wollte, daß ich zehn Jahre im Gefängnis sitze. Er wußte, wie sehr es mir leid tat.

Eines Nachmittags, nachdem die Gerichtssache vorüber war, schaute ich kurz in der katholischen Kirche St.-Georg in Walthamstow vorbei. Ich nahm eine Missionszeitschrift auf einem Tisch im hinteren Teil der Kirche in die Hand und begann sie zu lesen. Auf der Rückseite war ein Aufruf nach mehr Missionspriestern. Als ich dies las, verspürte ich den starken Wunsch, Priester im Ausland zu werden, wo keiner mich kannte. An diesem Abend schrieb ich einen Brief an Pater Michael Kelly, den Verantwortlichen für die Berufungspastoral. Angesichts des Priestermangels ging ich davon aus, innerhalb weniger Monate einen Römerkragen zu tragen und in Afrika oder sonst wo sein zu können.

In der folgenden Woche stattete mir Pater Michael einen Besuch in meiner Wohnung ab. Er stellte mir Fragen über mein Leben, meine Glaubenspraxis und meine Ausbildung. Ich sagte ihm, daß ich zwar getauft, aber nicht gefirmt sei. Dann sprach er über die Beichte und erklärte genau, was sie beinhalte.

„Aber ich kann nicht bei Ihnen beichten, Pater", sagte ich, „weil Sie mich hassen würden, wenn Sie wüßten, was ich getan habe."

„Sie bekennen Ihre Sünden Christus, nicht mir", antwortete er. „Unsere Herzen sind wie Fenster, und wenn man durch das Fenster schaut, kann man das Licht und die Liebe sehen. Doch wenn man das Fenster mit Schmutz bedeckt, kann man das Licht und die Liebe nicht sehen. Bei der Beichte geht es darum, all den Schmutz zu entfernen und ihn zu Füßen des Kreuzes zu legen, dann kann man wieder klar sehen."

Ich brachte es nicht über mich zu beichten. Ich hatte immer noch das Gefühl, daß Pater Michael mich hassen würde, wenn er wüßte, was für ein Mensch ich war. Er sagte, er würde für mich beten und schlug mir vor, an einem Pfingsttreffen mit der Jugend 2000 in Bury-St.-Edmunds in Suffolk teilzunehmen.

Als ich Alan erklärte, daß ich mit der Beichte große Schwierigkeiten hatte, riet er mir, zur Westminster Kathedrale zu gehen. Am nächsten Tag nahm ich die U-Bahn bis Victoria. Aber ich hatte etwas Angst, mit jemandem, den ich nicht kannte, in ein Häuschen zu gehen und ihm alle schlechten Dinge, die ich getan hatte, zu erzählen. Als ich in der U-Bahn saß, erschien mir die Idee einladender, mit Simon etwas trinken zu gehen, der bei den Gardegrenadieren in den Wellington-Barracken stationiert war, als zur Kathedrale zu gehen. Ich betete still zu Gott: „Wenn du wirklich willst, daß ich heute zur Beichte gehe, dann mußt du mir ein Zeichen geben." Als der Zug Westminster erreichte, stiegen zwei Straßenmusikanten ein. Sie legten gleich los mit „Hello Mrs. Robinson". Als sie die Worte „Jesus loves you more than you will know" (Jesus liebt dich mehr, als du weißt) sangen, wußte ich, daß Gott mir geantwortet hatte.

Beim Eintreten in das Dunkel der Kathedrale wurde ich an das ehrfurchtgebietende Wesen Gottes erinnert. Sie war riesig. Ich blickte empor und sah ein Riesenkreuz über dem Altar hängen. Als ich die Mosaiken mit biblischen Szenen anschaute, dachte ich bei mir, daß jemand Jahre damit verbracht haben mußte, sie zusammenzusetzen.

Dann erblickte ich die Beichtstühle am anderen Ende der Kathedrale und Furcht ergriff mich. Ich hatte mehr

Angst als auf der Anklagebank wegen schwerer Körperverletzung. Ich setzte mich auf eine Bank und wartete, bis ich an der Reihe war. Eine Klosterfrau war vor mir. Warum muß sie beichten? wunderte ich mich. Sie ist doch gewiß sehr heilig.

Dann war ich an der Reihe, in den Beichtstuhl zu gehen. Ich ging hinein, kniete mich nieder und sagte: „Vergeben Sie mir, Herr Pfarrer, ich bin siebenundzwanzig Jahre alt und war in meinem ganzen Leben nie beichten, obwohl ich katholisch getauft bin."

Durch das Gitter sah ich, wie ein Lächeln sein Gesicht erhellte. „Sag Jesus deine Sünden", sagte er sanft.

Während ich ihm die schlimmsten Dinge erzählte, die ich begangen hatte, einschließlich der Angriffe auf Murphy und den Kerl im „Nightingales", spürte ich, wie ein greifbarer Friede und Barmherzigkeit von ihm ausgingen.

„Welche Gebete kennst du?" fragte er, als ich beendet hatte.

„Das Vaterunser", antwortete ich.

„Gut, dann bete ein Vaterunser. Willkommen daheim."

Als ich aus dem Beichtstuhl herauskam, empfand ich eine unbeschreibliche Freude. Ich war nur ein paar Minuten drin gewesen. Ich kniete in der Kapelle Unserer Lieben Frau und betete das Vaterunser. Ich sprach die Worte langsam, und ihre Bedeutung traf mich wirklich. Ich begriff, daß Gott mein Vater war, und fühlte mich wie der verlorene Sohn, der zu ihm zurückkehrt. Beim Verlassen der Kathedrale hätte ich um den ganzen Platz herum tanzen können. Jetzt freute ich mich wirklich auf die Einkehrtage, die am nächsten Tag anfingen.

Früh am anderen Morgen wurde ich durch lautes Klopfen an meiner Wohnungstür geweckt. Ich öffnete und sah mich neun Polizisten gegenüber. Ich wurde verhaftet wegen Nichtbezahlung verschiedener Geldstrafen – für das Annehmen gestohlener Sachen, wegen Knöllchen und Nichtbezahlung der Kfz-Steuern – und zum Polizeirevier in Leyton abtransportiert. Am nächsten Morgen saß ich auf der Anklagebank des Amtsgerichts in Walthamstow.

„Herr Pridmore", begann die Richterin, „ich sehe, daß sie 2 700 Pfund nicht bezahlter Geldstrafen schulden. Wie werden Sie das bezahlen?" Bevor ich antworten konnte, fügte sie hinzu: „Ich kann sehen, wie sehr das Ihr Gewissen belastet hat, denn in den letzten zehn Jahren haben Sie sieben Pfund bezahlt."

„Ich habe Gott gefunden", antwortete ich. „Ich habe mein ganzes Geld weggegeben und leiste jetzt ehrenamtliche Arbeit. Ich kann nur ein Pfund pro Woche bezahlen."

„Dieses Gericht ist nicht bereit, 2 700 Wochen zu warten", sagte sie streng. „Sie gehen dreißig Tage ins Gefängnis."

„Nein, Sie verstehen nicht. Ich gehe zu Einkehrtagen", flehte ich.

„Nein, Sie sind es, der nicht versteht, Herr Pridmore, Sie gehen nach Pentonville."

Als ich im Gefängnistransporter nach Pentonville saß, fragte ich Gott, warum er mich lieber im Gefängnis als bei den Einkehrtagen haben wollte. Was auch immer der Grund sein mochte: Ich betete, daß er mich so gebrauchte, wie er wollte.

In Pentonville kam ich in eine Zelle mit einem jungen Zigeuner, der in Untersuchungshaft war. Wir unterhielten uns, und er erzählte mir, daß er in einem Pub in eine Schlägerei verwickelt worden war. Als er verhaftet wurde, entdeckte die Polizei, daß auch wegen Einbruch nach ihm gefahndet wurde. Er war sehr niedergeschlagen, weil er seine Frau nicht mehr hatte kontaktieren können, die auf einem Wohnwagencampingplatz in Yorkshire lebte und kurz vor einer Geburt stand. Als er eröffnete, daß er katholisch sei, lud ich ihn ein, mit mir den Rosenkranz zu beten. Er war einverstanden, obwohl er zugab, daß er seit Jahren nicht mehr in der Kirche gewesen war, und hinzufügte, daß er sich vielleicht nicht mehr an die Worte erinnere.

Am nächsten Morgen kam ein Aufseher in die Zelle und sagte dem Zigeuner, er habe eine gute Nachricht für ihn. Seine Frau habe ein Mädchen zur Welt gebracht und sei unterwegs zu ihm. Der junge Mann fiel auf die Knie und sagte, er würde aufhören zu trinken und sein Leben Gott übergeben. Da wußte ich, warum Gott mich in Pentonville haben wollte und nicht bei den Einkehrtagen.

Sobald ich aus dem Gefängnis kam, rief ich Pater Michael an, um ihm zu erklären, warum ich nicht bei den Pfingstexerzitien gewesen war. Er mußte lachen, als ich ihm sagte, ich sei „auf Einladung Ihrer Majestät" inhaftiert worden. (Redewendung, die bei längeren Gefängnisstrafen angewandt wird. Hier als Scherz gebraucht. Anm. d. Übers.) Er sagte weiter, daß es in wenigen Wochen weitere Einkehrtage in Aylesford geben würde.

Als ich ein paar Wochen später in Aylesford ankam, war ich überrascht, ungefähr 250 junge Leute zu treffen, von denen viele zelteten. Was mich wirklich beeindruckte war die Freude, die sie ausstrahlten – auch wenn mir die vielen Begrüßungen durch Umarmen nicht so lagen!

Der erste Vortrag, den ich hörte, war von Pater Slavko. Das Thema war: „Gib mir dein verwundetes Herz." Während er sprach, war meine Aufmerksamkeit auf das Kreuz hinter ihm gerichtet. Da wurde mir bewußt, daß Jesus für mich gestorben war. Obwohl ich die Geschichte von Jesu Leiden und Tod gelesen hatte, war es mir nie tiefer bewußt geworden, daß er für mich gestorben war. Ich spürte, wie Jesus zu mir sagte: „Für dich würde ich das alles nochmals auf mich nehmen. So sehr liebe ich dich." Tiefe Emotionen stiegen in mir auf, und ich begann zu weinen, wie ich noch nie geweint hatte.

Nach dem Vortrag fragte ich die Mutter Gottes, was Jesus von mir wolle. Ich spürte die Worte in meinem Herzen, daß ich beichten gehen solle. Ich fragte Pater Slavko, ob er mir die Beichte abnehmen würde. „Natürlich", lächelte er, und so saß ich über eine Stunde mit ihm im Obstgarten und erzählte ihm alle Sünden, die ich begangen hatte. Ich ließ nichts aus. Am Ende der Beichte legte er mir die Hände auf und gab mir die Lossprechung. Aber das waren nicht seine Hände. Ich fühlte, daß es die Hände Jesu waren. Ich konnte spüren, wie das Blut Jesu über mein Gesicht rann und wie mich eine unglaubliche Liebe durchströmte.

Damals fand ich die Messe immer noch langweilig. Dann, während einer Prozession mit dem Allerheiligsten, fragte ich jemand, was da passiere. Als sie mir sagten, Jesus sei gegenwärtig, dachte ich, die seien verrückt. Wie konnte dies Jesus sein? Danach fragte ich einen Jungen, der niedergekniet war, wie er glauben könne, er bete Jesus an. Ich verstand es nicht. „Ich dachte auch mal so", gab er zur Antwort, „doch ich bat Jesus, es mir zu zeigen. Und er hat es mir gezeigt."

In der Messe am folgenden Tag tat ich genau dasselbe: „Wenn das wirklich du bist, Jesus, dann zeig es mir", betete ich. Als die Kommunion kam, kniete ich automatisch nieder. Beim Zurückgehen an meinen Platz erlebte ich ein unglaubliches Gefühl, ähnlich wie in der Nacht in Cathall Road. Es fühlte sich eine Million Mal besser an als jede Freude, die ich je erlebt hatte. Da wußte ich, daß Jesus im Allerheiligsten Sakrament des Altares real war. Außerdem verschwanden all meine Vorbehalte gegenüber der katholischen Kirche. Ich wußte, daß sie die Kirche war, die Christus auf den Aposteln gegründet hatte, und daß sie die Kirche war, wo Jesus Christus wirklich gegenwärtig ist.

Es stellte sich heraus, daß Pater Slavko mit einigen jungen Leuten nach Aylesford gekommen war, die behaupteten, in Medjugorje, einem Dorf in Bosnien Herzegowina, die Mutter Gottes zu sehen. Dies schien mir etwas weit hergeholt, besonders weil die Seher behaupteten, die Mutter Gottes seit 1981 regelmäßig gesehen zu haben. Als man mir sagte, die Mutter Gottes werde den Sehern am gleichen Tag noch erscheinen, in einer Kapelle eine Treppe hoch in Aylesford, schloß ich mich der Menge an, die sich im Raum unterhalb der Kapelle versammelt hatte. Während ich im hinteren Teil kniete, bat ich Gott, mir zu zeigen, ob die Erscheinungen wirklich echt seien. Wiederum machte ich eine umwerfende Erfahrung der Liebe Gottes. Ich hatte das Gefühl, neugeboren zu sein.

Bei dem Treffen lernte ich einen Jungen namens Troy kennen, der wie ich eine dramatische Gotteserfahrung gemacht hatte. Er kam aus Ilford, wo er ein Skinhead gewesen war und tief in den Drogen gesteckt hatte. Eines Tages ging er in eine Telefonzelle und fand dort ein Bild von Jesus. Das veranlaßte ihn, über Gott nachzudenken und das Leben, das er führte, in Frage zu stellen. Er gab seinen früheren Lebensstil auf und machte einen Neubeginn. Die Unterhaltung mit ihm machte mir viel Mut.

Ich lernte auch den charismatischen Pater Stan Fortuna kennen, der zu den Franziskanern der Erneuerung in New York gehörte. Als ehemaliger Profimusiker setzte Pater Stan die Rapmusik ein, um die Jugendlichen zu erreichen. Als ich ihm erklärte, ich wolle Priester werden, erwiderte er, daß er neun Jahre lang Priester werden wollte. „Bist du erst mal Priester, fangen die Kämpfe erst richtig an", bemerkte er.

Als ich nach Leyton zurückgekehrt war, sagte ich Pater Hall, ich wolle gefirmt werden und auch, daß ich Zeugnis geben wolle. Ein paar Wochen später stand ich bei einer Zusammenkunft der Firmkandidaten auf, von denen ich einer war, und sprach darüber, wie ich Gott gefunden hatte. Manche weinten. Am Ende des Treffens kam Pater Hall auf mich zu und bat mich, den Jugendclub zu leiten.

Eines Abends war ich in Ilford und suchte die St.-Peter-und-Paul-Kirche. Mir war gesagt worden, dort finde Anbetung statt, das ist die Verehrung Jesu in der Eucharistie. Ich hatte mich etwas verfahren, und als ich an einem kleinen Gebäude vorbeikam, das offen aussah, ging ich hinein, um nach dem Weg zu fragen. An der Bar saß Troy. Ich war in einem Arbeiterverein gelandet. Troy mußte lachen, als ich ihm erklärte, daß ich auf der Suche nach der Anbetung war, und er erklärte mir den Weg zur Kirche, die nur ein paar Straßen weiter war. Als ich später über diesen Vorfall nachdachte, konnte ich erkennen, daß Gott Troy gebraucht hatte, um mich zur Anbetung zu führen.

Obwohl ich wußte, daß Gott mir meine Sünden vergeben hatte, fiel es mir schwer, mir selbst zu vergeben; so begann ich, Bußübungen zu verrichten.

Hin und wieder ging ich zehn bis elf Kilometer barfuß, meistens bis St.-Peter-und-Paul, wo täglich von 7 Uhr bis 22 Uhr Anbetung war. Oft hörte ich für längere Zeit mit dem Rauchen auf und fastete eine Woche, wobei ich nur Wasser trank und nichts aß. Manchmal blieb ich bis spät in die Nacht wach und las die Bibel, um mir Schlaf zu entziehen. Wenn ich dann schlafen ging, schlief ich oft auf dem Boden. Ich opferte diese Bußübungen für die Menschen auf, die ich in meinem Leben verletzt hatte. Ich wußte nie, ob Gott diese Bußübungen von mir verlangte, doch ich empfing dadurch viel Heilung. Ich verspürte allmählich den Wunsch, mich Christus ganz hinzugeben.

Um diese Zeit wurde ich Mitglied der Gesellschaft vom heiligen Vinzenz von Paul (SVP) und begann, ihnen bei ihrer Arbeit mit Flüchtlingen zu helfen, von denen viele aus Ruanda kamen oder Kurden waren. Ich brachte ihnen Möbel und Nahrungsmittel und paßte manchmal auf ihre Kinder auf. Später traf es sich einmal, daß ich nach einer Messe für die Mitglieder der SVP in der St.-James-Kirche am Spanischen Platz mit Kardinal Basil Hume ins Gespräch kam.

„Es tut so gut, junge Menschen zu sehen, die sich in der SVP engagieren", sagte er.

Ich lächelte und dachte bei mir, was er wohl sagen würde, wenn er meine Vergangenheit kannte ...

An einem Jugend-2000-Gebetstreffen in Woldingham in Surrey weihte ich mein Herz der Mutter Gottes und fragte Gott, was er aus meinem Leben machen wolle. Zu der Zeit arbeitete ich beim Begegnungszentrum und Freiwilligendienst, leitete den Jugendclub der Pfarrei – wo die Jugendlichen sich mir wirklich öffneten aufgrund meines Vorlebens – und arbeitete mit der SVP. Außerdem studierte ich an einem College vor Ort Englisch und Soziologie für den mittleren Abschluß. Ich arbeitete oft sechzehn Stunden am Tag. Ich hatte das Gefühl, ich müsse mir das Heil durch gute Werke erwerben.

Jean Vanier sagte einmal: „Wenn man die inneren Monster nicht anschaut, kann man sie nicht zähmen." In den zwei folgenden Wochen begann ich, meine inneren Monster anzuschauen. Einer meiner größten Kämpfe war zu lernen, mir selbst meine vergangenen Sünden vollständig zu vergeben. Ich hatte das Gefühl, daß ich durch die Weihe an die Mutter Gottes mit der Zeit wirklich endlich lernte, mir selbst zu vergeben, und schließlich verstand ich, daß Gottes Heil umsonst war und ich all diese guten Werke nicht tun mußte, um es zu verdienen.

Eines Tages flatterte ein Bewerbungsformular für den Posten eines Jugendarbeiters für die Sozialwohnungen in Hackney bei mir ins Haus. Eine Mitarbeiterin des dortigen Arbeitsamts hatte es mir zugesandt. Ich hatte ihr gesagt, daß ich einen Job im sozialen Bereich suchte, wo ich anderen helfen konnte. Als ich mich hinsetzte und das Formular ausfüllte, spürte ich, wie der Heilige Geist mir sagte, daß dies genau das war, wozu Gott mich berief.

Die Betonwüste

Mein Vorstellungsgespräch für den Posten verlief sehr gut, denn ein paar Wochen später erschien ich in der Kingsmead-Siedlung als neuer Jugendarbeiter. Ich wußte, daß harte Zeiten auf mich zukamen. Hackney war ein rauhes Quartier und seine Wohnsiedlungen mit den seelenlosen, grauen Hochhäusern waren dafür berüchtigt, zu den schlimmsten in Europa zu zählen. Doch mit der Gnade Gottes fühlte ich mich der Herausforderung gewachsen.

Ich sollte die beiden ersten Wochen mit den Sechs- bis Vierzehnjährigen arbeiten. Es gab einige Probleme, was in einer Sozialsiedlung wie Kingsmead nicht anders zu erwarten war, doch ich kam gut damit zurecht.

Angestellt wurde ich von der Kingsmead-Stiftung, doch ich stand unter der Leitung des Sozialamtes von Hackney. Dann bat mich das Sozialamt, einem anderen Jugendarbeiter namens Everton zu helfen, den „Concorde", einen Jugendclub für ältere Jugendliche der Siedlung, neu zu starten. Everton war ein großer Schwarzer, der immer einen ausgebeulten Trainingsanzug trug. Ich hatte Bedenken, als ich hörte, daß ich mit den älteren Jugendlichen arbeiten müsse, da ich wußte, daß ich mir für sie eine andere Strategie einfallen lassen mußte. Trotz dieser Bedenken meinte ich, daß die älteren Jugendlichen auf die gleiche liebvolle und freundliche Art ansprechen würden, die ich bei den jüngeren angewandt hatte. Sie mochten älter, gewiefter und ein bißchen wilder sein, doch am Ende des Tages würde die Liebe sie für sich gewinnen. Das dachte ich wenigstens. Und falls die liebevolle Art nicht fruchtete, konnte ich immer noch auf mein Image als harter Mann zurückgreifen.

So begrüßte ich die Jugendlichen also mit einer Mischung aus Bedenken und Zuversicht, als sie an jenem Mittwochabend im „Concorde" eintrudelten. Sie waren so, wie ich erwartet hatte: ungezwungen, laut, aggressiv und neugierig auf diesen großen Kerl mit dem strahlenden Lächeln. Ich wußte aus meiner Zeit als Türsteher, wie entscheidend die ersten Eindrücke sind. In anderen Worten, fang so an, wie du weitermachen möchtest. Es dauerte nicht lange, bis die ersten Anzeichen von Schwierigkeiten auftraten. Eine Gruppe, die Billard spielte, fand es plötzlich lustiger, sich gegenseitig mit Kugeln zu bewerfen. Es war äußerst wichtig, daß ich richtig damit umging, wenn ich ein Minimum an Ordnung aufrechterhalten wollte.

„Okay, Jungs. Los, jetzt reicht's", übertönte ich den Lärm und versuchte, dabei ruhig zu bleiben. Sie ignorierten mich schlicht. Ja, sie wurden eher noch lauter. „Los, Jungs. Hört auf." Sie lachten alle und machten weiter. Dann begann ein anderer, auf dem Klavier herumzuhämmern. Er war kein Mozart, das war klar.

Das reichte. Ich ging zu dem Jungen am Klavier und knallte den Deckel zu. Er jaulte auf. Ich hatte seine Finger erwischt. Ich dachte nicht im Geringsten daran, ihn um Entschuldigung zu bitten. Mir ging es darum, diesem Haufen klarzumachen, wer hier der Chef war. Ich hob eine Billardkugel auf und schleuderte sie auf die Gruppe beim Billardtisch. Glücklicherweise duckten sie sich, doch ein Junge wäre beinahe am Kopf getroffen worden – er entging der Kugel nur um ein paar Zentimeter. Die Atmosphäre wurde angespannt. Sie beäugten mich mißtrauisch. Dies hatten sie nicht erwartet.

Doch diese Jugendlichen konnte man nicht so leicht einschüchtern. Wenn, dann würden sie auf Aggression mit noch mehr Aggression reagieren. Ich stand da in der Mitte des Raums, schäumte vor Wut und schrie, ich würde sie alle rausschmeißen, wenn sie so weitermachten. Ein kleiner Dünner lachte und rief zurück: „Du bist ein größerer Spinner als wir."

„Ja, das stimmt. Jetzt los, raus mit euch! Allesamt!" befahl ich. Ich war bereit, sie alle dranzunehmen, ungeachtet der Konsequenzen. Sie verließen den Raum, traten beim Hinausgehen gegen die Tür und fluchten über mich.

Als ich an diesem Abend in meiner Wohnung saß, wurde mir bewußt, daß ich es mit den Jugendlichen verspielt hatte. Alles von wegen Liebe Gottes war in einem Augenblick verflogen und meine aggressive Natur war wieder zurückgekehrt. Ich hatte auf die alte Türstehertaktik zurückgegriffen. Was wäre geschehen, wenn ich einen dieser Jugendlichen mit der Billardkugel am Kopf getroffen hätte? Und was war mit dem Jugendlichen, dessen Finger ich im Klavier eingeklemmt hatte? Ich konnte es mit seinem Alten zu tun bekommen, der vielleicht mit einem Baseballschläger zum Club kam – oder noch schlimmer, mit den Bullen. Mein Fehler war es gewesen, mich auf ihr Niveau herabgelassen zu haben. Ich hatte ihren Respekt verloren. Wenn ich ihn zurückgewinnen wollte, mußte ich mir eine ganz andere Vorgehensweise einfallen lassen.

Als ich tiefer über diesen Vorfall nachdachte, sah ich, daß er mehr über mich aussagte als über die Jugendlichen. Mir wurde klar, daß es nur um Macht ging. Ich mußte die Oberhand behalten, um nicht verletzt zu werden. Ich hatte keine Macht darüber, als sich meine Mama und mein Papa scheiden ließen – und wurde verletzt. Obwohl ich begonnen hatte, ihnen zu vergeben, wußte ich, daß einer der Gründe, warum ich nicht in rechter Weise lieben konnte, das Gefühl war, an ihrer Scheidung schuld zu sein. Wie weit hatte ich Gott wirklich erlaubt, in mein Leben einzutreten? Wieviel von dem „harten Mann" war noch in mir? Ich hatte mich nicht so sehr gewandelt, wie ich meinte. Was für ein christliches Zeugnis hatte ich abgegeben? „Herr, dein Wille geschehe, nicht meiner", betete ich an jenem Abend.

Die ganze Woche machte ich mir Sorgen darüber, was wohl passieren würde, wenn die Jungs am folgenden Mittwoch wieder in den Club kamen. Everton sagte, ich solle mir keine Sorgen machen. Die Jugendlichen würden es einfach vergessen. Aber ich müsse aufpassen, warnte er mich. Falls das Sozialamt Wind von dem Vorfall bekommen würde, würde ich sofort entlassen werden.

Trotz der beruhigenden Worte Evertons hatte ich Angst, einige Jugendliche könnten es auf mich abgesehen haben. Everton hatte mich gewarnt, daß sie zu einer Gruppe gehörten, die Menschen in der Siedlung terrorisierte. Es ging das Gerücht, manche von ihnen hätten Messer bei sich. Zwar war ich schon groß und konnte mich verteidigen – aber wenn eine Gruppe von Teenagern mit Messern über dich herfällt, hast du keine große Chance.

Der Mittwochabend kam. Wie gewöhnlich war ich an jenem Tag in der Messe gewesen und ich hatte um Geduld und Weisheit in meinem Umgang mit den Jugendlichen gebetet. Gott mußte hier eingreifen, dachte ich bei mir. Und, was noch wichtiger war, ich mußte ihm die Oberhand lassen. Anstatt dem Dutzend Jugendlicher, die die Woche zuvor da gewesen waren, erschienen jetzt um die sechzig. Meine schlimmsten Befürchtungen wurden bestätigt. Dennoch sagte mir Everton, ich solle mir keine Sorgen machen. Die meiste Zeit seines Lebens war er

Jugendarbeiter gewesen und er meinte, er habe schon alles erlebt. „Nimm's leicht, Mann", sagte er. „Wir werden einen Weg finden, damit umzugehen."

Die Jugendlichen verteilten sich im Raum. Einige begannen, Billard oder Karten zu spielen, sie schrien und stritten miteinander. Andere lümmelten herum und rauchten oder hörten die Musik, die Everton aufgelegt hatte.

„So, du warst früher ein harter Typ", spottete Chas, ein kräftiger Junge, der schielte.

„Ja, ich war Türsteher, wenn du das meinst", sagte ich.

Er gab keine Antwort und ging zurück zu seinen Freunden in der Ecke. Ein paar Jahre später hörte ich, Chas sei eingebuchtet worden, nachdem er jemand auf dem Markt erstochen hatte.

„He, er hat mein Billardspiel geklaut!" schrie ein kleinerer Junge.

„Na und?" erwiderte ich und versuchte, gelassen zu wirken.

„Ja, aber das ist nicht in Ordnung, oder?" gab er zurück. „Das ist nicht fair."

„Okay", sagte ich beiläufig, „schreib das, was du sagen willst, auf diese Tafel." Ich gab ihm einen Stift. Er schaute etwas verdutzt, doch schließlich ging er zur Tafel und kritzelte „Nicht schikanieren" darauf.

Ein anderer klagte, ihm habe jemand die Süßigkeiten geklaut. Ich sagte ihm, er solle den Stift nehmen und „Nicht stehlen" auf die Tafel schreiben. Jedes Mal, wenn ein Jugendlicher zu Everton oder mir kam, um sich über etwas zu beklagen, sagten wir ihm, er solle es auf die Tafel schreiben.

Am Ende der Sitzung hatten wir ein Dutzend „Regeln" auf der Tafel. Everton und ich schafften es, die Aufmerksamkeit der meisten Jugendlichen zu gewinnen, und wir fragten sie, wie diese Regeln ihrer Meinung nach am besten umsetzbar seien. Einer rief, daß jeder, der die Regeln brach, vom Club ausgeschlossen werden solle. Ein anderer war drastischer und plädierte dafür, solche Leute bewußtlos zu schlagen. Während sie untereinander über das richtige Vorgehen stritten, lächelten Everton und ich uns zu. Die Jugendlichen dachten, sie hätten die Regeln selbst aufgestellt – und ihre Regeln waren wohl um einiges strenger als die, die wir Erwachsene ihnen auferlegt hätten. Wichtig war, daß wir ihnen das Gefühl vermittelt hatten, daß es ihr Club war, nicht unserer. Wenn sie ihn als den ihrigen betrachteten, war es weniger wahrscheinlich, daß sie Schwierigkeiten machten.

Zu meiner großen Erleichterung war der Abend ohne größeren Zwischenfall verlaufen. Als die Kinder heimgingen, fragte ich Ritchie, dessen Finger ich mit dem Klavierdeckel eingeklemmt hatte, wie es ihm ging. Er zuckte mit den Schultern und sagte, es gehe ihm gut.

„Entschuldigung, Kumpel", sagte ich.

Er schaute überrascht und murmelte: „Schon gut."

Ich lernte bald, daß die meisten Kinder nur einen Elternteil hatten. Viele Mütter waren recht jung schwanger geworden, und sie sahen ihre Kinder oft als Einschränkung ihrer Freiheit an. Viele Väter hatten sich aus dem Staub gemacht, als das Baby zur Welt kam. Die Schulbildung war armselig, und die Möglichkeiten, die sich den meisten Jugendlichen nach dem Schulabschluß boten, waren entweder die Arbeit in einem Laden oder einer Fabrik für dreieinhalb Pfund die Stunde, oder die Kriminalität. Viele entschieden sich für die Kriminalität. Wie die Drogen, die immer angeboten wurden, war das ein Ausweg aus der Armut. Zumindest sahen es viele Jugendliche zu der Zeit so. In dieser Art Umgebung hatten die Kinder das Gefühl, daß sich niemand um sie kümmerte. Warum also sollten sie sich um irgend jemand kümmern?

Im Gegensatz zu den jüngeren sahen mich die älteren Jugendlichen nicht alle als leuchtendes Vorbild. Manche von ihnen taten dasselbe, was ich getan hatte, und versuchten, sich einen Ruf aufzubauen. Sie konnten nicht verstehen, warum ich all diese Macht, den Ruf und das Geld aufgegeben hatte. Ich versuchte ihnen verständlich zu machen, daß dies nicht die richtige Art zu leben sei, doch einige von ihnen hatten nur ein Ziel: das zu erreichen, was ich aufgegeben hatte.

Eines Abends sagte mir ein Jugendlicher, er habe von einem Mann gehört, der im Gefängnis Gott gefunden habe. Als ich ihn fragte, was er davon halte, erwiderte er: „Er ist weich geworden."

„Nun", erwiderte ich, „ich habe mit Typen gearbeitet, die Killer sind. Und sie erzählen dir nichts von der Zeit, wo sie einsam in der Zelle sitzen und sich die Augen ausweinen, weil sie sich selbst hassen." Ich konnte seinem Blick ansehen, daß ihn meine Antwort nicht beeindruckte.

Nach ungefähr drei Monaten im Jugendclub hatte ich langsam das Gefühl, nichts zu erreichen. Die Jugendlichen waren viel aggressiver und schwieriger, als ich erwartet hatte. War ich der Richtige für diese Arbeit? Die Wut und Aggression, die ich in mir für ausgelöscht gehalten hatte, brodelten immernoch unter der Oberfläche.

Ich ging zu meinem Seelenführer und erklärte ihm, wie ich mich fühlte. Er hörte wie immer geduldig zu. Als ich zu Ende war, lächelte er und sagte, ich solle die Jugendlichen als Blumentöpfe betrachten. Ich streue gute Samen, und ganz gleich, wie viele schlechte Samen auch gesät wurden, konnten sie doch die guten Samen nicht zerstören. Und die guten Samen würden zu etwas Wunderschönem heranwachsen: Jesus. Beim Gehen sagte er mir: „John, denk nie, daß du nichts bewirkst. Du sagst möglicherweise etwas zu jemand, was sein Leben ändern wird, doch vielleicht erst in zehn Jahren. Und das wirst du erst erfahren, wenn du in den Himmel kommst."

Diese Trostworte trugen mich weiter und ich dachte oft an sie, speziell wenn ich es mit besonders schwierigen Jungs zu tun hatte wie mit Duane. Duane hatte den Ruf, einer der härtesten Jungs der Siedlung zu sein. Er war groß, gut gebaut und konnte sich gut behaupten.

Eines Abends kam ein kleiner Junge zu mir und beklagte sich, Duane habe ihm beim Billard sein Spiel geklaut. Ich ging zu Duane und sagte: „Los, du weißt, daß er dran ist." Ich versuchte die Situation locker zu halten, weil ich wußte, daß Duane nicht wollte, daß sein Ruf Schaden litt.

Duane schaute mir in die Augen und fluchte mich an.

„Los, Duane, laß ihn spielen", antwortete ich und ignorierte die Beschimpfung. Als ich das sagte, legte ich meinen Arm sacht auf seine Schulter. Er schüttelte ihn gewaltsam ab und versuchte mich wegzustoßen. Ich war allerdings um einiges größer als er und stand einfach da und versperrte ihm den Weg. Die anderen Jugendlichen hatten sich um uns versammelt, weil sie spürten, daß sich etwas zusammenbraute. Ich wollte ihn schlagen, doch als ich an den ersten Abend dachte, schaffte ich es, ruhig zu bleiben. Wenn ich ihn geschlagen hätte, wäre dies das Ende meiner Jugendarbeit in Kingsmead gewesen. Wir standen da und starrten uns an, wie in den Westernfilmen. Wer würde zuerst nachgeben?

Die anderen Jugendlichen wurden still. „Na los, was willst du tun?" forderte Duane mich heraus und verkrampfte sich.

„Warum regst du dich so auf?" erwiderte ich. Aus meinem Tonfall konnte er entnehmen, daß ich ihn nicht schlagen wollte. Doch falls er mich schlagen würde, wußte ich, daß ich zur Verteidigung zurückschlagen müßte. Jungs wie Duane gehen aufs Ganze, um sich einen Namen zu machen.

Ich beobachtete ihn und wartete auf seine nächste Bewegung. Er betrachtete mich kritisch. Keiner von uns schenkte dem anderen etwas. Es war ein psychologischer Kampf. Da drehte sich Duane plötzlich um und stürmte davon, wobei er den Kopf schüttelte. Ein Teil von mir fühlte sich gedemütigt. Ein neunzehnjähriger Jugendlicher hatte mich herausgefordert und ich hatte einen Rückzieher gemacht.

Ich ging nach draußen, um eine zu rauchen und mich zu beruhigen. Ein paar Minuten später ging Duane an mir vorbei. „Hast du dich beruhigt?" fragte ich ihn.

Er fluchte mich an. Zu meiner Überraschung sagte einer seiner Kollegen zu ihm: „Los, Mensch, sprich mit ihm!"

Widerwillig trottete Duane zu mir herüber. „Hör zu", sagte er versteinert, „ich mag es nicht, wenn man mich anfaßt."

Ich war baff. Vor mir stand nicht ein großspuriger Teenager, der sich um nichts scherte außer um seinen Ruf als „harter Typ". Stattdessen sah ich einen gebrochenen Jugendlichen, der etwas aus seinem tiefsten Inneren preisgegeben hatte. Er hatte nur ein paar Worte gesagt, aber ich wußte: Das, was er gesagt hatte, sprach Bände.

„Ist in Ordnung, ich verstehe", sagte ich. „Ich wurde auch abgelehnt, als ich klein war." Er sagte nichts. „Es tut mir leid", fügte ich hinzu.

Er schaute mich an und sagte: „Du bist in Ordnung."

Mit älteren Jugendlichen zu arbeiten war nie ein Zuckerschlecken. Wenn es ruhig war, war es nur die Ruhe vor dem Sturm. Ich mußte immer wachsam sein und ständig meine eigenen Reaktionen auf die entsprechenden Situationen überprüfen. Gott erteilte mir wertvolle Lehren, und ich mußte lernen, auf seine Stimme zu hören statt auf meine. Das ist nie einfach. Ich lernte auch, daß ich die Kinder lieben mußte, auch wenn ich es nicht wollte – was zugegebenermaßen oft der Fall war.

Trotz ihrer Großtuerei und ihres aggressiven Verhaltens lernte ich bald, daß diese Kinder im „Concorde" zwei Dinge wollten: Regeln und Vergebung. Damit konnte man ihre Achtung gewinnen. Ich wußte, wie wichtig es war, die Kinder spüren zu lassen, daß ich ihnen nichts nachtrug. Ich versuchte, die Worte Jesu über Vergebung in die Tat umzusetzen. Ich war einer, der diese Vergebung erfahren hatte; und ich hatte die Pflicht, sie weiterzugeben.

Auch wenn sich Everton nicht als Christ bezeichnet hätte, besaß er eine Art Glauben, war aufrichtig um die Kinder besorgt und wollte das Beste für sie. Er sorgte auch dafür, daß allfällige Drogenhändler sich vom Jugendclub fernhielten. Er erzählte mir eines Abends, wie er als Teenager einen großen Wendepunkt erlebt hatte. Er war aufgefordert worden, an einem Überfall teilzunehmen, und am gleichen Tag hatte ihn ein Jugendarbeiter gebeten, im Jugendclub auszuhelfen, den er besuchte. Bis dahin hatte er noch nie etwas mit der Clubleitung zu tun gehabt. Er war nur als Gast dort gewesen. Ihm war klar, daß er an jenem Tag eine Entscheidung treffen mußte. Am Schluß entschied er sich für den Jugendclub. Ein paar Jahre, nachdem wir zusammen im „Concorde" zusammengearbeitet hatten, rief ich ihn an, um mich nach seinem Ergehen zu erkundigen. Traurig erzählte er mir, einer seiner Söhne sitze wegen Mord im Gefängnis.

Eines Abends fuhr ich vom Jugendclub weg, als ein Siebzehnjähriger namens Joey, der beim Eingang stand, meinem Auto einen Tritt gab. Ich beschloß, nicht anzuhalten und ihn zur Rede zu stellen, sondern die Woche darauf mit ihm zu sprechen.

Er erschien erst zwei Wochen später. Er schaute überrascht, als ich ihn bat, mit mir hinauszukommen. Alle anderen waren aufgeregt, weil sie dachten, ich würde ihn fertigmachen. Ich ging mit ihm zu meinem Auto und zeigte auf die Delle. „Das hast du getan, Joey. Wie willst du das wiedergutmachen?" sagte ich im autoritärsten Ton. Ich sah, daß er Angst hatte.

„Ich war's nicht", antwortete er automatisch.

Meinem Gesichtsausdruck merkte er an, daß ich es ernst meinte. Er hatte zwei Möglichkeiten: mich schlagen oder weglaufen. Er schlug auf mich ein. Ich blockte den Schlag ab und packte ihn mit einer Hand am Genick. Er versuchte loszukommen, aber ich war zu stark für ihn.

„Los, wie willst du es wiedergutmachen, Joey?" fragte ich entschieden. „Du kennst die Spielregeln in Kingsmead!" Die Jugendlichen, die sich mittlerweile um uns geschart hatten, dachten eindeutig, ich hätte die Beherrschung verloren, aber dem war nicht so.

„Du weißt, was ich mit dir tun sollte, nicht?" sagte ich und drückte fester zu.

„Ja, ja", schrie Joey. Dann brach er in Tränen aus.

„Aber ich werd's nicht tun", sagte ich und ließ ihn los. Er taumelte überrascht zurück. Die Jugendlichen schauten sich an nach dem Motto: „Was ist jetzt los?"

„Nein, ich werde dich nicht fertigmachen, Joey, und weißt du warum?" Er schüttelte den Kopf. „Weil ich dich lieb habe, darum."

Joey schaute mich scharf an und wußte nicht, wie er mit der Situation umgehen sollte. Die Worte hatten ihn verblüfft. Wahrscheinlich hatte ihm noch nie jemand gesagt, daß er ihn lieb hatte. Hätte ein anderer das gesagt, hätten diese Worte vielleicht weichlich geklungen, doch nachdem sie von jemand kamen, der ihn hätte bewußtlos schlagen können, waren sie bedeutungsschwer.

Neben meiner Arbeit in der Kingsmead-Siedlung half ich nach wie vor, den Jugendclub in meiner Pfarrei Leyton zu leiten. Ich war auch im Lenkungsausschuß der Mietervereinigung meines eigenen Quartiers. In diesem Komitee war auch David, ein schmuddelig aussehender Typ mit schulterlangem, gewelltem dunklem Haar, der immer Trainingshosen, Sportschuhe und auffallende Socken trug. Ich entdeckte, daß er Direktor einer Firma gewesen war, doch wegen Depressionen hatte er alles aufgesteckt und die Arbeit als ehrenamtlicher Sozialberater für die Siedlung aufgenommen. Er lebte von Sozialhilfe. Er setzte sich total ein, den Menschen zu helfen, und an manchen Tagen saß er von 9 Uhr morgens bis 9 Uhr abends im Büro der Mietervereinigung und hörte die Probleme der Menschen an.

Ich fand heraus, daß er Christ war. Er hatte mit zehn Jahren sein Leben Gott übergeben, genau in dem Alter, wo ich Gott den Rücken gekehrt hatte. In Anbetracht der Tatsache, wie gewalttätig seine Mutter ihm gegenüber gewesen war, fand ich seine ergebene Hinwendung an Gott höchst erstaunlich. Wir knüpften eine enge Freundschaft und beteten oft zusammen. „Ich weiß, es ist großartig, von Menschen umarmt zu werden, aber ich kann es nicht erwarten, von Jesus umarmt zu werden", erzählte er mir eines Tages, als wir von der Universität Nordlondons heimfuhren, wo wir einen Kurs für Mietermitbestimmung besuchten.

Eines Abends ging ich in Leyton in ein Pub, um Billard zu spielen. An der Bar stand einer von Murphys Brüdern, derjenige, dessen Arm ich im „The Beaumont" mit dem Stilett verletzt hatte. Sobald er mich sah, suchte er das Weite. Ich fing ihn ab und sagte: „Kann ich mit Ihnen sprechen?" Er erstarrte. „Schauen Sie", sagte ich ruhig, „ich möchte nur sagen, daß ich Gott gefunden habe und daß es mir wirklich von Herzen leid tut, was ich Ihnen, Ihrem Bruder und Ihrem Vater angetan habe. Ich bitte um Verzeihung, auch wenn ich weiß, daß es wohl wenig hilft."

„Meinen Sie das ernst?" rief er aus. Er schaute total verdutzt und auch misstrauisch. Ich denke, er erwartete Schläge von mir.

„Ja, ich habe Gott gefunden. Bitte sagen Sie Ihrem Vater und Ihrem Bruder, wie sehr es mir leid tut."

„Okay." Er nickte verlegen und verließ das Pub. Ich denke, er hielt mich für einen Psychiatriefall.

Ich hatte immer noch viele Kämpfe in meinem persönlichen Leben durchzustehen. Nach einem harten Tag im Jugendclub kam ich oft heim in meine Wohnung und schaute Sky TV und zappte von einem Sender zum andern. Manche Sendungen, die ich mir anzuschauen erlaubte, taten meinem Glauben nicht gut. Natürlich holte ich mir seelische Kraft und Inspiration in der täglichen Messe in der St.-Francis-Kirche in Stratford und bei den jungen Katholiken, die ich alle zwei Wochen in einem Gebetskreis der Jugend 2000 in Canning Town traf. Sie machten mir Mut und vermittelten mir das Gefühl, nicht alleine zu kämpfen.

Geld war für mich ein Problem, obwohl die Arbeit in Hackney recht gut bezahlt war. Da ich so viel Geld gehabt hatte, bevor Gott in mein Leben getreten war, fiel es mir schwer, meine Finanzen zu verwalten, und so hatte ich bald Schulden. Als ich noch ein kriminelles Leben führte, mußte ich mir nie Sorgen ums Geld machen.

Mit der Zeit fand ich es frustrierend, meinen Glauben herunterspielen zu müssen. Ich hatte beide Jugendclubs der Mutter Gottes geweiht, und wenn ich allein im Büro war, betete ich für die Kinder sowie um die Kraft und Weisheit, das zu tun, was Gott von mir wollte.

Eines Tages stellte mich Chris, mein Geschäftsführer, zur Rede, weil ich im Club über Gott gesprochen hatte. Er behauptete, nur eine Minderheit der Jugendlichen glaube an Gott. Das kaufte ich ihm nicht ab. So bat ich ein paar Tage später alle Jugendlichen, die an Gott glaubten, die Hand zu strecken. Von den vierzig, die da waren, hielten nur zwei ihre Hand unten. Ich entdeckte, daß einige katholisch waren, einige Anglikaner, andere Zeugen Jehovas oder Pfingstler und einige waren Moslems. Als ich Chris das nächste Mal sah, sagte ich ihm, daß jene, die an Gott glaubten, nicht die Minderheit waren, wie er gesagt hatte, sondern die Mehrheit. Widerwillig erlaubte er mir, über Gott zu reden.

Wenn ich mit den Kindern über Gott sprach, konzentrierte ich mich mehr auf sein Leben als auf seine Regeln. Ich wußte aus eigener Erfahrung, daß man Gottes Regeln halten will, wenn man weiß, daß Gott einen liebt. Ich versuchte, sie zu ermutigen, auf ihre eigene Art zu beten und nicht aufzugeben.

Manchmal nahm ich die Kinder am Wochenende in einen Abenteuerpark in Sussex mit. Obwohl ich dafür nicht bezahlt wurde, fand ich es unumgänglich, sie aus ihrer gewohnten Umgebung herauszuholen. Everton fuhr uns mit dem Kleinbus am Freitagabend hin und holte uns am Sonntagmittag wieder ab. Im Park konnten sie segeln, Kanu fahren, an Felswänden klettern oder reiten. Sie liebten es, auf dem Land zu sein und all die Tiere zu sehen. Es war so anders als die Betonwüste in Kingsmead. Hier konnten sie sich frei fühlen und all ihre Energie auf gesunde Weise versprühen.

Als ich in meiner Arbeit selbstsicherer wurde, suchte ich nach neuen Wegen, wie sich die Kinder für die Siedlung engagieren konnten. Das Sozialamt hatte einen Künstler für die Gemeinde eingestellt. Deshalb regte ich an, daß die Jugendlichen auf großen Tafeln ihre Vorstellungen über die Siedlung malten. Diese Bilder wurden dann in Kingsmead ausgestellt. Die meisten malten Blumen und Bäume, das Gegenteil von dem, was sie täglich sahen. Der Biogarten war ein weiterer Erfolg. Wir kultivierten ein kleines Stück Land neben dem Jugendclub und pflanzten Tomaten, Salat, Zwiebeln und Rhabarber an. Die Kinder brachten dann die Erzeugnisse den älteren Menschen in der Siedlung.

Nach zwei Jahren in Kingsmead war es für mich an der Zeit, weiterzugehen. Obwohl ich das Gefühl hatte, Gottes Willen zu tun, fehlte etwas in meinem Leben. Ich hatte ein starkes Verlangen, all meinen Besitz aufzugeben und Christus ganz zu folgen. Deshalb hatte ich mich beworben, ein Jahr im Familiengebetshaus in der Nähe von Dalmally im schottischen Hochland mitzuleben. Ich war ganz aufgeregt, als sie mir schrieben, daß sie mich aufnahmen.

Es schnürte mir die Kehle zu, als ich mich an meinem letzten Abend im „Concorde" von den Jugendlichen verabschieden mußte. Als ich sie so anschaute und wußte, in was für ein Zuhause viele zurückmußten, ging es mir sehr zu Herzen. Gott aber würde nicht aufhören sie zu lieben, nur weil ich nicht mehr da war.

Nachdem wir aufgeräumt hatten, lud mich Everton ins nahegelegene Pub ein, um etwas zu trinken. Ich war guter Dinge und dachte über zwei der härtesten Jahre meines Lebens nach – zwei Jahre, in denen ich wohl mehr von den Jugendlichen gelernt hatte als sie von mir. Ich hatte mein Bestes getan. Ich hatte etliche Male versagt und es mehr als einmal aufgeben wollen. Und dennoch hatte ich einen Blick auf die Hand Gottes am Werk tun dürfen und, wie mein Seelenführer mir gesagt hatte: Ich hatte Samen gestreut.

Everton und ich saßen in einer Ecke des Pubs, als eine Gruppe Jugendlicher hereinschlenderte. Ich schenkte ihnen keine große Beachtung, doch als sie auf uns zukamen, erkannte ich unter ihnen Duane. Was wollte er?

Er blieb ein paar Meter vor uns stehen und sagte nichts. Ich lächelte ihm zu. Er lächelte unsicher zurück und fragte mich zu meiner großen Überraschung, ob ich etwas trinken wolle. Als er mir das Getränk brachte, dankte er mir für alles, was ich getan hatte, bevor er sich mit seinen Kollegen in die andere Ecke des Pubs verzog. Diese Begebenheit zeigte mir, daß sich meine ganze Arbeit in Kingsmead gelohnt hatte.

All deine Sünden sind Schwächen

Ich hielt meinen Wagen auf einer entlegenen, kurvigen Straße im schottischen Hochland und ging zum Wasserfall hinunter. Ich saß da und atmete die Schönheit der Berge ein. Das einzige Geräusch war das Rauschen des Wassers. Ich begann zu beten und überlegte, wie sich mein Leben durch Gott verändert hatte. Da stand ich nun, mit all meinem irdischen Besitz in einer schwarzen Tasche. Ich begann zu weinen, als ich darüber nachdachte, wie gut – und geduldig – Gott war, daß er mich an diesen Punkt gebracht hatte, und ich dachte über meine Vergangenheit nach, über die Jugendlichen in Kingsmead und meinen Hund Masai, den ich der Obhut Davids von der Mietervereinigung anvertraut hatte. Ich fühlte mich befreit und war aufgeregt über das, was auf mich zukam. Ich hatte keine Wohnung mehr, und wenn David mich im Familiengebetshaus besuchen kommen würde, würde ich auch kein Auto mehr haben.

Das Familiengebetshaus lag in Argyllshire in reizvoller Umgebung mit einem kleinen Teich und exotischen Pflanzen am Ufer des Flusses Orchy. Es war von Wäldern und Bergen umgeben. Im Westen lag der Beinn Cruachan, der über tausend Meter hoch war, und im Osten lag Beinn Lui mit knapp tausend Metern. Die nächste Straße war eineinhalb Kilometer entfernt. Das Familiengebetshaus bestand in Wirklichkeit aus drei Häusern: Craig Lodge, in dem sich die Kapelle und der Speisesaal befanden, Craeg Meon, wo die Gäste untergebracht waren, und Craeg Beag, wo die Gemeinschaft lebte.

Außer mir waren vier andere Menschen dort, die auch beschlossen hatten, ein Jahr in der Gemeinschaft zu verbringen: Alve, Therese, James und Gez. Gez kam aus Manchester und war heroinabhängig gewesen. Er sagte mir, er habe sich selbst so gehaßt, daß er Stücke aus seinem Arm herausgebissen hatte. Sein Leben hatte sich radikal verändert, als er eine Erfahrung des Heiligen Geistes machte, während er hinten in einem Polizeiwagen saß, nachdem er wegen einer Sache verhaftet worden war. Wie ich entdeckte, kann sich Gott uns an den unwahrscheinlichsten Orten offenbaren, und wenn wir es am wenigsten erwarten.

Jeder Tag begann in der Kapelle mit dem Morgengebet um 7.30 Uhr, gefolgt vom Frühstück. Zwischen 9.30 Uhr und 12 Uhr verrichteten wir alle körperliche Arbeit im Haus oder draußen. Ich half oft beim Holzhacken im Wald. Nach dem Mittagsgebet trafen wir uns zum Mittagessen mit Mary Anne und Calum, die 1988 das Familiengebethaus gegründet hatten und mit Penny und Steve, die das Haus leiteten und für die externen Gemeinschaftsmitgliedern zuständig waren, wie Robert und Jenny, einem jungen Ehepaar, das in einem Wohnwagen auf dem Grundstück wohnte. Von 14 Uhr bis 16 Uhr halfen wir bei der Fertigung von Gegenständen wie Ikonen und Rosenkränzen. Dann, nach einer Stunde geistlicher Lesung, trafen wir uns um 17 Uhr zum Gebet. Nach dem Abendessen versammelten wir uns zum Rosenkranz und zur Anbetung. Um 22 Uhr waren wir gewöhnlich alle im Bett.

Anfangs war es schwierig, sich an ein so diszipliniertes Leben anzupassen. Der Gehorsam war mit das Schwierigste, was ich lernen mußte. Während mir das Holzhacken und die Arbeit im Freien Spaß machte, haßte ich das Toilettenputzen. Doch nach einigen Wochen fügte ich mich langsam in die tägliche Routine ein.

Einer der Gründe, warum ich ins Familiengebetshaus gekommen war, war, daß ich prüfen wollte, ob ich eine Berufung zum Priester- oder zum Ordensleben habe. So sehr mir die Arbeit in Kingsmead auch gefallen hatte und obwohl ich das Gefühl gehabt hatte, Gottes Willen zu tun: Irgend etwas hatte mir dort gefehlt. Als Pater Glen Sudano, der Verantwortliche für Berufungen bei den Franziskanern der Erneuerung in New York, an einem Wochenende kam, um einen Einkehrtag zu halten, sprach ich mit ihm darüber. Er schlug mir vor, nach meinem Jahr in Schottland seine Gemeinschaft in New York zu besuchen, um der Angelegenheit weiter nachzugehen.

Ich traf auch Bischof Roddy Wright von Argyll und den Inseln einige Male. Irgendwie machte er immer den Eindruck eines sehr gebrochenen und traurigen Mannes, und dennoch erinnere ich mich, wie er eine der besten Predigten, die ich je hörte, über die wahre Gegenwart Christi in der Eucharistie hielt. Kurz darauf lief er mit einer Frau davon. Dies zeigt nur, wie Gott uns gebrauchen kann, ganz gleich, wie unsere Situation aussieht.

Tagein tagaus mit vier anderen Menschen zusammenzuleben, war nicht leicht. Es kam vor, daß ich das Abendgebet schwänzte, und ein paar Mal war ich nahe daran, die Gemeinschaft zu verlassen. Eines Abends hatte ich das Gemeinschaftsleben so satt, daß ich beschloß, im Dorf ins Pub zu gehen und mich vollaufen zu lassen. Dann spürte ich, wie Gott mir sagte, dies führe lediglich dazu, daß ich am folgenden Morgen einen Kater haben würde. Ich ging stattdessen in die Kapelle. An einem anderen Abend spielte ich Billard in Dalmally, als ich mit einer Frau ins Gespräch kam. Sie konnte sehr gut flirten und lud mich zu sich nach Hause ein. Es war eine große Versuchung, doch ich betete um die Kraft und sagte nein.

Ich war immer schon auf Medjugorje neugierig gewesen, ein Dorf in Bosnien-Herzegowina, wo die Mutter Gottes seit 1981 einigen Jugendlichen erscheint; so freute ich mich riesig, als mir eine Wallfahrt mit irischen Pilgern zum Internationalen Jugendfestival geschenkt wurde. Als ich dort war, spürte ich einen wunderbaren Frieden und hatte keine Zweifel an der Anwesenheit der Mutter Gottes. An einem Tag meines Aufenthalts ging ich dreimal am selben Tag zur Beichte. An diesem Abend fand ich mich wieder in einem der Beichtstühle bei der St.-Jakobs-Kirche. Ich hatte gehört, Pater Philip Pavic sei ein begnadeter Beichtvater.

„Ich verstehe nicht, warum ich hier bin, Pater", sagte ich. „Ich war heute schon dreimal beichten."

„Das sind die Sünden der Vergangenheit", antwortete er.

„Aber ich habe schon all meine Sünden der Vergangenheit gebeichtet."

„Beichte die Sünden, die dich immer noch belasten, im Detail, und laß nichts aus."

Das tat ich. Am Schluß sprach er ein Gebet über mich, und ich wußte, daß mich diese Sünden nie wieder belasten würden. Jetzt begriff ich, warum die Mutter Gottes mich gebeten hatte, nach Medjugorje zu kommen.

Gegen Ende des Jahres fuhr ich nach London zurück, um bei David mein Auto abzuholen. Ich brauchte es, um in Schottland Poster und Flugblätter für ein Theaterstück zu verbreiten, welches ein Freund aufführte. Niemand nahm ab, als ich ihn anrief, deshalb fuhr ich zu seiner Wohnung. Das Licht brannte in der Küche, aber es kam keine Antwort, als ich anklopfte. Ich rief durch den Briefschlitz. Nach einigen Minuten öffnete David die Tür. Er sah blaß aus, war nachlässig gekleidet und unrasiert.

„Weißt du, John", sagte er, „ich hatte fürchterliche Kopfschmerzen die letzten Tage. Doch sobald du meinen Namen riefst, waren sie weg."

„Hast du Lust, ein paar Tage ins schottische Hochland zu fahren?" fragte ich ihn, weil ich dachte, ihm würde ein Tapetenwechsel gut tun.

„Ja. Ich habe mich die letzte Zeit nicht wohl gefühlt. Ich weiß nicht, was es ist."

Am nächsten Tag, als wir zum Familiengebetshaus hochfuhren, erzählte mir David, er wolle katholisch werden, doch er fügte hinzu, daß er ein Problem mit der Verehrung hatte, die die Katholiken der Mutter Gottes erweisen. Ich glaube, das hatte damit zu tun, wie ihn seine Mutter behandelt hatte.

Er fand das Familiengebetshaus fantastisch – und alle liebten David, weil er die seltene Gabe hatte, gut zuhören zu können, und weil er nie verurteilte. An manchen Abenden ging er ins örtliche Pub und schrieb dort sein Tagebuch. Eines Nachmittags kam er nach einem Spaziergang über die Hügel in mein Zimmer und wirkte seelisch sehr aufgewühlt.

„John", strahlte er, „ich habe meine wahre Mutter gefunden – die Mutter Gottes!"

Ein paar Tage später ging ich auf Davids Zimmer, um ihm zu sagen, daß es unten ein spezielles Essen gab, um mein Jahr in der Gemeinschaft zu feiern. Ich klopfte an die Tür, doch es kam keine Antwort. Ich wußte, daß sich David nachmittags oft hinlegte. Doch als ich die Tür öffnete, sah ich voller Entsetzen, daß David halb auf dem Bett und halb auf dem Boden lag und sehr schlecht aussah. Überall war Erbrochenes. Als ich ihm aufs Bett aufhalf, murmelte er: „Danke, John. Danke."

Alve erschien an der Tür und ich bat sie, den Krankenwagen zu alarmieren. Auf dem Weg zum Krankenhaus in

Oban saß ich mit David hinten im Krankenwagen. Alve bat einen Priester, ins Krankenhaus zu kommen, um David zu taufen. Wir wußten, daß er das so gewollt hätte. Nachdem die Ärzte ihn untersucht hatten, entschieden sie, er brauche einen Spezialisten, so überwiesen sie ihn ins Glasgow Central Hospital. In großer Sorge fuhren James und ich in meinem Auto dem Krankenwagen hinterher. David war schwer krank, weshalb der Krankenwagen sehr langsam fuhr.

Ich blieb drei Tage bei David, hielt seine Hand und betete. Seine Mutter und Schwestern kamen. Ich wußte nicht recht, was ich seiner Mutter sagen sollte, da mir bekannt war, wie schlecht sie ihn behandelt hatte, als er klein war.

Am dritten Tag wurde David für tot erklärt. Ein Arzt sagte mir, er sei an einer Gehirnblutung gestorben. Mit Tränen in den Augen boxte ich ihn spielerisch in die Seite und sagte: „Jetzt bist du da oben, Freund, kümmere dich nun um mich. Ich muß hier unten den Karren noch weiter ziehen." Als ich das Krankenhaus verließ, war ich wütend auf Gott und brach in Tränen aus. Warum hatte er zugelassen, daß David starb? Er war erst achtunddreißig. Außer den Priestern im Beichtstuhl war er der einzige Mensch gewesen, mit dem ich über restlos alles sprechen konnte. Warum war dies geschehen?

Als ich ins Familiengebetshaus zurückkam, wurde ich gebeten, Davids Sachen durchzusehen. Ich fand einen Brief, der an mich adressiert war. Darin schrieb er, er verstehe jetzt, daß es nicht seine Schuld war, daß seine Eltern ihn nicht so lieben konnten, wie sie es hätten tun sollen. Desweiteren dankte er mir für meine Freundschaft. Es schien, als hätte er seinen Tod geahnt und als würde er sich verabschieden. Ich fand auch sein Tagebuch. Als ich es las, entdeckte ich, daß seine täglichen Eintragungen in Wirklichkeit Briefe an Gott Vater waren.

Ich beschloß, eine Weile für mich zu sein, um mit Davids Tod und meinen Gefühlen gegenüber Gott klarzukommen, und so ging ich auf die Insel Iona. Als ich in der dortigen Abtei saß, betrachtete ich eine kleine Ikone der Mutter Gottes mit dem Jesuskind. Ich hatte das Gefühl, daß das Baby David war. Als ich eine Kerze vor der Ikone anzündete, spürte ich, wie die Mutter Gottes auf der einen Seite neben mir stand und David auf der anderen Seite und wie sie mich umarmten. Als ich aus der Abtei herauskam, war ich nicht mehr wütend auf Gott. Stattdessen dankte ich Gott für das Geschenk Davids. Die Bedeutung, die David im Leben der Bewohner der Cathall-Road-Siedlung hatte, wurde offensichtlich, als etwa 600 Personen zu seinem Begräbnis in Leyton erschienen.

Kurz bevor ich das Familiengebetshaus verließ, fragte mich Mary Anne, was ich über Gemeinschaft gelernt hatte. Ich dachte einen Augenblick nach und sagte dann: „Ich habe das Gefühl, daß ich mit einer guten Beziehung zu allen anderen Mitgliedern gehe und daß ich die Wichtigkeit des Gehorsams im Gemeinschaftsleben verstehe. Und jetzt ist mir klar, daß das Gebet der Schlüssel zum Frieden ist. Wenn man sich nicht jeden Tag Zeit fürs Gebet nimmt, wird man nie Frieden haben."

Sie grinste und sagte: „Das ist der Grund, warum wir die Gemeinschaft gegründet haben: für Menschen, die sich verändert haben, wie ich es bei dir gesehen habe."

Ein paar Wochen später flog ich nach New York, um die Franziskaner zu besuchen. Ein wohlhabender Besucher des Familiengebetshauses, den mein Zeugnis berührt hatte, hatte mir den Flug bezahlt. Ich lebte und arbeitete zwei Monate in den Häusern der Gemeinschaft in der Nord- und Südbronx und erfuhr mehr über ihre Arbeit mit den Armen. Ich war beeindruckt von ihrem einfachen Leben, das von Gebet durchdrungen war, und spürte, daß das der Ort war, wohin Gott mich berief. So entschloß ich mich, in die Gemeinschaft einzutreten.

Dann kehrte ich für zwei Monate ins Familiengebetshaus zurück, um bei den Sommerexerzitien auszuhelfen, bevor ich mich auf den Weg nach London machte. Ich war noch nicht lange zurück, als ich einen Anruf bekam mit der Nachricht, Bulldog sei an Gehirnkrebs gestorben. Ich wußte, daß er schon eine Weile krank gewesen war. Als ich ihn das letzte Mal gesehen hatte, hatte ich ihm ein Gebetsbild von der Göttlichen Barmherzigkeit gegeben. Als er las, daß Gott auch den schlimmsten Sünder auf der Welt nicht abweisen würde, sagte er mit einem Lächeln: „Na, dann habe ich ja nichts zu befürchten, oder?"

Bulldogs Sohn Ray bat mich, bei dessen Begräbnis den Nachruf zu halten, welches in einer anglikanischen Kirche in Chingford stattfinden sollte. Das Begräbnis war eine große Sache, viele Top-Ganoven waren da. Viele von ihnen hatten mich seit damals, als ich den Mann im „Nightingales" zusammengeschlagen hatte, nicht mehr gesehen. Als ich die Kirche betrat, war ich sehr nervös und betete zu Gott, er möge meine Worte führen.

Als der Nachruf zu halten war, ging ich langsam nach vorn, atmete tief ein und betete zum Heiligen Geist. Bulldogs Frau Peggy saß mit Ray in der ersten Reihe. Ich fing an, über meine Bekehrung zu sprechen. Dann sprach ich darüber, wie Bulldog und Peggy in den letzten Monaten angefangen hatten, jeden Abend zu beten. Als ich meine Ansprache beendet hatte, weinten manche in der Kirche, einschließlich einiger bekannter Gesichter aus der Szene.

Als wir die Kirche verließen und zum Friedhof auf der anderen Straßenseite gingen – dem Friedhof, wo die Krays begraben sind – machte sich ein Neffe von Bulldog über mich lustig und beschuldigte mich, Lügen über

Bulldog zu erzählen bezüglich des Betens. Peggy hörte es zufällig und regte sich auf. „Es stimmt", sagte sie. „Er hat mit mir gebetet. Und du solltest mehr Respekt haben."

Danach gingen wir alle in ein Pub in Leyton, eines von Bulldogs Lieblingslokalen. Einerseits wollte ich nicht zum Leichenschmaus gehen, doch als ich mich fragte, wo Christus sein würde, war klar, daß ich gehen mußte. Ein paar Typen kamen zu mir und fragten, wie ich Gott gefunden hatte. Ich sagte ihnen, Gott könne ihr Leben genauso ändern wie meines. Sie hörten aufmerksam, doch, wie ich vermute, skeptisch zu.

Im August fuhr ich in Begleitung von Gez vom Familiengebetshaus nach Walsingham zur „New Dawn Conference", dem größten katholischen Charismatikertreffen in Großbritannien.

Es waren großartige Tage. Ich erinnere mich an ein fünfzehnjähriges Mädchen, das ich an einem Nachmittag traf, als ich vor einem der Zelte einen Glimmstengel rauchte. Während wir so redeten, erwähnte sie, daß sie gerne Def Metal Musik hörte. Sie war überrascht, als ich ihr sagte, sie solle all ihre CDs vernichten, wenn sie nach Hause komme, da diese Musik von Satan inspiriert sei. Zwei Jahre später sah ich sie bei einem anderen Treffen wieder und sie sagte, sie habe getan, was ich ihr gesagt hatte, und ihr Leben sei durch Jesus verwandelt worden.

„Ich glaub, ich werd verrückt!" strahlte sie.

„Warum?" fragte ich.

„Weil ich nicht mehr aufhören kann, von Jesus zu sprechen", antwortete sie.

„Du wirst nicht verrückt", sagte ich ihr, „du hast dich verliebt."

Ein anderer Jugendlicher, der eine Kehrtwende in seinem Leben machte, war Declan. Er war aus vier verschiedenen Schulen hinausgeworfen worden und nahm nur an dem Treffen teil, weil ihn seine Eltern dazu gezwungen hatten.

„Du glaubst nicht an Gott, stimmt's?" sagte ich.

„Nein, das ist ein Witz", antwortete er verärgert. „Meine Eltern zwingen mich, in die Messe zu gehen und den Rosenkranz zu beten, doch das ist alles Quatsch."

„Geh doch heim und frage Gott, ob er existiert", sagte ich.

Zwei Wochen später rief mich Declan an und fragte mich, ob ich ihn zu Einkehrtagen mitnehmen würde.

„Nein", sagte ich. „Ich nehme dich nicht einfach mit, weil deine Eltern sagen, du sollst gehen."

„Aber ich will gehen. Ich ging heim und fragte Gott, ob er existiere, und er zeigte mir, daß er mich liebt."

Heute ist Declan Mitglied des Jugend-2000-Missions-Teams und verbringt seine Zeit damit, in katholischen Schulen Einkehrtage zu halten.

Ein paar Tage nach „New Dawn" reiste ich mit James und Alve und um die dreißig jungen Katholiken aus Schottland nach Paris zum Weltjugendtag. Ich werde nie vergessen, wie ich auf einer Pferderennbahn stand mit eineinhalb Millionen fröhlicher Jugendlicher, die Papst Johannes Paul zuhörten. Er sprach mit einem solchen Glauben und so tiefer Liebe zu Christus.

Es gab eine Zeit, wo ich den Papst für ein Relikt aus der Vergangenheit hielt, doch in Paris verstand ich, daß er tatsächlich der Nachfolger Petri ist.

Der spirituelle Aufschwung, den ich in Paris erlebt hatte, verschwand bald, als ich in meine Wohnung in Cathall Road zurückkehrte. Ich hatte nicht mehr ferngesehen, seit ich ins Familiengebetshaus gegangen war, deshalb begann ich an jenem Abend, von einem Sender zum anderen zu zappen, bis ich bei Pornofilmen auf Sky TV landete. Als ich ins Bett ging, masturbierte ich zum ersten

Mal seit achtzehn Monaten. Am Morgen fühlte ich mich deprimiert, beschämt und vergebungsbedürftig vor Gott. Ich ging früh los zur Messe, um den Priester für die Beichte zu erwischen.

Danach kniete ich in der Kirche und betete. Es stellte sich heraus, daß an diesem Morgen einige Kinder Erstkommunion hatten. Als ich die Mädchen in den weißen Kleidern sah und die Buben in ihren Anzügen, hob sich meine Stimmung und mir war, als ob Gott mir sagte: „Ich liebe dich." Mir wurde bewußt, daß ich nur durch die Gnade Gottes, nicht durch meinen eigenen Willen, so lange nicht masturbiert hatte. Masturbation ist ein Thema, das im geistlichen Leben selten offen angesprochen wird. Es ist aber etwas, womit viele Christen zu kämpfen haben, und viele schämen sich zu sehr, um darüber zu sprechen. Ich erinnere mich, wie ein Priester mir einmal erklärte, daß es zur Masturbation kommt, wenn man zuläßt, daß ein lustvoller Gedanke Raum gewinnt. Dieser Gedanke wird schell zur Phantasie, und die Phantasie wird zur Tat. Um die Masturbation zu verhindern, muß man den Gedanken stoppen. Wir alle werden versucht. Und natürlich wurde auch Jesus versucht. Um die Versuchung zu vermindern, rief ich am nächsten Tag Sky TV an und kündigte mein Abonnement.

Ich wußte nicht, was ich im Jahr vor meinem Eintritt bei den Franziskanern tun sollte. Ich hatte auch Geldsorgen, vor allem wegen der Schulden, die ich in meiner Zeit in Kingsmead gemacht hatte, deshalb meldete ich mich wieder arbeitslos. Obwohl ich ungefähr tausend Pfund Schulden abgetragen hatte, schuldete ich immer noch 1500 Pfund. Ich betete darüber, doch es schien keinen Ausweg zu geben. Ich war wirklich total abgebrannt.

Ein paar Tage später kam aus heiterem Himmel ein Anruf von Ron, dem Vorsitzenden des Jugendclubs in

Kingsmead. Er fragte mich, ob ich Interesse hätte, einen Monat dort beim Aufbau eines Automechanikerprojekts mitzuarbeiten. Als ich noch in Kingsmead gearbeitet hatte, hatte ich bei der Nationallotterie einen Antrag gestellt, dieses Projekt zu finanzieren. Jetzt hatten sie beschlossen, einen Zuschuß von 62 000 Pfund als Starthilfe zu gewähren. Ron fügte hinzu, daß mir für diesen Monat 1 500 Pfund bezahlt würden. Ich konnte es nicht glauben. Schließlich sagte er, ich könne das Projekt ein ganzes Jahr leiten, wenn ich wollte. Doch meine Entscheidung, bei den Brüdern in der Bronx einzutreten, bedeutete, daß dies nicht möglich war.

So kehrte ich nach Kingsmead zurück. Es war schön, einige Jugendliche wiederzusehen, mit denen ich zuvor zusammengearbeitet hatte, und sie freuten sich, mich zu sehen. Das Projekt funktionierte so: Der Jugendclub bekam Autos, welche die Polizei beschlagnahmt hatte, und ein Mechaniker brachte den Jugendlichen die Grundlagen der Wartung bei wie Zündkerzen wechseln, Kontakte kontrollieren usw. Dann würden sie bei der British School of Motoring (BSM) die Fahrprüfung ablegen. Nach bestandener Prüfung erhielten sie die Erlaubnis, mit voll versicherten Autos einer Autozentrale zu fahren, und zwar kostenlos. Sie durften jeweils ein Auto für ein paar Tage mitnehmen. Die Idee hinter dem Projekt war, dem Autodiebstahl entgegenzuwirken. Wenn die Jugendlichen Zugang zu Autos hätten, dann würden sie sie nicht klauen wollen. Die meisten Jugendlichen stahlen Autos deswegen, weil sie die Prüfung nicht bestanden hatten oder keine Versicherung bekamen, besonders wenn sie schon vom Fahren ausgeschlossen worden waren.

Da ich Räumlichkeiten, einen Mechaniker und einen Projektleiter finden sowie mich mit der Versicherung Sun Alliance und der BSM in Verbindung setzen mußte, war ich in jenem Monat sehr beschäftigt. Jeder, der schon einmal ein Projekt aus dem Nichts auf die Beine gestellt hat, weiß, wie schwierig es ist, verschiedene Organisationen und Personen zusammenzuführen und sie dazu zu bringen, auf ein gemeinsames Ziel hinzuarbeiten. Doch es gelang mir, und ich verließ Kingsmead mit dem Gefühl, etwas sehr Wertvolles erreicht zu haben.

Eines Abends ging ich in einem Pub in Leyton etwas trinken, als ich am Ende der Bar ein bekanntes Gesicht aus alten Zeiten sah: Andrew. Er bemerkte mich ebenfalls und kam zu mir.

„John, du hast für mich gebetet, nicht wahr?" grinste er.

„Ja, mein Freund."

„Ich bin jetzt verheiratet und habe Kinder, ich habe eine Stelle, wo ich von 9 Uhr bis 17 Uhr arbeite, und ich bin dem Herrn nahe."

Ich lachte und umarmte ihn: „Preise den Herrn!" Das war nicht das erste Mal, daß ich erkannte, wie wirksam es ist, für jemanden zu beten.

Es fiel mir schwer, alleine zu leben. Mir fehlte wirklich die Gemeinschaft und das Allerheiligste in meiner Nähe. Ich muß gestehen, daß es mir immer sehr schwer fiel, ein christliches Leben ohne ein gutes helfendes Netzwerk zu führen. Natürlich entspricht manchen Menschen das Leben in Einsamkeit, doch mich hat das Einsiedlerleben nie angezogen. Ich denke, ich würde verrückt werden.

Dann rief mich Pfarrer Fred de l'Orme an, den ich ein paar Monate zuvor im Familiengebetshaus kennengelernt hatte, und fragte, ob ich nicht in seiner Pfarrei St. Joan of Arc in Highbury, Nordlondon, Jugendbetreuer werden wollte. Er erklärte mir, er wolle nicht einen, wie er sagte, „traditionellen Jugendclub" – das heißt mit Billard, Tischtennis und Disco –, weil er das Gefühl hatte, dies bringe die Jugend Gott in keiner Weise näher. Er wollte stattdessen Jugendaktivitäten mit einem stärkeren spirituellen Profil. Von diesem Angebot begeistert, nahm ich die Stelle sofort an und organisierte meinen Umzug für die folgende Woche.

Die Pfarrei St. Joan of Arc liegt zwischen Finsbury Park und Islington, und während meiner Zeit dort nahmen sonntags um die 600 Personen an der Messe teil. Es war eine ziemlich typische Londoner Innenstadtpfarrei, bestehend aus einer Mischung von Pfarrangehörigen der Arbeiter- und der Mittelklasse und einer bedeutenden Anzahl Menschen aus anderen Ländern. Pfarrer Fred kam auf für meine Verpflegung, Unterkunft und die Fahrtkosten, und gleichzeitig meldete ich mich jede Woche bei der Arbeitslosenstelle, um Geld für das Notwendigste zu haben – sowie für eine Packung Zigaretten.

Ich arbeitete mit Karen zusammen, einer Einundzwanzigjährigen mit langem, glattem braunem Haar, dunkler Haut und einem Schönheitsflecken auf der linken Wange. Wir erstellten ein Firmvorbereitungsprogramm mit siebzehn Einheiten zu je zwei Stunden. Jede Einheit endete mit einer halben Stunde eucharistischer Anbetung. Pfarrer Fred unterstützte unser Vorhaben und stimmte damit überein, daß es ganz wesentlich sei, den Teenagern solide spirituelle Nahrung zu geben, da dies die letzte Gelegenheit dazu war, bevor sie die Schule verließen.

Sechsundvierzig Jugendliche zwischen vierzehn und fünfzehn Jahren meldeten sich an: Seit langer Zeit die größte Anzahl in der Pfarrei. Als aber die Eltern – von denen viele nie in die Messe gingen – von unserem Plan hörten, waren einige nicht so begeistert. Sie fanden es zu anspruchsvoll.

Beim Eröffnungsabend sagten wir den Jugendlichen, daß sie nur zweimal im Unterricht fehlen durften, es sei denn, sie hätten einen triftigen Grund für ihre Abwesenheit. Aufgrund ihrer lückenhaften Anwesenheit und ihrer Haltung wurde uns bald klar, daß einige Kinder für die Firmung nicht bereit waren. Als ich dies Pfarrer Fred mitteilte, war er bereit, ihnen und ihren Eltern die Lage zu erklären. Er rief die Eltern an und lud sie zu einem Gespräch in der folgenden Woche ein, um die Firmung ihres Kindes zu besprechen. Doch dann verreiste er eine Woche und überließ Karen und mir die Verantwortung für das Pfarrhaus.

Eines Abends erschienen einige Eltern und verlangten zu wissen, warum ihre Kinder nicht gefirmt werden sollten. Ich führte sie ins Wohnzimmer und versuchte, ihnen die Gründe zu erklären. An ihren Reaktionen konnte ich sehen, daß dies keine reibungslose Unterredung werden würde.

Ein Mann begann, mich zu beschimpfen. „Ich sag Ihnen was: Wenn Sie mein Kind nicht zur Firmung zulassen, mache ich Sie fertig."

Für einen Sekundenbruchteil wollte ich dreinschlagen. Stattdessen schlug ich mit der Faust auf den Tisch, worauf es im Raum augenblicklich still wurde. „Jetzt hören Sie einmal gut zu. Ich opfere meine Zeit ehrenamtlich für ihre Kinder. Und alle, die mitmachen, arbeiten ehrenamtlich. Wenn Sie mit irgendwas, was wir tun, ein Problem haben, sprechen Sie mit Pfarrer Fred darüber, weil ich es nicht hören will." Dann wandte ich mich an den Mann, der mich beleidigt hatte, und sagte: „Und wenn Sie noch einen Ton sagen, nehme ich Sie hinaus und schlage Sie zu Brei." Er sagte kein Wort mehr.

Später am Abend hatte ich Schuldgefühle wegen meinem Benehmen, auch wenn ich nicht die Absicht gehabt hatte, den Mann zu schlagen. Ich wußte, daß es nicht die Art Jesu war, jemandem mit Gewalt zu drohen. Ich hatte allerdings das Gefühl gehabt, daß der Mann versucht hatte, mich mit seiner Aggression und Drohungen einzuschüchtern und daß er einen Dämpfer brauchte.

Wir fuhren mit unserem Programm fort und versuchten, es so interessant wie möglich zu gestalten, indem wir Gastredner einluden und viel Wert auf die Einheiten über die Versöhnung legten. Viele der Jugendlichen gingen nach der Firmung regelmäßig in die Messe, auch wenn ihre Eltern nicht gingen. Wir gründeten auch eine Gebets- und eine Bibelgruppe.

Die Pfarrmitglieder in Highbury kannten meine Vergangenheit, und manche von ihnen taten sich schwer damit, daß ich im Pfarrhaus wohnte. Infolgedessen gab es viele Reibereien. Bei einer Pfarrversammlung schlug Pfarrer Fred die Bibel auf und wies auf alle Sünder hin, die Gott gebraucht hatte. „Schauen Sie Mose an, einen Mörder, David, einen Ehebrecher, Paulus, einen Verfolger der Kirche", sagte er. „Gott gebraucht alle, die er erwählt."

Inzwischen kamen Karen und ich uns sehr nahe und wir küßten uns häufig. Wir ließen nie zu, daß unsere Beziehung darüber hinausging – obwohl es beiden von uns schwerfiel. Ich erinnerte mich, wie verletzt ich gewesen war, als die Beziehung mit Christine zu Ende ging, und auch, wie verletzt Tina war, als ich mit ihr Schluß machte. Ein Teil von mir genoß es, in weiblicher Gesellschaft zu sein und in Restaurants und ins Kino zu gehen, doch angesichts der Tatsache, daß ich bald zu den Franziskanern gehen würde, war ein anderer Teil in mir zutiefst darüber besorgt, daß ich dabei war, mich zu verlieben. Unsere Beziehung hatte keine Chance. Zudem kämpften wir beide schwer um die Keuschheit.

Um diese Zeit herum begann ich mit der Marienweihe nach den Schriften des heiligen Ludwig Maria Grignion von Montfort. Wie ich gelesen hatte, hatte Papst Johannes Paul II. sie gemacht und sie hatte sein Leben verändert.

Kurz nach der Weihe, die nach dreiunddreißig Tagen Vorbereitung erfolgt, wurde ich eingeladen, mich mit Robert Toone zu treffen, dem nationalen Sprecher der Jugend 2000. Er fragte mich, ob ich bereit wäre, der Regionalleiter für London zu werden. Wie er erklärte, beinhalte dies, Jugendtreffen zu organisieren. Damals veranstaltete die Jugend 2000 nur ein paar wenige Treffen pro Jahr.

„Nein, ich bin nicht der Richtige dafür, Robert", antwortete ich, überrascht über sein Angebot.

„Warum nicht?" fragte er.

„Ich bin eigenwillig und gehe gern meine eigenen Wege."

„Genau das brauche ich: Jemand, der stark ist und etwas zustande bringt."

„Und nächstes Jahr trete ich bei den Franziskanern von der Erneuerung ein", fügte ich hinzu.

„Schön. Dann übernimm die Aufgabe, bis du gehst."

Ich überlegte einen Augenblick. „Okay, wenn du denkst, daß ich das kann", sagte ich schließlich, fragte mich jedoch, ob ich die richtige Entscheidung traf.

„Aber ich muß Pfarrer Fred fragen, ob er mir erlaubt, meine Arbeit in der Pfarrei mit der Jugend 2000 zu verbinden."

Pfarrer Fred fand, ich würde mich als Regionalleiter gut eignen. Dies machte mir viel Mut.

Ein paar Wochen später wurde ich gebeten, ein Treffen in Maryvale bei Guildford zu leiten. Obwohl ich schon bei anderen Treffen ausgeholfen hatte, hatte ich noch nie selbst eins geleitet. Daher hatte ich etwas Bedenken, als ich zusammen mit den 200 Teilnehmern im Exerzitienzentrum ankam.

Dann erinnerte ich mich, daß ich ca. ein Jahr zuvor an Einkehrtagen in Allington Castle in Yorkshire teilgenommen hatte, die von Pater John Edwards SJS geleitet wurden. An einem Tag war er auf mich zugekommen und hatte mich gefragt, ob ich mit ihm für die Menschen beten und ihnen die Hände auflegen würde. Ich fühlte mich sehr geehrt, aber ich sagte ihm auch, daß es mir nicht ganz wohl dabei war, da ich ein großer Sünder sei.

„All deine Sünden sind Schwächen", sagte er.

Bei diesen Worten hob sich meine Stimmung, und ich spürte neu, nützlich zu sein. Ich verbrachte fast den ganzen Abend damit, über die Menschen zu beten. Am Schluß kniete ich vor Pater John nieder, damit er mir die Hände auflege und für mich bete. Als ich wieder aufstand, sagte er, daß er ein paar Worte für mich habe.

„John, du wirst ein großer Führer sein und Tausende von Seelen zu Gott führen."

Damals dachte ich, dies sei verrückt. Ich hatte überhaupt keine Erfahrung im Evangelisationsdienst. Wie sollte ich Seelen zu Gott führen, vor allem mit meiner Vergangenheit?

Ich erinnerte mich auch an die Kassette einer amerikanischen Exerzitienleiterin. Sie sagte, sie spreche zu Tausenden Menschen in ganz Amerika und wolle durchaus von ihnen geliebt und geschätzt werden. Dies sei in Ordnung, sagte sie, solange man diese Bedürfnisse Jesus übergebe, bevor man spricht, und ihn bitte, einen so zu gebrauchen, wie er es wolle.

Bevor ich also mit dem Treffen in Maryvale anfing, tat ich folgendes: Ich bat Jesus, mir all meinen Stolz zu nehmen und ihn zu gebrauchen. Das Treffen verlief unglaublich gut. Mehrere Menschen kamen zu mir und sagten, es habe sich angehört, als ob Gott gesprochen habe, nicht ich.

Eines Nachmittags besuchte mich Troy, den ich zum ersten Mal bei Einkehrtagen in Aylesford getroffen hatte und der jetzt Bruder Francis hieß und zu den Franziskanern der Erneuerung gehörte. Er hielt sich in England auf, um in verschiedenen Pfarreien Vorträge zu halten. Er schlug vor, ein Jugend-2000-Treffen kostenlos anzubieten. Ich sagte ihm, daß ich die Idee hervorragend finde, doch wie stand es mit der Finanzierung? Er schlug vor, ein Wochenendtreffen in Ilford zu veranstalten, wo er herkam, und es würde um die 300 Pfund kosten. Er meinte, alle könnten im Pfarrheim schlafen sowie in einem Klassenzimmer in der Schule nebenan.

Als ich Robert von dem Vorhaben erzählte, fand er es gut und gab grünes Licht, doch er betonte, ich sei dafür verantwortlich, das Geld aufzutreiben. Dazu kam, daß ich Pater Harold von den Franziskanern zum Treffen aus den USA kommen lassen wollte. Er war ein glänzender Prediger – doch sein Flugticket würde hin und zurück um die 400 Pfund kosten.

Ich beschloß, mein Vertrauen auf Gott zu setzen und den Sprung ins kalte Wasser zu wagen. So begann ich, in Pfarreien und Schulen Vorträge zu halten. Durchschnittlich nahmen an Jugend-2000-Treffen zwischen vierzig und fünfzig Personen teil. Für Ilford meldeten sich fünfundachtzig. Mehrere Priester, einschließlich Pfarrer John Armitage von Canning Town, waren bereit, beim Treffen zur Verfügung zu stehen.

Während der Kaffeepause am ersten Tag kam ein Mann namens Neil zu mir, der ein paar Jahre jünger als ich war, und sagte, er sei zum Treffen gekommen, nachdem er meinen Vortrag in seiner Pfarrei gehört habe. Er sagte: „Alles hörte bei mir auf, als du sagtest, du seist vor sechs Jahren einem Mann begegnet, der dein Leben veränderte. Und als du sagtest, der Name dieses Mannes sei Jesus, traf es mich wie ein Pfeil ins Herz und ich wußte, daß ich für den Rest meines Lebens Jesus gehören würde."

Während des Treffens ging Neil zum ersten Mal seit zwanzig Jahren zur Beichte. Er war Ministrant gewesen, doch in seinen Teenagerjahren war er von der Glaubenspraxis abgefallen. Ich konnte ihn dazu überreden, am Ende des Treffens sein Zeugnis zu geben. Als er vor den im Saal Versammelten stand, begann er darüber zu sprechen, wie er während eines Fußballspiels verprügelt worden war und sich danach der berüchtigten Inter-City-Gang von West-Ham United anschloß, einer Gruppe gewalttätiger Fußballfans. Er reiste mit der Gang im Land herum und beteiligte sich an Gewaltakten und Vandalismus. Er berichtete, der Vorfall, der ihn veranlaßte, die Gruppe zu verlassen, sei gewesen, als er Zeuge wurde, wie sieben Männer auf einen Arsenal-Fan einstachen. Er hatte bei zahlreichen Kämpfen mitgemischt, aber nie bei dieser Art von Gewalt. Danach war er körperlich krank geworden und gelobte, nie wieder zu einem Fußballspiel zu gehen.

Er erzählte uns auch, er habe für eine Internetfirma gearbeitet, die er als satanisch empfand. Er sagte, er habe das Gefühl gehabt, die Arbeit dort ließe ihn innerlich sterben. Sein Charakter veränderte sich so sehr, daß seine Mutter, eine praktizierende Katholikin, sich Sorgen machte. Sie drang auf ihn ein, er solle beten. Das einzige Gebet, an das er sich erinnerte, war das Gegrüßet seist du, Maria. Als er es betete, kam ein echter Friede über ihn. Er fand oben im Haus eine alte Gideon-Bibel und als er sie aufschlug, sah er darin einige Wörter, die er als Kind geschrieben hatte. Er erkannte, daß er seine Unschuld verloren hatte. Er betete: „Gott, ich möchte meine Unschuld wiederhaben." Dann begann er, jeden Tag die Bibel zu lesen, und drei Monate später ging er zum ersten Mal seit achtzehn Jahren in die Messe.

Mir gegenüber erklärte Neil, daß sein Lebensstil sich um Alkohol, Drogen und Sex gedreht habe und daß er mehrere Male fast daran gestorben wäre. „John", sagte er, „ich habe Angst, in meine alte Lebensweise zurückzufallen, wenn ich vom Treffen heimkomme."

„Dann geh einfach nicht zurück. Komm mit zu unseren einwöchigen Schulexerzitien, die wir in Manchester abhalten." Ich sagte dies, ohne zu überlegen. Es muß eine Eingebung des Heiligen Geistes gewesen sein.

Ich hatte auch ein Treffen in Worth Abbey in West Sussex organisiert. Robert und ich hatten darüber debattiert, ob das Treffen kostenlos sein solle oder nicht. Am Ende des Treffens in Ilford wurde eine Sammlung durchgeführt, die fast tausend Pfund einbrachte, weshalb ich das starke Gefühl hatte, wir sollten Gott vertrauen, daß er wieder für uns sorgen würde. Robert sagte, das Treffen könne unmöglich gratis sein. Ich sagte ihm, daß sich nur wenige Personen angemeldet hatten und daß wir nur noch einen Monat Zeit hätten. „Robert, wenn wir wollen, daß Leute zu diesem Treffen kommen, muß es kostenlos sein."

Am Ende gingen wir einen Kompromiß ein. Jene, die zum ersten Mal dabei waren, bezahlten nur zehn Pfund, und alle anderen bezahlten fünfzig Pfund. Um die 400 Personen erschienen, zwei Drittel davon kamen zum ersten Mal, und es verlief fantastisch gut. Am Schluß kam Robert zu mir und sagte, nicht ganz ernst gemeint: „Danke, Bruder. Du gondelst nach Amerika, und ich kriege die Rechnung von ein paar tausend Pfund." Doch wir konnten das Geld auftreiben, um alle Kosten zu decken.

Danach verbrachte ich einige Zeit bei meiner Mutter, da mein Stiefvater Alan ziemlich krank war. Eines Nachts um ca. 3 Uhr hörte ich, wie meine Mutter mich rief. Als ich ins Schlafzimmer kam, dachte ich, mein Stiefvater sei schon tot. Er sah sehr blaß aus. Ich kniete neben ihn und betete den Barmherzigkeitsrosenkranz.

„Ich hole einen Arzt, John", sagte meine Mutter.

„Hol zuerst den Priester", sagte ich.

Der Priester war bald zur Stelle und spendete die letzte Ölung, bevor Alan im Krankenwagen ins Whipps-Cross-Krankenhaus gebracht wurde. Wir folgten in meinem Auto.

Wir blieben bis zum späten Vormittag bei ihm, danach gingen wir, um die 12.15 Uhr-Messe in Stratford zu besuchen. Als wir ins Krankenhaus zurückkehrten, wurde uns berichtet, Alan sei um 12.16 Uhr gestorben. Die Messe hatte um 12.15 Uhr begonnen, und wir hatten sie für ihn aufgeopfert. Wir hatten beide während der Messe den Heiligen Geist stark gespürt.

Bei der Begräbnisfeier von Alan in St. Joseph in der Woche darauf fühlte ich mich ihm unglaublich nahe, während ich betete, als ob er mir sagte: „Ich bin glücklich, jetzt wo ich bei Gott bin." Ich dachte daran, wie Alan mir nicht nur mein erstes Neues Testament geschenkt, sondern für mich auch den Termin bei Pfarrer Hall organisiert hatte, dem Priester, der jetzt seinem Begräbnis vorstand. Ich erkannte, wie sehr Gott Alan gebraucht hatte, um mich näher zu ihm zu bringen. Folgende Worte kamen mir in den Sinn: „Jeder, der mir eine Seele bringt – dessen Seele ist gerettet."

In dem Jahr lernte ich immer mehr, Gott zu vertrauen. Im November spürte ich, wie Gott mir sagte, ich solle mich nicht länger arbeitslos melden. Eines Tages mußte ich mich entscheiden, ob ich zur Verlängerung des Arbeitslosengeldes wieder zum Arbeitsamt oder in die Messe gehen solle. Ich beschloß, in die Messe zu gehen. Als ich ins Pfarrhaus zurückkam, wartete ein Brief auf mich. Im Umschlag befand sich ein Gruß eines Priesters, der sich für das Treffen bedankte, das ich organisiert hatte, und ein Scheck über 400 Pfund.

Damien, ein irischer Architekt, lebte auch im Pfarrhaus von St. Joan of Arc. Er versuchte, seine Berufung herauszufinden und half gleichzeitig Pfarrer Fred, Pläne für eine Verschönerung der Kirche zu entwerfen. Wie ich dachte auch er ans Ordensleben. Wir tauschten uns viel miteinander aus. Ein paar Tage, bevor ich nach New York fliegen mußte, gingen wir miteinander spazieren.

„John, ich bin mir nicht sicher, ob ich fürs Ordensleben berufen bin", sagte Damien. Er war für das Postulat der Johannesgemeinschaft in Frankreich angenommen worden.

„Warum?" fragte ich.

„Weil ich denke, daß ich nicht keusch genug bin."

„Warum denkst du das?"

Damien sah sehr niedergeschlagen aus und fuhr fort, er habe Videos mit Sexszenen angeschaut. Es waren keine Pornovideos, sondern normale Filme – die, wie ich glaube, in manchen Fällen sehr pornographisch sind.

Ich lächelte innerlich. „Damien, ich muß dir ein kleines Geheimnis anvertrauen."

„Welches?"

„Ich habe genau die gleichen Kämpfe gehabt. Ich weiß, wie leicht man dieser Versuchung nachgeben kann." Dann erzählte ich ihm von den Abenden, an den ich bis spät in die Nacht hinein Sky TV geschaut hatte.

„Dann geht es nicht nur mir so", sagte er erleichtert.

„Nein. Wenn sie ehrlich wären, würden viele zugeben, daß sie ähnliche Kämpfe haben. Hör zu, du bist genauso würdig, Priester zu werden, wie ich. Gott beruft dich nicht, weil du vollkommen bist. Wir sind alle Sünder, aber er liebt uns dennoch."

Eines Abends, als Karen und ich in meinem Zimmer saßen und miteinander redeten, packte sie mich und begann, mich leidenschaftlich zu küssen. Ich reagierte genauso, und bald wälzten wir uns auf dem Bett. Dann hörten wir plötzlich auf, setzten uns aufrecht hin und verfielen in ein betretenes Schweigen. Wir wußten beide, daß dies nicht richtig war.

Am Morgen meines Abflugs nach New York, als ich meine wenigen Habseligkeiten zusammenpackte, kam Neil vorbei, um tschüß zu sagen. „Ich hab dich lieb, Bruder", sagte er, „und ich werde für dich beten. Bitte bete für mich."

Wir umarmten uns. Ich dachte darüber nach, wie lohnend meine Zeit in Highbury doch gewesen war. Manche Pfarrmitglieder wunderten sich, warum ich meine Berufung in Amerika suchte. Ich erklärte ihnen, daß ich in Amerika in einen Orden eintreten wollte, weil ich in Großbritannien keine religiöse Gemeinschaft gefunden hatte, die ein so radikales, auf die Sakramente und das Gebet zentriertes Leben anbot, wie ich es suchte. Natürlich gab es gute Männer in diesen Gemeinschaften, aber die Vision und das Charisma des Gründers waren irgendwann verlorengegangen. Ich brauchte eine echte Herausforderung, eine, die meinen Glauben und meine Hingabe wirklich auf die Probe stellte.

Karen verabschiedete sich von mir an der U-Bahn-Station Arsenal. Sie umarmte mich, sagte mir, wie sehr sie mich vermissen würde und übergab mir einen Brief. Auch ich würde sie vermissen, doch ich wußte, daß Gott mich zu den Franziskanern rief. Auf dem Flug nach New York nahm ich den Brief heraus. Als ich ihn las, kamen starke Gefühle in mir hoch. Sie sagte mir, wie sehr sie mich liebe; wie sie noch nie jemanden geliebt habe, so wie sie mich liebe. Tat ich das Richtige? Das würde ich bald herausfinden.

Die Bronx

Es war September 1998. Ich war vierunddreißig und freute mich darauf, ein neues Leben als Postulant bei den Franziskanern der Erneuerung in der Fraternität Unserer Lieben Frau von den Engeln in der Südbronx anzufangen. Mein Zimmer, das sich im zweiten Stock befand, war klein und schlicht ausgestattet mit einem Bett und einem Schreibtisch. Ein großes Kreuz hing an der Wand. Als ich auf all meinen irdischen Besitz schaute – zwei graue Hosen, zwei Hemden, zwei Paar Socken, Unterwäsche, eine Bibel, einen Rosenkranz und einen Katechismus –, fühlte ich mich befreit.

An diesem ersten Abend kniete ich neben meiner Matratze nieder und betete, daß Gott mir die Gnade gebe, seinem Willen zu folgen und ein guter Postulant zu sein. Ich brauchte insbesondere seine Hilfe, um meine Aggression zu zügeln und das Rauchen aufzugeben. Die Brüder erlaubten das Rauchen nicht.

Es waren neun andere Postulanten da: Edmund, dessen Familie aus dem Libanon oder aus Syrien kam; Andrew, ein Katholik des syrischen Ritus, also aus einer der katholischen Ostkirchen; Barry, der früher ein Hippie und Rebell gewesen war und aus Kent kam; Kevin, ein kleiner Mann mit rotem Bart und viel Sinn für Humor; Jim, ein reservierter, aber fröhlicher Texaner; Sean und Scott, die beide sehr ernsthaft waren; Steve, der aus Queens kam und der Sohn eines New Yorker Polizisten war; und Patrick, der ständig jammerte.

Die reguläre Gemeinschaft bestand aus Pater Conrad,

dem Oberen, der wegen seiner Einstellung für das ungeborene Leben ein Jahr im Gefängnis verbracht hatte, Pater Glen, der mir sagte, er sei ein „Tagedieb gewesen, der für ein großes Fernsehnetz gearbeitet" habe, bevor er Priester geworden sei; Pater Andrew und Pater Bernard; Bruder John Anthony, ein ehemaliger US-Marine-Soldat und Söldner; Bruder Joseph und Bruder Francis, ehemals Troy. Es war schön, Troy wiederzusehen, und er sagte mir, ich solle mir keine Sorgen wegen des neuen Lebens machen. „Wenn ich es schaffe, John, dann schaffst du es auch."

Von Anfang an kam ich mit Bruder Francis, Bruder John Anthony und Bruder Joseph gut aus. Wir waren alle nicht nur ungefähr gleich alt, sondern hatten auch eine ähnliche Vorgeschichte und hatten einen Teil unseres Lebens in der Finsternis gelebt.

Bruder Joseph beruhigte mich frohgemut bezüglich des Lebens in der Fraternität und sagte, er verstehe meinen Kampf mit dem Nikotin, da auch er ein Raucher gewesen sei.

„Hier sind einige Punkte, John, die dir helfen werden", sagte er. „Denk nicht daran, zum Essen auszugehen. Das mußt du hier alles vergessen."

„Und wie steht's mit den Frauen?" fragte ich. Der September war ein warmer Monat in New York, und wie ich schon bemerkt hatte, glaubten manche Frauen auf den Straßen der Bronx nicht daran, der Vorstellungskraft der Männer viel überlassen zu müssen.

„Nun, was soll ich sagen?" lächelte er. „Das Beste, was ich dir raten kann, ist: Halte deine Augen auf den Gehsteig gerichtet."

Das Gebet, fuhr er fort, sei notwendig, wenn ich erfolgreich Postulant sein wolle. Ohne das Gebet könne ich das Ordensleben gleich vergessen. Ebenso wichtig sei Disziplin, zum Beispiel nicht zu spät zu den Mahlzeiten zu kommen und die Entscheidungen der Oberen nicht in Frage zu stellen. Hinsichtlich der psychologischen Tests, die ich über mich ergehen lassen mußte, riet er mir, ehrlich und präzise zu sein, aber nicht zu viel zu sagen.

Er warnte mich davor, allein in den Straßen der Südbronx herumzulaufen, da sich einige Slums in Gebieten befanden, die aufgrund häufiger Schießereien, blinder Gewalt und Drogenhandel von Ortsfremden gemieden wurden. Ich erfuhr, daß die Brüder sicher waren, wenn sie ihren Habit trugen, weil sie jeder kannte. Aber weil die Postulanten gewöhnliche Kleidung trugen, auch wenn sie einheitlich war und aus weißem Hemd und grauer Hose bestand, konnten sie das Ziel von Straßenräubern werden, die sie für Touristen hielten. Es sei sicherer, sagte er mir, mit einem Bruder auszugehen und immer Sandalen ohne Socken zu tragen.

Wir Postulanten hatten gemischte Gefühle, wenn wir unser neues Leben und Zuhause betrachteten. Wir empfanden eine gewisse Aufregung, gepaart mit Freude, beim Gedanken, daß wir uns alle für Christus einsetzten, doch wir machten uns auch Sorgen über das asketische Leben und den Gehorsam, der von uns verlangt wurde.

Ein typischer Tag in der Gemeinschaft begann um 5.30 Uhr, wenn man duschen wollte. Auf jedem Stock gab es nur eine Dusche, wenn also jemand in der Dusche auf dem Stock war, mußte man in den anderen Stock gehen. Wenn man erst um 5.50 Uhr aufstand, was bei mir mehrmals der Fall war, konnte man sich nur noch ein bißchen Wasser ins Gesicht werfen, bevor man hinunter in die Kapelle eilte. Das erste Gebet, die Lesehore, begann um 6 Uhr und endete um 6.30 Uhr. Darauf folgte eine Stunde Schweigen, während der man in der Kapelle bleiben, sich in der Küche eine Tasse Kaffee machen, sich hinaus in den

Hof setzen oder auf sein Zimmer gehen konnte, um zu lesen.

Das Morgengebet war um 7.30 Uhr, gefolgt von der Messe. Nach einem kurzen Frühstück mit Cornflakes und Brötchen wurden uns kleine Arbeiten rund um den Konvent zugewiesen. Die Brüder waren vor etwa vier Jahren in das Gebäude eingezogen, als eine weibliche Kongregation auszog. Seitdem waren schon viele Renovierungsarbeiten durchgeführt worden, doch weitere standen noch aus. Uns wurden jeden Tag eintönige Arbeiten ums Haus zugeteilt, zum Beispiel die Farbe von den Geländern zu entfernen und sie mit Sand zu schleifen. Man erwartete von uns, in diesen niederen Aufgaben einen Sinn zu finden. Ab und zu mußte ich mich um die Beleuchtung kümmern, was hieß, daß ich in ein Geschäft gehen mußte, um Birnen zu kaufen. Ich liebte es, außer Haus zu sein. Tagsüber war es nicht so gefährlich.

Wir kamen zum Mittagsgebet wieder in der Kapelle zusammen. Das Mittagessen war um 12.30 Uhr. Das Essen war immer sehr schlicht, oft Nudeln oder Konservenfisch. Als das Essen nach einer Weile etwas monoton wurde, machte ich manchmal Pfannkuchen – obwohl wir sie eigentlich nur an Festtagen haben sollten.

Nachmittags hatten wir Unterricht in Fächern wie franziskanische Spiritualität, Katechismus und, wegen der ethnischen Zusammensetzung der Südbronx, Spanisch. Zwischen 16 Uhr und 17 Uhr konnte man lesen, Briefe schreiben, hinausgehen oder einfach schlafen.

Anbetung war um 17 Uhr, danach Abendessen. Fürs Abendessen ließen wir uns mehr Zeit als fürs Mittagessen, so daß es oft bis 19.30 Uhr dauerte. Die Brüder wechselten sich ab beim Vorlesen aus Schriften der Kirchenväter, des heiligen Franziskus oder aus dem Leben anderer Heiliger. Wir durften während des Essens sprechen, doch ich fand es sehr anstrengend, bis zu eineinhalb Stunden dazusitzen, und ich war immer erleichtert, wenn wir in die Küche marschierten, um abzuspülen. Wir waren danach frei bis 21 Uhr, wo wir uns zum Nachtgebet und Rosenkranz wieder in der Kapelle trafen. Um 22 Uhr war Stillschweigen bis nach der Messe am nächsten Morgen.

Die Brüder lebten ausschließlich von Spenden. Das war in der Tat einer der Hauptgründe gewesen, warum ich bei ihnen eingetreten war – um mich allein auf die Vorsehung Gottes zu stützen. Sie froren gewöhnlich viele Nahrungsmittel ein, um immer etwas auf Lager zu haben. Bei Bedarf kauften sie Milch, Obst und Gemüse ein.

Jedem Postulanten wurde ein Seelenführer zugewiesen. Meiner war Pater Andrew, der die Verantwortung für die Gemeinschaft hatte, Bücher schrieb und Einkehrtage hielt. Ich kam gut mit ihm aus. Es gab allerdings eine Schattenseite bei unseren Treffen: Wegen seines hektischen Arbeitspensums schlief er oft ein – was nicht eben sehr förderlich ist, wenn man gerade seiner Seele Luft macht und spirituelle Führung und Unterstützung sucht!

Ich merkte bald, daß das Leben bei den Brüdern viel härter sein würde, als ich mir vorgestellt hatte. Das Ausbildungsprogramm des Ordens zielte darauf ab, die Lehrlinge zum franziskanischen Leben hin zu formen. Jemandem wie mir, der sich selbst immer für sehr eigenständig gehalten hatte und oft auch von Natur aus rebellisch war, fiel diese Lektion sehr schwer. Morgens, als ich in der Kapelle kniete, ergriff mich bisweilen die Panik beim Gedanken, den Rest meines Lebens bei den Brüdern zu sein.

Eines Tages befahl mir Pater Conrad vor mehreren anderen Postulanten, den Kleinbus in der Einfahrt zu parken. Ich sagte ihm, der Bus habe kein Öl mehr. Er ignorierte dies und sagte einfach, ich solle ihn dort parken.

„Aber Pater, er hat kein Öl. Wie soll ich ihn da parken?" argumentierte ich.

Er erhob seine Stimme und wiederholte: „Geh und park den Kleinbus."

Ich ging weg und war verwirrt und frustriert. In dieser Nacht erinnerte ich mich dann aber an eine Geschichte vom heiligen Franziskus, wie er einem Mitbruder befahl, Kohl verkehrt herum zu pflanzen. Als Franziskus entdeckte, daß der Bruder den Kohl doch richtig herum gepflanzt hatte, sagte er: „Ich wollte nicht deinen gesunden Menschenverstand, sondern deinen Gehorsam prüfen." Am nächsten Tag bat ich Pater Conrad um Verzeihung.

Unter einer solch strengen Regel zu leben, war nicht einfach, nachdem ich den kleinen Luxus des Lebens gewohnt war. Eines Tages zum Beispiel schickte mir jemand fünf Dollar. Ich freute mich, ein bißchen Geld für mich zu haben und überlegte, was ich damit tun solle. Ich wußte, daß ich es der Gemeinschaft hätte geben sollen, doch die Versuchung war zu groß. Ich nahm die Schlüssel des Gemeinschaftsautos, fuhr zu einem Geschäft ein paar Straßen weiter, kaufte mir einen Becher Häagen-Dazs-Eis und nahm im Auto jeden Löffel genüßlich zu mir. Es hatte immer sehr gut geschmeckt, doch diesmal schmeckte es absolut fantastisch. Als ich den letzten Tropfen Eiscreme vom Löffel geleckt hatte, stellten sich natürlich Schuldgefühle ein.

Abends besuchte ich meistens das Pater-Pio-Obdachlosenheim von der Fraternität St. Crispin, welche über einen Hof mit dem Kloster Unserer Lieben Frau von den Engeln verbunden war. Um die zwanzig Männer übernachteten dort jede Nacht. Ich staunte, wie tadellos sauber der Ort war. Er wirkte wie ein Hotel. Die Männer schliefen in einem Schlafsaal, und die Laken auf jedem Bett sahen absolut weiß und frisch aus. Die Brüder stellten ihnen spirituell erbauliche Videos, CDs und Schachspiele zur Verfügung. Im Gegensatz zu anderen Obdachlosenheimen, die ich besucht hatte, gab es hier keinen üblen Geruch.

Als ich Pater Bob, einen Franziskaner, der im Heim arbeitete, fragte, warum es so sauber und einladend sei, erwiderte er: „Nun, wenn du Jesus bei dir zu Gast hättest, würdest du dein Haus nicht so sauber und angenehm wie möglich machen?"

All das gab diesen Männern eine Würde, eine Würde, die sie tagsüber auf der Straße nicht hatten. Ich lernte so viel von ihnen. Ich erinnere mich an einen Mann, einen schwarzen Baptisten, der mir erzählte, daß die Greuel, die er als Soldat in Vietnam erlebt hatte, für das Scheitern seiner Ehe, seinen Alkoholismus und zuletzt für seine Obdachlosigkeit verantwortlich waren. Er konnte einen liebenden, fürsorglichen Gott nicht mit dem Bösen, das er auf den Kriegsplätzen Vietnams erlebt hatte, unter einen Hut bringen. Ich versuchte ihm zu erklären, daß das Böse im Menschen daran schuld war, nicht Gott.

Er glaube an Gott, sagte er, aber nicht an die Kirche. Er erzählte mir von dem Tag, als er beim Versuch, sein Leben zu ändern, während einer Messe in eine katholische Kirche kam. Doch als er zur Kommunion ging, verweigerte ihm der Priester die Kommunion, weil er ein Landstreicher war, und gab ihm stattdessen einen Segen. Darüber war er sehr empört: Jesus wies nie jemanden zurück. Ich sagte ihm, alle Priester, die ich kannte, würden allen die Kommunion austeilen, die zu ihnen kommen, auch wenn sie sie nicht kennen. In diesem Fall hatte ihn der Priester nach seinem Aussehen beurteilt. Wie oft tun wir alle das.

Ab und zu ging ich auf „Sandwichtour" unter den Brücken des Hudson Flusses, wo Obdachlose in Pappkartons und Zelten wohnten und um Öltonnen herum saßen, diskutierten und tranken. Es erinnerte mich an den Film »König der Fischer« mit Robin Williams. Dieser Film spielte sogar eine kleine Rolle bei meiner Bekehrung, weil ich durch ihn begriff, daß alles eigentlich nur um die Barmherzigkeit und Vergebung Jesu geht.

Ein ständiger Strom von Menschen kam zum Konvent und bat um Essen. Die meisten waren Lateinamerikaner oder Schwarze, und einige von ihnen nahmen Crack. Wir gaben ihnen „Bauchbomben" (Pudding und Kuchen) mit Tee, Kaffee und Suppe. Um zu verhindern, daß sie die Lebensmitteldosen verkauften, die sie ausgehändigt bekamen, bestanden die Brüder darauf, die Etiketten zu entfernen. Was ich bei diesen Menschen am meisten vorfand, war ein tiefes Gefühl der Hoffnungslosigkeit. Ich erzählte einigen Drogenabhängigen meine Geschichte, aber mir war klar, daß wir sie nur lieben und ihnen Essen austeilen konnten, bis sie selber sich ändern wollten.

Die Brüder machten auch Hausbesuche bei armen Familien, um zu sehen, unter welchen Bedingungen sie lebten, und gaben ihnen dann eine Karte, mit der sie zum Konvent kommen und Essen erhalten konnten. Ich besuchte eine Reihe solcher Häuser, welche in den Slums waren, und sah zu meinem Erstaunen, daß viele kaum mehr Möbel hatten, da sie sie für Drogen verkauft hatten. Manche Menschen trugen gebrauchte Kleider, und die Kinder hatten wenig Spielzeug.

In der Südbronx gab es viele Gedenktafeln auf Gehsteigen und an Mauern. Darauf wurde der Name der Leute gesprüht, die getötet worden waren. Alle Mitglieder von Gangs trugen Narben um identifizieren zu können, welcher Gang sie angehörten. Eines Tages sah ich durch mein Schlafzimmerfenster, wie die Polizei mit Maschinengewehren und Schutzausrüstung ein Haus gegenüber stürmte. Offenbar war es ein Drogenhaus. Obwohl die Brüder in einer so gefährlichen Gegend wohnten, hatten sie nur minimale Sicherheitsvorkehrungen im Konvent und öffneten jedem die Tür, egal zu welcher Tages- oder Nachtzeit.

Trotz der Armut und Drogen in der Südbronx gab es, im Gegensatz zu Großbritannien, einen tiefen Respekt vor Gott – wie eigentlich überall in den USA. Wenn man in Amerika zu jemand: „Gott segne dich!" sagt, schauen sie dich nicht schräg an wie in Großbritannien. Außerdem hat man viel mehr Respekt vor Priestern und Ordensleuten. Wenn ich mit der U-Bahn fuhr und Bildchen über die Göttliche Barmherzigkeit verteilte und mit den Leuten über Jesus sprach, erlebte ich nie Feindseligkeit.

Eine große Lektion, die ich in diesem Jahr lernte, war, die Wohlhabenden nicht zu verachten. Ich gebe zu, daß ich einst große Vorurteile gegenüber wohlhabenden Leuten gehabt hatte. Ich hing zwar nie der Befreiungstheologie an, aber ich konnte auch nie Luxus mit einem Leben nach dem Evangelium vereinbaren. Während meiner Zeit bei den Brüdern lernte ich jedoch sehr wohlhabende New Yorker kennen, die unglaublich großzügig für die Arbeit des Ordens spendeten. Eine Frau, die mit einem extrem erfolgreichen Geschäftsmann verheiratet war, stellte den Brüdern regelmäßig Spendenschecks aus und kam auch selbst mit Tüten voller Lebensmittel vorbei. Einmal war ich in ihrem wunderschönen Haus auf Long Island, wo sich die Gebetsgruppe traf. Das Haus mit den antiken Möbeln, Kronleuchtern, der Wendeltreppe und wertvollen Ölgemälden an den Wänden erinnerte an die Fernsehserie »Dallas«.

Heute glaube ich, daß es kein Unrecht ist, wohlhabend zu sein. Was man mit dem Wohlstand macht, darauf kommt es an. Der heilige Paulus sagt nicht, daß das Geld die Wurzel allen Übels sei, sondern die Liebe zum Geld. In all den Jahre hinweg bin ich Leuten begegnet, die von der

Habgier aufgefressen wurden, aber auch anderen, die den Wunsch hatten, den anderen großzügig zu geben. Jesus erzählte eine Geschichte von einem reichen Mann, dessen Scheunen mit Getreide gefüllt waren und der mehr Scheunen bauen wollte, um mehr Getreide zu lagern. Er erzählte diese Geschichte, um zu zeigen, daß der Mann nicht wußte, wann Gott seine Seele zurückrufen würde.

Eines Tages im November erhielt ich einen Anruf mit der Nachricht, mein Vater, der regelmäßig zur Dialyse mußte und ein Herzleiden hatte, sei ernsthaft erkrankt und ins Krankenhaus eingeliefert worden. Ich machte mir große Sorgen und verbrachte die Nacht im Gebet für ihn in der Kapelle. Am nächsten Tag flog ich nach London. Falls er sterben würde, wollte ich da sein, um ihm zu sagen, daß ich ihn liebe.

Papa freute sich, mich zu sehen, und sah seine Lage ziemlich optimistisch. „Mach dir keine Sorgen, Sohn, ich werde es überstehen", sagte er lächelnd. Ich verbrachte eine Woche in London, wohnte bei meiner Mutter, die immer noch nicht über Alans Tod hinweggekommen war, und besuchte meinen Vater jeden Tag im Krankenhaus. Dann flog ich nach New York zurück, kam aber schon ein paar Wochen später in den Weihnachtsferien wieder zurück, als sich mein Vater schon beträchtlich erholt hatte.

Meine Zeit in London gab mir die Gelegenheit, über mein Leben bei den Brüdern nachzudenken. Ich war mir immer noch nicht sicher, ob mir dieses Leben lag, doch ich wollte mich nach Kräften darum bemühen. Von Anfang an war mir klar gewesen, daß das Leben bei den Franziskanern hart sein würde, und die Menschen, mit denen ich über meine Unsicherheit gesprochen hatte, versicherten mir, Fragen und Zweifel seien normal, wenn man ins Ordensleben eintrete.

Zurück im Konvent gewöhnte ich mich bald wieder an die Routine von Gebet, Messe, Arbeit und Studium. Eines Morgens verkündete Pater Conrad beim Frühstück, Mutter Teresa sei in New York und die Gemeinschaft sei eingeladen worden, mit ihr an der Messe im Haus der Missionarinnen der Nächstenliebe in der Südbronx teilzunehmen. Er erzählte uns, daß er ihr einmal die Bemerkung gemacht hatte: „Mutter, jedes Mal, wenn ich Sie sehe, werden Sie kleiner."

Sie hatte geantwortet: „Ich versuche, klein genug zu sein, um im Herzen Jesu Platz zu haben."

Wir waren alle aufgeregt, als wir uns am nächsten Morgen in den Kleinbus zwängten, um die kurze Strecke zu den Missionarinnen der Nächstenliebe zu fahren. Wir waren alle der Meinung, daß Mutter Teresa sowohl eine lebendige Heilige als auch eine der größten Frauen unserer Zeit war.

Wir kamen bald in einer sehr heruntergekommenen Straße mit Billiggeschäften beim Haus der Missionarinnen der Nächstenliebe an und nahmen Platz in der kleinen, einfachen Kapelle zusammen mit etwa zwanzig Missionarinnen der Nächstenliebe, von denen viele junge Frauen aus Indien waren. Während der Messe, die von Pater Conrad und zwei anderen Priestern gefeiert wurde, fiel es mir schwer, meine Augen vom runzligen Gesicht Mutter Teresas abzuwenden. Sie sah so friedvoll und andächtig aus. Als es zum Friedensgruß kam, hätte ich dem Beispiel der Schwestern folgen, meine Hände falten und mich verneigen sollen. Stattdessen winkte ich zu Mutter Teresa hinüber, die zurücklächelte.

Nach der Messe blieben wir in der Kapelle und hörten den Worten Mutter Teresas über die Liebe Gottes zu. Dann gab sie jedem von uns einen Rosenkranz, welcher zu einem meiner wertvollsten Gegenstände geworden ist. Ich traf sie noch bei drei anderen Gelegenheiten, und jedes Mal wurde ich von ihrer Einfachheit und Heiligkeit inspiriert. Sie strahlte die Liebe Gottes aus.

Mutter Teresa war natürlich eine der größten Gegnerinnen des Übels der Abtreibung. Es mag seltsam klingen, wenn ein ehemaliger Gangster dies sagt, doch selbst bevor ich Gott fand, war ich gegen die Abtreibung. Ich fand, Leben ist Leben. In New York ging ich mit anderen der Gemeinschaft zu friedlichen Pro-life-Protestaktionen vor Abtreibungskliniken. Eines Morgens betete ich in der Kapelle, bevor wir zu einer Gebetswache vor einer Klinik im größten Einkaufsgebiet in der Südbronx aufbrachen. Ich bat Gott, daß mindestens eine Frau vor den Türen der Klinik umdrehen und somit das Leben ihres ungeborenen Kindes retten möge. Bis dahin hatten wir keinen Erfolg gehabt, eine Frau zu überzeugen, es sich anders zu überlegen.

Wie üblich standen wir vor der Klinik und beteten den Rosenkranz. Ich hielt ein großes Kruzifix in der Hand. Ein Auto hielt, und eine Frau stieg vom Beifahrersitz aus. Sie schaute gerade auf das Kreuz, hielt inne und sagte dann zum Mann hinter dem Steuer: „Fahr weiter", und stieg wieder ein.

Ich formulierte spontan ein Dankgebet zu Gott. Doch dann sah ich, wie die Frau einfach etwas weiter hinten ausgestiegen war und durch den Seiteneingang in die Klinik ging. Ich war am Boden zerstört und weinte. Ich hatte gedacht, sie habe es sich anders überlegt, als sie das Kruzifix sah. Als die Frau ein paar Stunden später wieder herauskam, empfand ich nur Mitleid für sie. Dann spürte ich, wie Gott mir sagte: „Wenn du schon weinst, was meinst du, wie es mir geht?"

Gelegentlich war die Atmosphäre bei diesen Gebetswachen höchst angespannt. Ich erinnere mich, wie einmal ein Polizist einen siebzig Jahre alten Mann anschrie, er solle weggehen. Der Polizist packte den Mann und warf ihn auf den Gehsteig. Als ich das sah, brachte es mich in Rage und Zorn stieg in mir auf über die Gewalt des Polizisten. Ich wollte ihn fertigmachen, doch ich konnte mich beherrschen.

Am nächsten Tag brachte ich diesen Vorfall im Gespräch mit meinem Seelenführer, Pater Andrew, zur Sprache. Er sagte, es sei eine Taktik des Teufels, jemanden dazu zu bringen, die Beherrschung zu verlieren. „Wenn Zorn aufkommt, kann dich Gott nicht gebrauchen", sagte er. „Du mußt von Frieden und Liebe erfüllt sein."

Weiter sprach er darüber, wie er einmal drei Ärzten, die in eine Abtreibungsklinik gingen, sagte, daß Jesus sie und die Babys liebe, die zu töten sie im Begriff waren. Innerhalb einer halben Stunde kamen die drei wieder heraus, gingen zu ihm hin und baten ihn, jeden Tag seines Lebens für sie zu beten, weil sie beschlossen hatten, keine Abtreibung mehr vorzunehmen.

Manche Menschen meinen, solche Gebetswachen seien nicht abzuhalten, weil die Frauen eine sehr traumatische Erfahrung machen. Doch damit geht man bequem einem der Hauptprobleme aus dem Weg, nämlich dem Leiden, das die Frauen *nach* einer Abtreibung durchmachen. Wie der bekannte amerikanische Autoaufkleber besagt: „Abtreibung: einer ist tot, eine verwundet."

Berater versuchen immer, die Frauen zu ermutigen, ihr Baby zu behalten, und bieten ihnen sogar finanzielle Unterstützung an. Doch die meisten Frauen ignorieren diese Appelle. Seit damals habe ich Beratung für Frauen nach einer Abtreibung gemacht und Frauen kennengelernt, die vom Schuldgefühl wie zerstört waren, weil sie eine Abtreibung gehabt hatten. Viele sagten mir, daß sie dieses Kind jetzt im Arm halten wollten. Die Gebetswachen fanden immer in einem Geist der Liebe, nicht der Verurteilung, statt. Wenn die Frauen nach einer Abtreibung aus der Klinik kamen, versicherten wir ihnen, daß Jesus sie liebe und ihnen vergeben würde, wenn sie ihn darum bäten.

Einige, die sich „Pro-lifer" nennen, haben schon Anschläge auf Kliniken verübt und Ärzte erschossen. Ich würde nie diesen Weg gehen, da meine Haltung immer auf dem beruht, was Jesus von mir will. Jesus würde weder einen Anschlag auf eine Klinik verüben noch eine Waffe ziehen. Ich glaube, nur Liebe und Gebet, nicht Wut und Haß, können eine Frau überzeugen, ihre Entscheidung für eine Abtreibung rückgängig zu machen.

Im Februar hatte ich ein Gespräch mit Pater Conrad, um herauszufinden, ob ich als Postulant Fortschritte mache. Er sagte, er sei mit mir zufrieden, doch ein paar Dinge wolle er mit mir besprechen.

„Du mußt deinen Hang zur Widerrede in den Griff bekommen", sagte er. „Du hast manchmal die Tendenz, in einem Gespräch vom Thema abzuschweifen." Er machte eine Pause und sagte: „Ich kann dich mir mit einem Glas Bier und als richtiger Schlägertyp vorstellen."

Ich war wie betäubt. Ich hatte dieses Leben hinter mir gelassen und die letzten paar Jahre wirklich versucht, als Christ zu leben. Wie konnte er mich noch als Schlägertyp sehen? Ich verließ sein Büro niedergeschlagen, verwirrt und wütend.

Drei Tage später wollte er mich noch einmal sehen. Er sagte mir, er habe ernsthafte Zweifel an meiner Berufung zum Ordensbruder und glaube nicht, daß ich zur Zeit für das Noviziat geeignet sei. Er sagte, ich sei auch wegen meinem Rücken, der mir eine Zeitlang zu schaffen gemacht hatte, ungeeignet. Außerdem sagte er mir, wenn ich in einer Gruppe sei, würde ich mich auf ihr Niveau herablassen. Und er meinte, ich habe während meiner Zeit im Konvent nicht genügend Gehorsam gelernt.

„Du mußt beten, um herauszufinden, ob du eine Berufung zum Ordensbruder hast, John", sagte er. „Du mußt dir eine Auszeit nehmen. Ich möchte, daß du dir einen Monat Zeit nimmst, wo du wirklich betest und darüber nachdenkst, ob Gott dich hier haben will."

Anfänglich war ich böse auf Pater Conrad. Ich war in der Erwartung bei den Brüdern eingetreten, den Rest meines Lebens dort zu sein. Ich hatte alles aufgegeben. Eines Tages ging ich zu Pater Glen in der Hoffnung, Ermutigung und Unterstützung zu finden. Ich wurde nicht enttäuscht. Pater Glen hörte aufmerksam zu, als ich ihm mein Herz ausschüttete. Am Ende schlug er mir vor, noch zwei Wochen im Konvent zu bleiben und Gott um seine Führung zu bitten. Seine Worte schenkten mir eine innere Freiheit.

„Dein Wille geschehe, nicht meiner", war mein tägliches Gebet. Eines Tages, als ich in der Kapelle kniete, hatte ich ein Bild. Zuerst sah ich eine Mauer mit einem verletzten Kind dahinter. Dann sah ich, daß die Mauer niedergerissen worden war. Darauf hörte ich eines Abends in meinem Zimmer die Worte: „Umarme das Kind." Ich spürte, wie der Heilige Geist gerade durch mich hindurchging. Als ich die Bibel aufschlug, las ich die Worte: „Geh nach Hause, denn dein Diener ist geheilt."

Da erkannte ich, daß ich geheilt worden war. Es ging mir auf, daß ich bei den Brüdern eingetreten war, nicht weil Gott wollte, daß ich Bruder werde, sondern weil ich heilig werden wollte. Gott hatte diese Erfahrung dazu benutzt, mich zu heilen und einen besseren Menschen aus mir zu machen.

In dem Jahr besuchte Papst Johannes Paul II. die USA, und zwölf von uns fuhren mit einem Kleinbus zu einer Messe mit ihm in einem Hockeystadion in St. Louis,

Missouri. Es war eine unglaubliche Erfahrung, mit einer ekstatischen Menge von 20 000 Menschen an einer Messe teilzunehmen, und erinnerte mich an die ungeheure Inbrunst, die ich beim Weltjugendtag in Paris erlebt hatte. Ich entsinne mich, wie ein Mädchen an einer Stelle ausrief: „Johannes Paul, ich liebe dich!" Der Papst hielt mitten im Satz inne, lächelte und sagte: „Ich glaube, ich liebe dich noch mehr."

Der Papst strahlte so eine Liebe und Freude aus. Nachdem er alle Übel in der Welt aufgezählt hatte – Drogen, Abtreibung, Armut, sexuelle Zügellosigkeit –, sagte er: „Ihr Jugendlichen von Amerika seid das Licht Christi. Und die Finsternis kann das Licht nicht ertragen. Brennt also für Christus!" Daraufhin entstand eine Woge der Begeisterung.

Als ich aus dem Stadion herauskam, bemerkte ich ein junges Mädchen in der Nähe eines Hot-Dog-Stands, die antikatholische Flugblätter und Schriften verteilte. Ich ging zu ihr hin und fragte sie: „Weißt du, wovon der Papst im Stadion gesprochen hat?"

„Nein", antwortete sie.

„Nun, ich habe ihm soeben zugehört. Er hat über die Einheit aller Kirchen gesprochen, damit sie sich mit einer Stimme gegen alles Übel in der Welt erheben. Und du stehst hier und greifst die katholische Kirche an. Darf ich fragen: Bist du gegen Abtreibung?"

„Natürlich", antwortete sie.

„Nun, der Papst hat über das Übel der Abtreibung gesprochen und wie sie die Welt zerstört." Dann führte ich andere Themen an, über die der Papst gesprochen hatte: Materialismus, Euthanasie, soziale Gerechtigkeit, Menschenrechte usw. „Doch du versuchst, die Menschen von seiner Stimme fernzuhalten. Wenn wir alle zusammenarbeiten würden, hätten wir eine bessere Welt."

Sie verstummte und nickte.

Darf ich fragen, ob du gebetet hast vor dieser Protestaktion?"

„Nein, das nicht", sagte sie, „aber wir glauben, daß wir die wahre Kirche sind."

„Das ist nicht meine Frage. Meine Frage ist, ob du gebetet hast." Ich wies sie auch darauf hin, daß die Katholiken die Veranstaltungen ihrer Kirche nicht sabotierten.

Zu meiner Überraschung packte sie ihre Flugblätter in eine Tasche und ging weg. Ihr war klar geworden, daß sie das bekämpfte, woran sie eigentlich selbst glaubte.

Nachdem ich den Entschluß gefaßt hatte, die Brüder zu verlassen, beschloß ich, mich eine Woche lang auf das Leben in England vorzubereiten, und zwar im Trinity-House auf Long Island, einem großen Exerzitienhaus für Priester. Das ist auch der Sitz von Pater Benedict Groeschel, der für die Gründung der Franziskaner der Erneuerung verantwortlich war und der ein namhafter Prediger und Autor ist.

Pater Benedict hörte zu, als ich ihm erklärte, wie ich die Entscheidung getroffen hatte, die Brüder zu verlassen. Er sagte, ich solle auf Gott vertrauen und Gott werde mich segnen, wenn ich nach England zurückkehre. „John", sagte er, „du bist ein freier Geist, und Gott wird dich als freien Geist gebrauchen."

Das Heilige Land

Ich kam an einem Märztag 1999 in Heathrow an und fuhr mit der U-Bahn zu meiner Mutter in Leyton. Es freute mich zu sehen, wie sie ihr Leben nach dem Tod Alans wieder in den Griff bekam. Sie war jetzt in der Gesellschaft vom heiligen Vincenz von Paul engagiert, war Mitglied der Gebetsgruppe der Pfarrei und hatte viele neue Freunde gewonnen.

Es war seltsam, nicht mehr im geregelten Tagesablauf der Brüder zu stehen. Ich wußte nicht, was mir die Zukunft bringen würde, aber ich vertraute Gottes Führung. Die Brüder hatten mir 900 Pfund gegeben, um mich wieder selbständig machen zu können. So hatte ich diesmal keine unmittelbaren finanziellen Sorgen.

Nach ein paar Tagen bei meiner Mutter und einigen Besuchen bei meinem Vater, der wieder zu Hause war und gut aussah, zog ich mich für ein paar Tage ins Familiengebetshaus zurück. Als ich durch die Hügel wanderte und nachts in der Kapelle kniete, dachte ich, daß ich die richtige Entscheidung getroffen hatte, die Brüder zu verlassen.

Auf dem Rückweg nach London machte ich Halt in Leeds, um Robert Toone von der Jugend 2000 zu treffen. Als wir bei ihm zu Hause in East Keswick saßen, erzählte ich ihm, daß ich nicht wußte, wozu Gott mich berief. Robert fragte mich, ob ich nicht dem Herrn ein Jahr schenken wolle, um in ganz Großbritannien Einkehrtage in Schulen zu halten. Als ich ihm sagte, ich sei mir nicht sicher, schlug er vor, gemeinsam darüber zu beten.

Wir fingen mit dem Rosenkranz an. Als wir zum dritten Gesätz kamen, betete Robert laut: „Wie du zum Hauptmann gesagt hast: Geh nach Hause, dein Diener ist geheilt, so bitten wir dich, uns zu heilen." Ich war verblüfft. Das war genau die Schriftstelle, die ich in meinem Zimmer im Konvent bekommen hatte, als ich über meine Zukunft außerhalb des Ordens nachdachte. Robert wußte natürlich nichts davon.

Am Ende des Rosenkranzes sagte ich: „Robert, ich habe mich entschieden. Diese Schriftstelle, die du hattest, ist dieselbe, die ich hatte, kurz bevor ich die Brüder verließ."

Er schaute mich an und lächelte. Großartig, John. Das wird ein segenreiches Jahr für dich werden."

Ich rief Neil an, den ich zum ersten Mal bei den Einkehrtagen in Ilford getroffen hatte und der unterdessen ein ehrenamtlicher Helfer der Jugend 2000 geworden war. Ich fragte ihn, ob er ein Jahr mit mir unterwegs sein wollte. Er hielt das für eine großartige Idee.

Unsere erste Aufgabe war, das Dorf Walsingham in Norfolk zu besuchen, wo die Jugend 2000 im August 1999 ein größeres, fünftägiges Treffen organisieren wollte. Robert hatte mich gefragt, ob wir die Einkehrtage in der Abtei Worth in West Sussex oder in Walsingham abhalten sollten. Worth war hervorragend eingerichtet, konnte aber nur 400 Personen aufnehmen. Außerdem würde es jeden fünfzig Pfund kosten. Viele in der Jugend 2000 meinten, wir sollten es in Worth machen. Doch Robert meinte, daß die Mutter Gottes den Anlaß in Walsingham haben wolle, Englands nationalem Marienheiligtum.

Die Jugend 2000 hoffte, ungefähr 1500 junge Menschen anzusprechen, was der größte Anlaß seiner Art seit dem Besuch von Papst Johannes Paul II. in Großbritannien 1982 gewesen wäre, wurde mir berichtet. Damals war ich noch tief ins kriminelle Leben verstrickt gewesen und hatte keine Ahnung, daß der Papst in Großbritannien war. Weder Neil noch ich waren jemals an der Organisation eines so großen Anlasses beteiligt gewesen, und wir waren uns darüber im Klaren, daß die Logistik ein Alptraum sein würde und daß vieles schiefgehen konnte.

Eine Dame namens Janey, die mit ihrem nicht-katholischen Ehemann in einer wunderschönen, umgebauten Scheune wohnte, war netterweise einverstanden, uns für ein paar Tage zu beherbergen. Sie stellte uns dem Pfarrer vor sowie einigen Frauen vom Ort, die versprachen, für den Erfolg des Treffens zu beten. Sie machte uns auch mit einem Bauern bekannt, der sagte, wir könnten für nur tausend Pfund einige seiner Felder für die Zelte benutzen. Wir nahmen Kontakt mit einer Zeltverleihfirma auf und buchten die Zelte, dann gingen wir durchs Dorf und buchten einige Zimmer in den Pensionen. Der Rektor des katholischen Heiligtums gab seine Zustimmung zur Benutzung. Wir mußten aufgrund der Teilnehmerzahl auch mit der Polizei sowie mit der Feuerwehr Kontakt aufnehmen.

Das war alles ziemlich nervenaufreibend. Die Zelte allein kosteten um die 22 000 Pfund. Was war, wenn kaum jemand bei der Veranstaltung auftauchte? Wie würden wir sie bezahlen? Doch Neil und ich vertrauten auf Gott. Wenn er und die Mutter Gottes wollten, daß der Anlass zu einem Erfolg werde, dann würde er es auch werden.

Um das Interesse an dem Treffen zu wecken, besuchten wir einige Schulen und ermutigten so viele Jugendliche wie möglich zur Teilnahme. Als wir im August nach Walsingham zurückkamen, drei Tage vor Beginn des Treffens, da konnten wir nur staunen. Robert hatte ein Team von Freiwilligen organisiert, die hervorragende Arbeit geleistet hatten, um die Örtlichkeit vorzubereiten und alles aufzustellen, was notwendig war. Die Übernachtungszelte und das große Anbetungszelt waren aufgestellt, die Bühne und die Musikanlage aufgebaut sowie die mobilen Toilettenhäuschen geliefert worden.

Das fünftägige Treffen verlief wie ein Traum, und das Wetter war sonnig und warm. Die jungen Menschen kamen in Bussen aus den meisten größeren Städten Großbritanniens. Manche schauten gelangweilt und etwas unbehaglich, als sie zu den Zelten gingen. Sie wußten offensichtlich nicht, auf was sie sich gefaßt machen sollten. Manche befürchteten wohl, sich auf einen Haufen Bibelfanatiker eingelassen zu haben – und hier mitten in Norfolk auf dem Land gab es keinen Ort, wohin sie flüchten konnten, falls ihre Befürchtungen wahr wurden. Ich wußte aber, daß sie eine großartige Erfahrung der Liebe Gottes machen würden. Dies hatte ich schon oft an Schulen und Exerzitien erlebt.

Es waren 45 Priester anwesend, und täglich gab es ewige Anbetung.

Voll Erstaunen sagte mir ein Priester nach dem Treffen, er habe jeden Tag von 8 Uhr morgens bis 8 Uhr abends nichts anderes getan, als Beichte zu hören. Ich gehe davon aus, daß die große Mehrheit der 1500 anwesenden Jugendlichen beichten waren. Für einige war es das erste Mal seit Jahren.

Eines Nachmittags verließ ich das Hauptzelt für eine kurze Zigarettenpause. Draußen stand ein junges Mädchen namens Alex, das bedrückt aussah. Ich sprach sie an und fragte sie, wie ihr die Einkehrtage gefielen. Sie schaute überrascht. Ich spürte, daß furchtbar viel Schmerz in ihr war. Wir kamen ins Gespräch, und sie öffnete sich mehr und mehr. Ich war schockiert, als ich hörte, daß sie schon drei Selbstmordversuche hinter sich hatte. Ihre Mutter war Alkoholikerin, offenbarte sie mir, und ihr Stiefvater hatte sie mißbraucht. Dann sagte sie mir, sie hätte nicht gedacht, daß jemand wie ich sich die Mühe nehmen würde, mit ihr zu sprechen. Verdutzt fragte ich sie, was sie damit meine.

„Nun, du bist jemand sehr Wichtiges da auf der Bühne", sagte sie. „Ich hätte nicht gedacht, daß du mit mir reden wolltest."

Sie betrachtete mich als leuchtendes Vorbild, nur weil ich oben auf der Bühne stand und ein Mikrophon in der Hand hielt. Ich sagte ihr, daß ich niemand Besonderes sei und daß auch ich durch sehr dunkle Zeiten gegangen war – bis Gott in mein Leben trat.

Wir sprachen lange miteinander, und danach ging sie erleichtert weg, schien mir. Später schrieb sie der Jugend 2000, daß ihre Unterhaltung mit mir ihr Leben verändert habe. Jetzt ist sie voll Freude und Frieden. Ihr Leben ist in vielerlei Hinsicht immer noch nicht berauschend, aber sie weiß, daß Gott mit ihr ist.

Die Zeit, in der ich Vorträge hielt und Einkehrtage leitete, hat mich gelehrt, daß man einfach nie weiß, welche Wirkung man auf die Menschen hat. Ich habe versucht, meine Arbeit als die eines Sämanns zu betrachten, der Samen der Hoffnung und des Glaubens ausstreut. Das Gleiche gilt, wenn wir den Menschen zerstörerische Dinge sagen. So wie Worte der Hoffnung und des Glaubens Menschen aufbauen können, können negative und verletzende Worte Menschen brechen und schaden.

Als die Jugendlichen Walsingham nach dem Treffen verließen, sangen viele von ihnen und tanzten oder umarmten einander. Es war großartig, als ob sich Wogen der Freude über das Land ausbreiteten. Viele Menschen kamen zu mir, bevor sie in den Bus einstiegen, und sagten, ich habe ihr Leben verändert. Ich gab immer zur Antwort: „Das war nicht ich, es war Gott. Und das trotz mir."

Robert schlug vor, Neil und ich sollten uns zwei Wochen freinehmen und irgendwo hinfahren, um seelisch wieder Kraft zu tanken und ein bißchen Ferien zu machen. Doch wir wußten nicht genau, wohin wir gehen sollten. Wir dachten an Rom, Assisi und San Giovanni Rotondo. Dann schlug Neil das Heilige Land vor. Wir beteten darüber und spürten, daß letzteres die richtige Entscheidung war.

Als wir in Wales in einigen Schulen Einkehrtage abgehalten hatten, hatten wir eine Frau kennengelernt, die von unserer Arbeit so beeindruckt war, daß sie uns anbot, uns einen Urlaub zu bezahlen. Sie hatte vorgeschlagen, wir sollten nach Medjugorje fahren, doch Neil und ich waren beide schon dort gewesen, so daß wir von ihrem Angebot keinen Gebrauch machten. Jetzt hofften wir, daß sie uns nicht vergessen hatte. Ich rief sie an und sie war netterweise einverstanden, unsere Flüge ins Heilige Land zu bezahlen. Wir mußten für die Unterbringung selbst aufkommen und das Geld, das wir ausgeben wollten, selbst auftreiben. Hocherfreut buchten wir die Flüge. Doch was sollten wir tun, wenn wir dort ankamen? Wo würden wir übernachten? Was würden wir essen? Wie üblich setzten wir unser Vertrauen auf Gott und beteten darüber.

Als wir eine Woche später zur Abtei Downside in Somerset fuhren, um dort Exerzitien vorzubereiten, hielten wir für einen Autostopper an. Er sagte uns, wohin er wollte. Obwohl es nicht auf unserer Strecke lag, beschlossen wir, ihn mitzunehmen. Wir kamen in einer nahegelegenen Stadt an und er sagte, er wolle von da aus den Bus nehmen – ob wir ihm nicht die acht Pfund für die Fahrkarte geben könnten. Außer dem Benzingeld hatten wir nur noch zehn Pfund für uns, doch wir gaben sie ihm.

Wir übernachteten eine Nacht in Downside und nahmen am anderen Morgen am Morgengebet der Mönche in der

Kapelle teil. Als wir aufbrechen wollten, gab uns Pater Michael Geld in einem Umschlag und betonte, es sei für uns, da er wußte, wie hart wir arbeiteten. Als wir den Umschlag öffneten, fanden wir einen Scheck von 500 Pfund darin. Neil und ich schauten uns an, und an den Autostopper denkend, erinnerten wir uns an die Worte aus dem Evangelium, daß man alles, was man gibt, zehnfach zurückbekommt.

Die Woche darauf flogen wir nach Israel. Im Flughafen von Tel Aviv mieteten wir ein Auto und brachen nach Jerusalem auf. Wir waren etwas besorgt, weil wir nur noch 120 Pfund für die beiden Wochen zur Verfügung hatten und die Unterkunft noch nicht geklärt war. Wir parkten das Auto im arabischen Ostteil Jerusalems, einem chaotischen Stadtteil, der aus einem einzigen großen Verkehrsstau zu bestehen schien, und machten uns auf die Suche nach einem Hotel.

Ein schmuddeliger Araber, der vor einem Café in der Nähe der Bushaltestelle saß, rief uns zu sich und sagte, er habe ein hübsches Hotel, das ziemlich preisgünstig sei. „Es sehr gut. Sie mögen. Komm."

Wir folgten ihm durch die bevölkerten Straßen, wo israelische Soldaten patrouillierten, bis zu einem heruntergekommenen Gebäude in einer engen Gasse in der Altstadt. Als wir das Zimmer sahen, sank unser Mut. Es war schmutzig und an den Wänden war grüner Schimmel. Außerdem kostete es fünfzehn Pfund pro Nacht. Wir sagten dem Mann, wir würden es uns überlegen, hatten aber nicht die Absicht, zurückzukommen.

Wir hofften, vielleicht etwas Passenderes und Erschwinglicheres zu finden, wenn wir zu einer der zahlreichen Ordensgemeinschaften gingen, die Unterkunft anbieten. Zu unserer Überraschung entdeckten wir aber, daß sie teurer waren als Hotels. Einige von ihnen schickten uns weg, weil wir nicht mit einer Pilgergruppe kamen. Neil und ich waren darüber erbost. Wir fühlten uns als echte Pilger und hatten von den Ordensgemeinschaften erwartet, daß sie uns in diesem Geist zu empfangen.

Ich erinnere mich, wie ich zur Rezeption einer christlichen Herberge ging und feststellte, daß sie doppelt so teuer war wie ein normales Hotel. Als der Geschäftsführer meinte, er könne uns nicht helfen, antwortete ich sarkastisch: „Jesus wäre stolz auf Sie."

Bei einem anderen Pilgerheim bekamen wir die gleiche Antwort. „Was würden Sie tun, wenn Jesus an Ihrer Tür klopfen würde?" fragte ich die Ordensfrau, die es führte.

„Sie rufen in mir Schuldgefühle hervor", erwiderte sie.

„Gut so. Sie sollten sich auch schuldig fühlen", sagte ich scharf. „Sie errichten solche Stätten im Heiligen Land, und doch nehmen Sie keine armen Pilger auf, die nur aus einem einzigen Grund gekommen sind: Jesus zu erleben und gestärkt heimzukehren, um zu evangelisieren. Wir sind wahre Jünger. Wir besitzen nichts."

Sie schaute mich an und wußte nicht, was sie sagen sollte. Dann drehte sie sich um und ging weg. Ich konnte wirklich nachempfinden, wie es für Josef und Maria gewesen sein mußte, als sie nach Bethlehem reisten. Waren sie zornig? Ich jedenfalls war es. Wir müssen bei mindestens zwanzig Ordenshäusern angefragt haben, und jedes weigerte sich, uns unterzubringen. Dazu kam, daß Neil, der Diabetiker ist, sich wegen der Hitze schwach fühlte. Schließlich gingen wir zum schmuddeligen Hotel in der Altstadt zurück und buchten uns für die Nacht ein.

Am nächsten Tag beschlossen wir, die acht Kilometer bis Bethlehem zu fahren, um herauszufinden, ob die Rosenkranzschwestern uns unterbringen können. Eine Frau vom Informationsbüro hatte sie uns empfohlen. In einem Café in der Altstadt trafen wir zwei amerikanische

Priester, die, wie wir erfuhren, auch unterwegs nach Bethlehem waren. Wir boten ihnen eine Fahrgelegenheit an, wofür sie sehr dankbar waren. Der größere von beiden erinnerte uns daran, daß es das Rosenkranzfest war, und er sagte, dies sei der Tag, an dem er geboren wurde und der Tag, an dem er zum Priester geweiht worden war. Und jetzt waren wir unterwegs zu den Rosenkranzschwestern.

Als wir im großen Konvent im Zentrum Bethlehems ankamen, begrüßten uns die Schwestern warmherzig und baten die Priester sofort, ob sie für sie in der Kapelle die Messe feiern würden. Es war sehr bewegend. Die etwa dreißig Schwestern waren alle Araberinnen, und viele von ihnen waren recht jung. Es waren auch achtzehn junge Palästinenserinnen da, die mit ihnen mitlebten, um ihre Berufung zum Ordensleben zu prüfen. Ich fand das inspirierend. Die Rosenkranzschwestern waren der erste Orden, den wir im Land gefunden hatten, dessen Hauptziel es war, armen Pilgern Gastfreundschaft anzubieten und nicht Geld zu verdienen.

Nachdem wir unsere Sachen ausgepackt hatten, gingen wir mit den Priestern die Geburtskirche auf dem Krippenplatz besuchen, welcher voller Busse und Touristengruppen war, die alle ihren Fotoapparat in der Hand hatten. Es müssen mehrere hundert Menschen gewesen sein, die Schlange standen, um durch die kleine Tür, die das Tor der Demut genannt wird, in die Geburtsgrotte einzutreten.

Ich ging zu einem älteren griechisch-orthodoxen Priester und sagte ihm, daß die zwei amerikanischen Priester sehen wollten, wo Jesus geboren worden war. Ohne Umstände führte er uns durch einen gesonderten Eingang in das Dunkel der Kirche, löste ein Seil und führte uns die Treppen herunter in die Geburtsgrotte, wo Jesus geboren worden war.

„Bleiben Sie hier, solange Sie wollen", sagte er und verschwand, nachdem er das Seil wieder eingehakt hatte.

Wir konnten es kaum fassen. Wir befanden uns am Ort, wo Jesus geboren worden war, durch ein Seil getrennt von den Pilgermassen. Ich erlebte ein unglaubliches Gefühl der Verbundenheit mit Jesus. Als ich auf die vierzehn Zacken des Silbersterns schaute, der in weißen Marmor eingelassen ist, dachte ich über das Wunder nach, daß Gott als hilfloses Baby in die Welt gekommen war. Ich war auch beeindruckt davon, wie sehr Gott von Maria und Josef abhängig gewesen war. Wir beschlossen, den Rosenkranz zu beten. Als wir zum dritten Gesätz kamen, der Geburt Jesu, war der größere Priester so bewegt, daß er weinte: Es war das Fest des heiligen Rosenkranzes, der Tag seiner Geburt und Priesterweihe, und er befand sich an dem Ort, wo Jesus geboren worden war.

Für viele Nichtkatholiken kann die Verehrung, die die Katholiken Maria erweisen, ein Stolperstein sein. Aber Maria ist den Katholiken deshalb so wichtig, weil Gott ihr so viel Ehre dadurch erwiesen hat, daß er seinen einzigen Sohn ihrer Obhut anvertraute. Das Heil der ganzen Menschheit wurde in ihre Hände gelegt.

Später an diesem Abend verbrachten Neil und ich drei Stunden im Gebet in der Konventskapelle. Die Schwestern staunten, daß zwei junge Männer so viel Zeit mit Beten verbrachten. Vermutlich glaubten sie tatsächlich, wir seien die heiligsten Menschen, denen sie je begegnet waren!

Die Mutter Oberin sagte, es mache nichts, daß wir nicht viel Geld haben, und sie sagte, wir könnten solange im Kloster bleiben, wie wir wollten. Sie sagte sogar, die Schwestern würden uns Lunchpakete machen, wenn wir Tagesausflüge machen wollten, und daß sie für uns eine Unterkunft bei der nächstgelegenen Gruppe von Rosenkranzschwestern organisieren würde, wenn wir andere Orte im Heiligen Land aufsuchen wollten.

Bevor ich ins Heilige Land aufgebrochen war, hatte man mir von einem bemerkenswerten Waisenhaus auf dem Ölberg berichtet, welches von polnischen Schwestern geführt wird. Neil und ich beschlossen, es zu besuchen. Als wir im Waisenhaus ankamen, das sich am Ende einer steilen Straße befand, von wo man einen sensationellen Blick auf Jerusalem hat, begrüßte uns eine lächelnde Schwester und bot uns an, uns herumzuführen. Sie erklärte, daß die Ordensfrauen das Grundstück von König Hussein von Jordanien während des Sechstagekriegs bekommen hatten. Ein paar Jahre später bauten die Schwestern dort ein Waisenhaus für palästinensische Kinder.

Wir wurden Mutter Raphael vorgestellt, einer bemerkenswerten und inspirierenden Frau. Als wir ihr erklärten, wie wir für die Evangelisation mit katholischen Jugendlichen arbeiten, bat sie uns, zu den Kindern zu sprechen, die sehr neugierig auf uns waren. Die Mutter Oberin versammelte die Kinder im Speisesaal und gab uns ein Zeichen, anzufangen. Wir sprachen darüber, wie sehr Gott sie liebe und wie wertvoll sie waren, dann beendeten wir unseren Vortrag mit einem Lied. Es war so traurig, diese jungen Gesichter zu sehen und zu wissen, daß diese Kinder in einem Waisenheim erzogen wurden, nicht bei ihren Eltern. Sobald wir fertig waren, legten die Kinder los mit einem Lied zur Mutter Gottes auf Arabisch.

Ich erinnere mich an ein wunderschönes kleines Mädchen mit zauberhaften Augen. Ich gab ihr ein Pater-Pio-Bildchen und sagte, die Mutter Gottes habe einen speziellen Platz für sie. Sie fragte Mutter Raphael, ob sie das Bildchen annehmen könne. Die Mutter nickte und sagte mir, daß das Mädchen gern die Beste war und alles gewinnen wollte. „Ich habe versucht, ihr zu erklären, daß sie nicht immer gewinnen müsse; wichtig sei dabeizusein." Das kleine Mädchen sah bei diesen Worten etwas niedergeschlagen aus. Dann fügte die Mutter hinzu: „Aber wir lieben sie." Bei diesen Worten sprang das Mädchen auf und umarmte sie. Das war ein schöner Anblick.

Als wir das Heim wieder verließen, trafen wir eine sagenhaft hübsche Ordensfrau, die im Garten umgrub. Sie lächelte uns zu und zeigte auf ihr Gesicht: „Das nicht schön", sagte sie. Dann hielt sie ihre Hände hoch, die voll Erde waren, und sagte: „Diese sind schön, denn sie verherrlichen Gott."

Ein paar Tage später verabschiedeten wir uns von den Rosenkranzschwestern in Bethlehem und reisten nach Haifa zum Hafen, wo wir bei einer anderen Gruppe von Rosenkranzschwestern übernachteten. Neil und ich verbrachten einen Tag am Strand, wo wir uns herrlich entspannen konnten. Wir hatten das Gefühl, daß Gott sich über unser Spielen im Meer freute.

Früh am anderen Morgen fuhren wir bei klarem, blauem Himmel hoch nach Nazaret in die Berge von Galiläa. Wir kamen um 7 Uhr bei der modernen Verkündigungsbasilika an, welche die eher ärmlich aussehende Stadt überragt. Als wir außen um die Kirche gingen, kam ein arabischer Franziskanerpater auf uns zu und bat uns, ihm zu folgen.

Er führte uns schweigend in die leere Kirche hinein. An den Wänden waren Mosaike, die von katholischen Gemeinschaften auf der ganzen Welt gespendet worden waren. Er öffnete ein Tor und wies uns den Weg hinunter in die Verkündigungsgrotte und verschwand dann. Ein paar Minuten später kehrte er im Meßgewand zurück und schritt zum Altar, um die Messe in Englisch zu feiern.

Es war ein einmaliges Erlebnis, den Leib Christi an dem Ort zu empfangen, wo Jesus aufgewachsen war. Neil und mir kamen die Tränen. Danach fragte ich den Priester, wie es ihm möglich gewesen war, die Messe für uns zu zelebrieren.

„Nun, wir sind im Heiligen Land, und so habe ich eine heilige Lüge erzählt", schmunzelte er. „Ich habe gesagt, ihr seid beide Seminaristen."

Die zwei Wochen im Heiligen Land waren sowohl erholsam wie bereichernd. Wir trafen einige inspirierende Menschen, und die Bibel wurde auf neue Art und Weise lebendig. Bevor ich hinging, hatte ich nur eine verschwommene Vorstellung von Orten wie Bethlehem, Jerusalem und Nazaret gehabt, und kaum eine Ahnung vom Klima, der Geographie und der Kultur. Jetzt, wo ich durch die bevölkerten, engen Straßen der Altstadt gegangen war, wo Bauernfrauen vor den Toren sitzen und Feigen, Trauben und Brot verkaufen; und jetzt, wo ich auf den kurvenreichen, gebirgigen Straßen gefahren und in den Bergen Galiläas gewandert war, konnte ich mir vorstellen, wie es zur Zeit Jesu ausgesehen haben muß.

Kaum nach Stansted zurückgekommen, richteten Neil und ich unsere Gedanken auf unsere Reise in den Norden zur Abtei Ampleforth in Nord Yorkshire, wo wir angefragt worden waren, Einkehrtage für fünfzig Buben in der Schule zu halten. Der Urlaub war vorbei. Wir waren wieder unterwegs auf den Straßen.

Unterwegs

Wenn Neil und ich in Schulen gingen, um Einkehrtage zu halten, waren die Kinder immer überrascht, daß zwei Typen wie wir vor ihnen standen und über die Liebe Gottes sprachen. Wir paßten einfach nicht in die Klischees, die in ihren Köpfen waren. In einer Schule kam ein Junge zu mir und sagte: „Ihr zwei seid die letzten, von denen ich erwartet hätte, daß sie von Gott sprechen. Ihr seht gar nicht danach aus. Ihr seht normal aus." Ich mußte schmunzeln, als ich das hörte.

Immer wieder meldeten sich Religionslehrer bei der Jugend 2000 und berichteten, infolge unseres Einkehrtags seien einige Kinder zum ersten Mal seit Jahren in der Messe und Beichte gewesen. Ich erinnere mich, wie ein Lehrer sagte, Neil und ich hätten in fünfundvierzig Minuten mehr erreicht als er in sieben Jahren im Klassenzimmer.

Das Ziel dieser Einkehrtage war einfach, die jungen Menschen zu einem persönlichen Verständnis und einer persönlichen Erfahrung der Liebe Jesu zu führen durch die Eucharistie, die Mutter Gottes und die Lehre der Kirche. Unsere Programmpunkte bestanden aus Rosenkranz, hl. Messe, einer gestalteten Anbetungsstunde sowie Anbetung während der ganzen Nacht. Neil, ich und andere gaben Zeugnis von der Macht Jesu in unserem Leben, und geladene Redner hielten Vorträge über Spiritualität und die Lehre der Kirche. Mehrere Franziskaner der Erneuerung, die oft mehrere Wochen Großbritannien besuchten, nahmen an einigen unserer Einkehrtage teil und machten einen tiefen Eindruck auf die Jugendlichen. Lehrer, Sozialarbeiter und Jugendarbeiter, die der Jugend 2000 nahestanden, halfen uns, die Jugendlichen zu betreuen. Wenn wir fünfzig Jugendliche für einen Einkehrtag hatten, benötigten wir in der Regel fünf Leiter. Die Jugendlichen übernachteten normalerweise in Klassenzimmern.

Der erste Vortrag war jeweils über die Gegenwart Jesu im Allerheiligsten Sakrament, der zweite über die heilende Kraft der Beichte – oder des Sakraments der Versöhnung, wie es jetzt oft genannt wird. Am Ende jeder Veranstaltung gaben wir den Jugendlichen Überlebenstips für die Zeit, wenn sie in ihre Pfarreien zurückkehrten: mindestens zehn Minuten pro Tag beten, zur Messe und Beichte gehen, täglich in der Bibel lesen sowie an Pfarraktivitäten teilnehmen, zum Beispiel an Gebetsgruppen oder Glaubenskursen. Wir legten den Jugendlichen immer nahe, in der realen Welt zu leben, aber *mit Jesus* in ihr zu leben. Wir betonten, daß es nicht wichtig sei, wie oft wir fallen. Gott bittet nur darum, daß wir es versuchen und seine Vergebung suchen. Mutter Teresa sagte wir sollten aus unserem Leben etwas Schönes für Gott machen.

Ich erinnere mich, wie ein Schüler in einer Schule in Preston vor der Messe zu mir kam und sagte: „Ich möchte nicht gehen. Es ist langweilig. Was bringt das?"

„Früher fand ich es auch langweilig", antwortete ich. „Aber es ist wie bei einem Fußballspiel: Wenn du nicht mitmachst, wird es wirklich langweilig. Hast du Gott gefragt, ob dieses Stück Brot wirklich er ist? Ich habe ihn einmal gefragt, und seither finde ich die Messe nicht mehr langweilig."

Unsere Einkehrtage waren im Gebet verwurzelt und mußten es auch sein. Wir verbrachten eine Stunde zu Beginn und am Ende jedes Tages im Gebet. Wir besuchten auch mehrere Konvente und Klöster wie die Klarissen, die

Karmeliten und Kartäuser, und baten sie, für den Erfolg unserer Arbeit zu beten.

Eines Tages beschlossen Neil und ich aus einer Intuition heraus, nach Glastonbury in Somerset zu fahren. Wir parkten das Auto in der Hauptstraße und machten uns auf die Suche nach der katholischen Kirche. Am Anschlagbrett vor der Kirche war ein Hinweis auf die wöchentliche eucharistische Anbetung. Wir klopften am Pfarrhaus an und ein vergnügt aussehender Priester öffnete, der sich als Pfarrer Kevin vorstellte. Wir sagten ihm, wer wir waren, und er lud uns zu sich ein. Wir staunten sehr, als er uns sagte, er habe uns erwartet. Er wolle Einkehrtage in seinem Pfarrzentrum halten, fuhr er fort. Ob wir einverstanden seien, sie zu halten? Spontan sagten wir ja.

Ein paar Wochen später kamen wir an einem Freitagnachmittag zurück nach Glastonbury, in Begleitung von Pater Glen von den Franziskanern der Erneuerung. Der Pfarrer hatte für die Einkehrtage viel Werbung gemacht. Um die 120 junge Menschen warteten im Pfarrzentrum, als wir an dem Abend erschienen.

Glastonbury ist bekannt als Zentrum von Okkultismus. Pfarrer Kevin hatte uns von einem Hexenzirkel erzählt, der das Pfarrzentrum unter falschen Angaben gebucht hatte. Als er herausfand, wer sie waren, sagte er ihnen natürlich wieder ab. Ich weiß nicht, warum okkulte Praktiken sich dort zentrieren, angesichts der Tatsache, daß die Stadt tiefe christliche Wurzeln hat. Die Legende berichtet, Joseph von Arimathäa, der Mann, der Jesus sein Grab gab, sei nach Glastonbury gekommen, um die Briten zu bekehren, wo er den heiligen Gral, den Kelch, den Jesus beim Letzten Abendmahl verwendet hatte, unter eine Quelle auf Tor Hill stellte, das östlich der Stadt liegt. Joseph soll in Glastonbury eine Kapelle gebaut haben. Um 700 n. Chr.

wurde eine Abtei gegründet, und sie wurde zu einer der bekanntesten Abteien Englands.

Glastonbury hat auch starke Bande zu König Artus. Manche behaupten, Tor Hill sei das legendäre Avalon, wo sein Leib begraben liegt.

Im Bewußtsein der okkulten Gegebenheiten in Glastonbury hatten Neil und ich geplant, eine Prozession mit dem Allerheiligsten durch die Straßen von Glastonbury zu veranstalten. Pfarrer Kevin hielt dies für eine ausgezeichnete Idee und hatte versprochen, es mit der Ortspolizei abzuklären. Am Sonntagmorgen jedoch sagte er verlegen, daß er vergessen habe, dies abzuklären. Wir beschlossen, die Prozession dennoch durchzuführen. So kurzfristig bei der Polizei anzufragen, hätte mit größter Wahrscheinlichkeit eine Absage bedeutet.

Als wir so langsam durch die Straßen gingen, weckten wir großes Interesse bei Touristen wie Einheimischen. Beim Anblick von 120 jungen Menschen, die „Hosanna in der Höhe" sangen, waren einige einheimische Katholiken so gerührt, daß sie auf der Straße auf die Knie fielen. Wir verteilten unterwegs Rosenkränze und Wundertätige Medaillen. Wir boten sie sogar den Besitzern von Okkultismus- und New-Age-Geschäften an. Zu unserer Überraschung nahmen sie sie an. Wir schrieben diese Reaktion der Fülle der Gnaden zu, die sich während der Einkehrtage angesammelt hatten. All dies war zu mächtig im Vergleich zu etwaigen negativen Einflüssen, die vielleicht da waren.

Ein paar Wochen später waren Neil und ich wieder im West Country und hielten einen Vortrag in einer Sekundarschule in Taunton. Von den sicher tausend Schülern bat nur einer darum, an Einkehrtagen teilnehmen zu können. Er war zwölf Jahre alt, hieß Alan und war nicht einmal katholisch. Er lebte bei Pflegeeltern und hatte kein leichtes Leben gehabt. Den Großteil seiner Kindheit hatte er in der Obhut des Sozialamtes oder bei Pflegeeltern verbracht. Als er darum bat, zu den Einkehrtagen kommen zu können, sagte ich ihm, ich müsse mich mit dem Sozialamt in Verbindung setzen, um die Erlaubnis für ihn zu bekommen, welche eventuell verweigern werden könnte.

„Ich will wirklich hingehen", flehte er. „Bitte lassen Sie nicht zu, daß sie nein sagen."

Ich setzte mich mit dem örtlichen Büro des Sozialamtes in Verbindung und ging am folgenden Tag hin, um mit der für Alan verantwortlichen Sozialarbeiterin zu sprechen. Nachdem sie mich angehört hatte, sagte sie, sie müsse mit Alan darüber sprechen und mich einer polizeilichen Kontrolle unterziehen. Kurz danach schrieb sie der Jugend 2000, die Erlaubnis sei erteilt worden. Als ich Alan anrief, um ihm die Neuigkeit mitzuteilen, war er überglücklich.

Für Alan waren diese Einkehrtage eine Zeit der Gnade. Es geschah an einem Abend in der Kapelle, als ein Priester ihn mit dem Allerheiligsten segnete. Ich stand neben ihm, und als ich auf ihn hinunterschaute, sah ich, wie Tränen über seine Wangen liefen. Ich spürte, wie Jesus mir sagte, ich solle ihn in den Arm nehmen. Da vergrub Alan sein Gesicht in meine Brust und schluchzte. Ich spürte wirklich seinen Schmerz. Er ging auch beichten, was ihm ein großes Gefühl von Freiheit gab. Er sagte mir nachher, dies sei das erste Mal in seinem Leben gewesen, daß er die Erfahrung machen durfte, geliebt zu sein.

Kurz vor Weihnachten 1999 organisierte ich in einem Zentrum in Galway (Irland) ein Treffen für 250 Jugendliche, von denen über die Hälfte Jugend 2000-Leiter werden wollten. Während der Einkehrtage ermahnte ein irischer Bischof die jungen Menschen, nicht von einem

Treffen zum anderen zu springen, sondern stattdessen hinauszugehen und Irland zu evangelisieren, wo der Katholizismus in den letzten Jahren sehr geschwächt worden sei. Es war großartig, einen Bischof mit so viel Leidenschaft predigen zu hören.

Als der Jahrtausendwechsel herannahte, nahm, wie vorherzusehen war, der Medienrummel zu. Beim ganzen Gerede um den Jahrtausenddom, inmitten von Feuerwerken, Pubs und Restaurants, die ein Vermögen verlangen wollten, schien ein Element zu fehlen, nämlich Jesus Christus, der Mann, der hinter den Feierlichkeiten steckte. Die Jugend 2000 fand, es sei wichtig, die wahre Bedeutung dieser 2000 Jahre in einem größeren Rahmen zu unterstreichen. Ursprünglich war geplant, eine Gebetsnacht in der Westminster-Kathedrale in London zu veranstalten. Doch leider war die Kathedrale schon reserviert worden. Jemand schlug vor, wir sollten es mit der Metropolitankathedrale Christkönig in Liverpool probieren. Erzbischof Patrick Kelly stimmte dem Anlaß begeistert zu und erlaubte uns, in der Woche des Jahrtausendwechsels in der Krypta Besinnungstage durchzuführen.

Von November bis zur letzten Dezemberwoche arbeiteten Neil und ich auf Hochtouren. Wir organisierten Treffen in Liverpool, gaben Vorträge in Schulen und Pfarreien und versandten Poster und Flugblätter. Diese Werbearbeit war absolut notwendig, wenn wir die Kathedrale füllen wollten. Wir hatten keine Ahnung, wie viele Jugendliche erscheinen würden.

Der Jahrtausendwechsel wurde zu einem unglaublichen Erlebnis. Ungefähr 2700 Jugendliche füllten die Kathedrale. Sie hätten in Pubs, Clubs oder zu Partys gehen können, doch stattdessen kamen sie beten. Während der Nacht hörten Priester an strategischen Punkten in der Kathedrale Beichte. Einer der Priester erzählte mir, er habe vierzehn Beichten in der Nacht gehört. Er fügte hinzu, daß die kürzeste Zeitspanne seit der letzten Beichte zehn Jahre betragen hatte, und die längste vierundfünfzig. Die Franziskaner der Erneuerung beurteilen den Erfolg oder Mißerfolg von Einkehrtagen nach der Anzahl der Menschen, die beichten gehen. Wer beichten geht, sagt Gott: „Ich möchte wieder neu anfangen." Und, wie ich immer sage, ist es nie zu spät, wieder, und wieder, und immer wieder neu anzufangen.

Ich glaube, daß Alans Taufe für mich persönlich der Höhepunkt der Gebetsnacht war. Es war ein sehr bewegender Moment, zuzuschauen, wie dieser Junge seine christliche Reise antrat. Neil und ich waren seine Paten. Seitdem konnte ich beobachten, wie Alan im Glauben gewachsen und ein viel weniger gebrochener Mensch geworden ist.

Erzbischof Patrick Kelly und ich waren gebeten worden, im »BBC Radio 5 Live« zu sprechen. Ich stand in einer Seitenkapelle und hörte dem Erzbischof zu. „Einige Menschen da draußen werden sich heute Nacht ins neue Jahrtausend hineintrinken, aber wir beten uns ins neue Jahrtausend hinein", sagte er. „Und ich weiß, was von beidem das Bessere ist."

Als der Reporter sich an mich wandte, sagte ich: „Für euch alle, die ihr da draußen seid und die Liebe und Barmherzigkeit Jesu nicht kennt: Glaubt, daß er auf euch wartet. Und an alle jungen Menschen, die zuhören: Kommt heute Nacht in die Kathedrale. Das ist die großartigste Party, die ihr je erleben werdet. Und sie ist besser, als am nächsten Morgen mit einem Kater aufzuwachen."

Das »Radio-5« Interview war eines von vielen während dieses Jahres, in dem ich unterwegs war. Eine Reihe von Radiosendern, die von meiner radikalen Lebenswende von einem Gangster zu einem Verkünder des Evangeliums fasziniert waren, sowie ITVs Sonntagsprogramm baten mich um Interviews, während in verschiedenen Zeitungen Artikel über mich erschienen, einschließlich der »The Times«. Dies war etwas ganz Neues für mich. Ich wußte wenig über die Art und Weise, wie die Medien arbeiten und auf was sie aus sind. Ich hatte das Glück, daß Clare Ward mich unter ihre Fittiche nahm. Bevor sie zur Jugend 2000 gestoßen war, hatte sie als Journalistin gearbeitet, unter anderem beim BBC Radio Leeds. Sie arbeitete mit mir einen Interviewablauf durch und erklärte mir, daß der Interviewer und der Interviewte oft verschiedene Vorstellungen haben. Ihr Ratschlag war: „Überlege, was du sagen möchtest und sag es, und laß nicht zu, daß der Interviewer dich an der Nase herumführt."

Inzwischen hatte ich begonnen, mir einen eigenen Namen zu machen. Mein krimineller Hintergrund war für viele Menschen eine Quelle endloser Faszination. Ein geheimnisvoller Nimbus umgibt die Gangster und die Unterwelt. Die Leute wollen wissen, wie es ist, wenn man ein solches Leben führt. Das ist eine Welt, die die meisten Menschen letztlich nur vom Lesen oder von Filmen her kennen. Wenn man eine gefeierte Persönlichkeit wird, egal in welchem Umfeld – und sei es in Exerzitienkreisen –, besteht immer die Gefahr, daß es einem zu Kopfe steigt. Wenn man Gottes Arbeit tut, ist dies besonders gefährlich, wie mich Neil eines Abends nach einem Einkehrtag warnte. Ohne daß man es merkt, steht man plötzlich selber im Zentrum und nicht Gott. Gott hat mich mehrmals gedemütigt, wie ich mich erinnere, und tut es immer noch.

Als Neil und ich zum Beispiel einmal bei Freunden in Manchester übernachteten, fragte mich eine Frau, ob ich in ihrer Pfarrei Zeugnis geben könne. Sie hatte ihrem Pfarrer von mir erzählt und er war einverstanden. Natürlich, sagte ich, und kam mir sehr großzügig vor, als ich zusagte. Ich hatte den Leuten eine Botschaft zu vermitteln – und im Rückblick weiß ich, daß ich auf ihre Bestätigung und Anerkennung aus war. Ich war vom Feuer des Heiligen Geistes erfüllt. Oder zumindest dachte ich es.

Ein paar Abende später ging ich mit der Dame zur Kirche. Wir kamen eine Viertelstunde vor der Messe, damit sie mich dem Pfarrer vorstellen konnte. Wir fanden ihn in der Sakristei. Nachdem wir einander vorgestellt worden waren, fragte ich ihn, ob ich vor dem Schlußsegen sprechen könne. Wenn meine Ansprache innerhalb der Messe stattfand, war die Wahrscheinlichkeit größer, daß die Leute bleiben würden.

Ich saß da nach der Kommunion und wartete gespannt darauf, den Altarraum zu betreten und meine Ansprache zu halten. Es waren schätzungsweise fünfzig Personen in der Kirche. Als der Priester sich erhob und zum Schlußgebet ansetzte, rutschte ich herüber ans Ende der Bank. Ich war im Begriff, mich in den Gang zu begeben, als der Priester den Schlußsegen gab. Mein Mut sank. Ich war jetzt wie ein Sprinter in den Startlöchern. Jede Sekunde war entscheidend, wenn ich auch nur ein paar Leute haben wollte, die mir zuhörten. Gewöhnlich streben die meisten Katholiken sofort zur Tür, sobald sie den Schlußsegen erhalten haben.

„Sie haben jetzt alle Ihre Pflicht erfüllt", sagte der Priester, „aber wenn jemand noch bleiben möchte, ist ein junger Mann hier unter uns, der von Exerzitien berichten möchte." Daraufhin schwebte er durch den Altarraum und durch die Tür in die Sakristei. Als ich flink den Gang entlang schritt, begannen die Pfarrangehörigen, die Bänke zu verlassen und in die entgegengesetzte Richtung zu gehen. Dies würde eine Katastrophe werden. Ich konnte es sehen.

Kaum stand ich im Altarraum, begann ich mich vorzustellen, doch ich sah nur noch Köpfe von hinten, mit Ausnahme der Dame, die mich hergebracht hatte und einiger älterer Frauen in einer der ersten Reihen, die aber ohnehin den Rosenkranz beteten.

„Entschuldigung!" brüllte ich. „Könnten Sie mir bitte alle den Gefallen tun, sich hinzusetzen?" Die Leute hielten inne und ein paar schlurften widerwillig zur nächsten Bank und setzten sich. Ich hielt meine Ansprache, doch mein Feuer war erloschen. Am Schluß dankte ich allen fürs Zuhören und verließ die Kirche enttäuscht. Als ich an diesem Abend betete, wurde mir klar, daß Gott mir eine wichtige Lektion in Demut erteilt hatte. Nicht ich war jemand Besonderes; Gott ist es.

Wo immer wir hinkamen, gab es unglaubliche Gnaden. Neil und ich mußten sicherstellen, daß die Botschaft, die wir verkündeten, nicht zu unserem eigenen Ruhm gereichte, sondern daß wir Gottes Botschaft verkünden. Und wenn man die Worte Christi spricht, gibt es immer Leute, die dies nicht mögen.

Trotz unseres Verkündigungsdienstes waren wir einfach immer noch ledige Männer, die allen normalen Versuchungen ausgesetzt sind. Wir hatten kein Zölibatsgelübde abgelegt, auch wenn wir natürlich der Lehre Christi über die Keuschheit verpflichtet waren. Nachdem wir vielen jungen Mädchen und Frauen in Schulen und an Einkehrtagen sagten, wie schön und kostbar sie seien, fingen, glaube ich, einige an, für uns zu schwärmen. Neil und ich waren jung, selbstsicher, witzig und in ihren Augen wohl auch charismatisch. Wir mußten intensiv beten, um gegen die Begierde anzukämpfen. Zu Beginn unseres Jahres „auf Tour" hatten wir uns beide verpflichtet, keine Beziehung mit einer Frau einzugehen. Wenn jemand wissen will, wie schwierig das bisweilen sein kann, soll er sich nur vorstellen, daß er überall, wo er hinkommt, von äußerst attraktiven Vertretern des anderen Geschlechts umschwärmt wird. Das ist nicht einfach, das kann ich euch sagen.

Ich erinnere mich an ein achtzehnjähriges Mädchen, dem ich bei mehreren Treffen begegnet war, das mich bat, sie zu Hause zu besuchen. Sie sagte mir, ihre Eltern seien weg. Ich fand die Aussicht aufregend, sie zu sehen, da ich wußte, daß sie mich mochte. Doch auf dem Weg zu ihr fragte ich Gott, weshalb ich sie aufsuchte. Mir kam das Wort „Lust". Ich betete, um herauszufinden, ob ich hingehen sollte, und spürte, wie Gott mir sagte, ich solle zwar hin, aber um ihr zu helfen, nicht um sie zu „benutzen". Durch Gottes Kraft gelang es mir dann auch.

Von einem Tag auf den anderen wußten wir nie, wo wir übernachten, wie wir essen oder woher wir Geld bekommen würden, um das Lebensnotwendige zu kaufen, und in meinem Fall Glimmstengel. Doch während dieses Jahres fehlte es Neil und mir nie an einer Mahlzeit oder einem Bett. Gott sorgte immer für uns. Ich fühlte mich wie einer der frühen Apostel.

Manchmal war es aber auch extrem ermüdend, und wenn man so viel Zeit mit einer Person zusammen verbringt, treten Meinungsverschiedenheiten, Streitigkeiten und Mißverständnisse auf. Wir hatten beschlossen, uns regelmäßig offen auszusprechen. Glaubt mir, das war manchmal ganz schön schmerzhaft. Wenn wir wirklich offen und ehrlich miteinander umgehen und über alle Fehler und Schwächen sprechen wollten, mußten wir einander vertrauen können. Wir tendieren alle dazu, Masken zu tragen und Teile von uns zu verbergen aus Angst davor, abgelehnt zu werden. Das Vertrauen lernen ist nicht einfach, wie ich wohl wußte.

Wie in jeder Organisation gab es in der Jugend 2000 Leute mit entgegengesetzten Ansichten darüber, wie die

Dinge zu tun waren. Es gab Leute, die mit der, wie ich es nenne, Disco-Methode an die Jugendtreffen herangehen wollten. Denen antwortete ich immer kategorisch: „Bekehrungen finden nicht in der Disco statt. Wenn Pfarreien Discos organisieren, sagen sie: ‚Kommt in die Welt. Wir werden euch ein bißchen von Jesus geben.' Die Botschaft der Jugend 2000 lautet aber: ‚Wir geben euch Jesus, und mit ihm könnt ihr dann in der Welt leben.'" Dies ist der einzige Weg, um wahren Frieden zu finden.

Eines Tages wandte sich Robert nach einer hitzigen Debatte über Treffen im Büro der Jugend 2000 in Leeds an mich und sagte: „John, du weißt, es geht nicht darum, was du sagst –, sondern *wie* du es sagst. Versuche, etwas mehr Taktgefühl zu zeigen."

„Ich weiß, Robert", antwortete ich, „aber wir schuften uns hier alle zu Tode, aber manchen Leitern geht es nur darum, an Treffen zu gehen, mit dem Heiligen Geist erfüllt zu werden, wieder heim zu gehen und dann so wenig zu tun wie möglich. Das bringt mich auf die Palme."

Er nickte verständnisvoll. „Versuch einfach, die Sachen etwas anders auszudrücken, John. Ich bin mit vielem einverstanden, was du sagst. Aber wenn am Ende des Tages Spaltung da ist, kommt sie nicht von Gott. Und wir befinden uns alle auf verschiedenen Streckenabschnitten des Weges."

Er hatte natürlich Recht.

Neil und ich gingen zu Pfarrer Denis Herlihy nach St. John the Baptist, Timperley, Cheshire, zur geistlichen Begleitung. Er war ein sehr weiser und heiligmäßiger Mann und schien intuitiv zu wissen, was sich in unserem Leben abspielte und wo wir besondere Führung brauchten.

Eines Tages erzählten wir ihm, daß wir das Gefühl hatten, vom Teufel angegriffen zu werden, da mehrere Dinge schief liefen und wir die Geduld miteinander verloren. Pfarrer Herlihy erzählte uns, einst habe ihn ein Mann bei Exerzitien gefragt, ob er an den Teufel glaube. „Ja", antwortete er. „Wie gehen Sie damit um?" fragte der Mann. Da erkannte Pfarrer Herlihy, daß er sich bis dahin nicht viele Gedanken über den Teufel gemacht hatte. Nach dem, sagte er, betete er regelmäßig um Schutz. „Wißt, daß der Teufel existiert, aber schenkt ihm nicht zuviel Beachtung. Betet um Schutz", legte er uns nahe.

Als sich unser Jahr „auf Tour" dem Ende zuneigte, waren wir uns einig, daß es absolut unglaublich gewesen war. Ich hatte Kämpfe zu bestehen gehabt, doch ich war im Glauben gewachsen und hatte gelernt, Gott mehr zu vertrauen. Neil und ich müssen zu über 75 000 jungen Menschen im ganzen Land gesprochen haben. Wir wußten, daß wir unterwegs viele Samen des Glaubens ausgestreut hatten. Wenn man die Worte Christi verkündet, nehmen manche Menschen diese Worte sofort auf und bemühen sich, ihr Leben zu ändern. Bei anderen kann dies Jahre danach der Fall sein. Jesu Gleichnis vom Sämann sagt uns, daß diese Samen auf sehr verschiedene Weise aufgenommen werden.

Robert wollte, daß ich ein weiteres Jahr bei der Jugend 2000 bleibe, doch ich sagte ihm, ich fühle mich von Gott zu einer anderen Arbeit und zu einer Zeit persönlicher Heilung berufen. Ich war auch ausgebrannt nach einem so hektischen Jahr, wo ich im ganzen Land sowie in Irland und Deutschland Treffen abgehalten hatte.

Im April nahm ich die Arbeit als Pfarreijugendarbeiter in St. Austin auf, einer Benediktinerpfarrei in Grassendale, Liverpool. Pater Justin, der Pfarrer, hatte mich gebeten, ihm zu helfen, ein „Life-Team-Programm" auf die Beine zu stellen. Das Ziel dieses Programms, das aus den USA stammt, ist es, den jungen Menschen durch lebendige

Liturgie und verschiedene Aktivitäten zu helfen, sich mit der Kirche zu identifizieren. Diese Stelle bot genau die Art von Stabilität, die ich suchte. In Liverpool würde ich Zeit haben, mich auf die innere Heilung zu konzentrieren, die ich brauchte.

Das spirituelle Wachstum ist ein lebenslanger Prozeß, habe ich gelernt, genauso wie die Heilung der Wunden der Kindheit und des Erwachsenenalters. Um mit dem Kind in mir in Berührung zu kommen, hatte ich Einzelberatung mit Pfarrer Hurlihy und Pfarrer Grant. Ich mußte lernen zu fühlen, was ich als Kind hätte fühlen sollen: die Wut, den Schmerz, die Ablehnung und Einsamkeit.

Während dieser dreimonatigen Beratungsgespräche begann ich, ein echtes Gefühl von Freiheit und Heilung zu erfahren. Manchmal weinte ich mir die Augen aus. Ich hatte irgendwie das Gefühl, nach Hause zu kommen. Neben der Beratung verbrachte ich Stunden vor dem Allerheiligsten, wo ich Jesus bat, mir zu helfen, dem Kind in mir zu begegnen, dem Kind, das in mir gefangen war. Wir alle halten Dinge in uns gefangen, mit denen wir uns nicht konfrontieren wollen. Es gibt Schlüsselerlebnisse in unserer Kindheit, die ausschlaggebend dafür sind, welche Art von Person wir werden. Es stellte sich heraus, daß die Zeit, in der ich meine Mutter sechs Monate lang nicht sah, zu den einschneidendsten Momenten meiner Kindheit zählte.

Eines Tages, als ich betete, hatte ich ein Bild darüber, wie ich meiner Mama und meinem Papa eine Zeichnung zeigen wollte und beide mir sagten, ich solle verschwinden. Ich verstand nicht gleich, was dies bedeutete. Später beschloß ich, Pater Justin anzurufen, um ihm zu sagen, was ich an diesem Tag alles getan hatte. Da merkte ich, wie sehr ich die Anerkennung anderer brauchte, weil ich sie als Kind nicht erhalten hatte. Dieses Bedürfnis nach Anerkennung, denke ich, war einer der Hauptgründe, weshalb es für mich so wichtig war, in der Unterwelt einen Ruf zu haben. Jetzt kann ich erkennen, wie sehr ich die Anerkennung von Menschen wie Bulldog, Jim, Phil und Syed gebraucht hatte. Für sie war ich wichtig und jemand Besonderes. Heute mache ich mich nicht mehr selbst fertig wegen diesem Bedürfnis nach Anerkennung. Ich habe gelernt, barmherziger mit mir zu sein.

Es gibt Aspekte unserer Persönlichkeit, die wir ohne die Hilfe Gottes nicht ändern können. Das ist allerdings nicht einfach, da einige Bereiche unseres Lebens sehr dunkel und erschreckend sind. Heute noch nehme ich Beratung in Anspruch, weil ich glaube, daß spirituelles Wachstum und innere Heilung lebenslange Prozesse sind. Das Gebet ist der Schlüssel dazu. Ich übernehme die volle Verantwortung für die Entscheidungen, die ich in meinem Leben getroffen habe. Ich schiebe die Schuld niemand anderem zu. Ich überlasse die Vergangenheit der Barmherzigkeit Gottes, die Zukunft der Vorsehung Gottes und die Gegenwart der Liebe Gottes.

Als ich eines Tages in St. Austin zum Mittagessen herunterkam, sagte Pater David: „Wir hätten dich vor ein paar Minuten brauchen können."

„Warum?" fragte ich. „Was ist passiert?"

„Wir haben einen Mann beim Einbrechen ertappt. Aber er ist davongerannt, als er gestört wurde. Pater Gerald ist hinter ihm her."

„Ich gehe ihm besser helfen", erwiderte ich. Ein paar Wochen zuvor war jemand ins Pfarrhaus eingebrochen und hatte einen Laptop gestohlen. Das war wohl der gleiche Kerl, dachte ich.

Ich lief die Straße hinunter und fand Pater Gerald, der sich an eine Mauer lehnte und außer Atem war. „Er ist da lang, John", keuchte er.

Ich lief so schnell ich konnte und sah dann vor mir einen stämmigen Kerl wegrennen. Obwohl ich nicht so fit war wie zu meiner Zeit als Türsteher, hatte ich ihn bald eingeholt und packte ihn an der Schulter.

„Dies ist eine Privatfestnahme", sagte ich, riß ihn zu Boden und setzte mein Knie auf seine Brust. „Warum brichst du in Kirchen ein?"

„Laß mich los! Ich brauch das Geld für die Drogen." Der Mann strampelte und versuchte, sich loszureißen.

„Sie werden dich nie erfüllen, Kumpel."

„Wie willst du das wissen?"

Ich schaute auf ihn herab. Er war Mitte zwanzig und hatte, was ich nur als leeren Blick in den Augen beschreiben kann. Ich empfand keine Wut gegen ihn, nur Mitleid. Doch bevor ich seine Frage beantworten konnte, hielt ein Polizeiwagen neben uns an. Zwei Beamte sprangen heraus, knieten nieder, legten dem Jungen Handschellen an und setzten ihn hinten in den Wagen.

„Gut gemacht", sagte einer der Polizisten. „Es ist eine Schande, daß es nicht mehr Menschen wie Sie gibt."

Ich nickte. Wenn du wüßtest, Kollege, dachte ich bei mir. Als ich dem Polizeiwagen nachblickte, sprach ich ein Gebet für den Mann darin und dachte: Allein durch die Gnade Gottes bin ich, wo ich heute bin.

Auf der Suche nach Gott

Wenn ich auf mein Leben zurückblicke – eine Reise, könnte man sagen, aus der Unterwelt in das gelobte Land –, habe ich begriffen: Wir müssen Jesus nur bitten, sich in unseren Herzen zu offenbaren und uns zu verstehen zu geben, daß er existiert und daß er uns liebt. Ich habe es getan, und er hat mir geantwortet. Jedem, der skeptisch ist, kann ich nur sagen: Tu es einfach. Wenn mir jemand das gesagt hätte, als ich in all die kriminellen Aktivitäten verwickelt war, hätte ich höchstwahrscheinlich gelacht und geantwortet, derjenige wohne wohl in Wolkenkuckucksheim. Heute weiß ich, daß Jesus real ist, nicht durch das Lesen von Büchern oder durch ein Theologiestudium, sondern aus persönlicher Erfahrung. Man muß nicht in eine Kirche gehen, um Jesus zu bitten, sich einem zu offenbaren. Er kommt zu dir in deine Wohnung, auf die Straße, oder sogar wenn du auf der Toilette oder auf der Rückbank eines Polizeiwagens sitzt!

Wenn du Gott nicht kennst, mußt du ihn, glaube ich, auf die Probe stellen. Was kannst du anderes tun? Wenn du es tust, wird dir Gott antworten, und zwar auf eine Art und Weise, die nur du kennst und vielleicht wenn du es am wenigsten erwartest. An dem Abend, als ich in meiner Wohnung in Leyton saß und plötzlich konfrontiert wurde mit all den schlechten Dingen, die ich in meinem Leben getan hatte, und als mir bewußt wurde, daß ich jemand fast umgebracht hatte; als ich Gott sagte, daß ich in meinem Leben immer nur genommen hatte und jetzt geben wollte, konnte er mir seine Liebe nicht verweigern. Weißt du, so ist er, reine Liebe, und er wartet nicht, bis wir vollkommen sind, bis er uns liebt. Er wartet einfach, bis wir ihn bitten.

Manche Menschen fragen sich vielleicht, wie wir Gott sprechen hören können. Schließlich können wir ihn nicht sehen. Ich denke allerdings, viele von uns schließen Gott aus ihrem Leben aus und versuchen, alles zu rationalisieren. Ich habe Gott schon oft zu mir sprechen gehört. Ich habe ihn an jenem Abend in meiner Wohnung gehört. Ich habe ihn gehört, als ich in der U-Bahn war und darum rang, ob ich in Westminster beichten oder mit meinem Stiefbruder etwas trinken gehen solle, und zwei Straßenmusikanten „Jesus loves you more than you will know" sangen.

Als ich bei den Franziskanern der Erneuerung in der Südbronx war, erzählte mir Pater Bernard von der Zeit, als er mit armen Menschen in einem Dorf in den Bergen Nordamerikas zusammenarbeitete. Er war tief beeindruckt von einem alten Mann, der sehr fröhlich war, obwohl er weder fließendes Wasser noch Strom und kaum etwas zu essen hatte.

„Warum bist du so glücklich, wo du doch so wenig besitzt?" fragte Pater Bernard.

„Weil ich Jesus kenne", antwortete der alte Mann.

„Aber ich kenne Jesus auch."

„Nein. Du weißt vielleicht etwas über Jesus in deinem Kopf, aber nicht in deinem Herzen."

An jenem Abend betete Pater Bernard: „Jesus, ich will nicht etwas über dich wissen. Ich will dich kennen." Darauf spürte er, wie eine unglaubliche Liebe ihn durchströmte, und er merkte, daß er Jesus in seinem Herzen kannte.

Diese Geschichte unterstreicht die Tatsache, daß die Reise zu Gott im Herzen beginnen muß, nicht im Kopf. Wenn ich in Schulen und Pfarreien oder bei Einkehrtagen Vorträge halte, öffne ich den Menschen mein Herz und mache mich dadurch verletzbar, so wie sich Jesus für uns verletzbar gemacht hat. In meinem Herzen ist Jesus. Nach einem Vortrag in einer Schule sagte ein Junge, von dem ich wußte, daß er ein echter Unruhestifter war: „Ich hätte nie gedacht, daß jemand, der so schlecht war, von Gott geliebt sein könnte."

Ich habe hunderte von Vorträgen vor jungen Leuten gehalten und ich glaube, einer ihrer größten Kämpfe ist der mit dem Gruppenzwang. Ihr Leben wird oft von den Menschen um sie herum diktiert, so wie es bei mir war, ganz zu schweigen von der Macht des Fernsehens, der Videos und der Musik. In Schulen erzählte ich oft eine Geschichte, um dies zu illustrieren. Es ist die Geschichte vom Goldadler.

Ein Junge ist unterwegs auf einem Bauernhof und findet ein Ei. Er denkt, es sei ein Hühnerei, weil das die einzige Art von Eiern ist, die er je gesehen hat. So legt er es zu den Hühnern. Aber in Wirklichkeit ist es ein Goldadlerei. Der Goldadler schlüpft aus, und weil er von Hühnern umgeben ist, denkt er, er sei ein Huhn, und beginnt, den ganzen Tag auf dem Bauernhof herumzupicken. Eines Tages, als er mit den anderen Hühnern draußen herumläuft, schaut er zum Himmel und sieht das Schönste, was er je gesehen hat: einen Goldadler.

„Was ist das?" fragt er ein Huhn.

„Das ist ein Goldadler", kommt die Antwort.

„Ich wäre so gern ein Goldadler", sagt er.

„Du bist ein Huhn, Freund, finde dich einfach damit ab", sagt das Huhn.

Die Jahre vergehen, und er denkt weiterhin, er sei ein

Huhn, weil ihm alle sagen, er sei eines. Doch immer wieder muß er an das Schönste denken, was er je gesehen hat: den Goldadler. Zuguterletzt stirbt er und kommt in den Himmel, und Jesus sagt zu ihm: „Mein Sohn, ich hätte so sehr gewünscht, daß du so schön wirst, wie ich dich erschaffen habe."

Jesus liebt uns und er hat uns nach seinem Bild geschaffen und wir sind schön. Ich brauchte siebenundzwanzig Jahre, um dies zu begreifen. Die „Hühner" können unsere Freunde sein oder unsere Familien oder die Medien, die uns sagen, daß wir nichts sind und daß wir ein bestimmtes Produkt brauchen, einen Haufen Geld, daß wir wie dieses Modell aussehen oder diese Droge nehmen müssen, um wirklich schön zu sein. Das ist eine Lüge. Das einzige, was wir wirklich brauchen, ist die Liebe Gottes.

Viele Menschen meinen, wenn sie Jesus in ihr Leben bitten, würde er zuviel von ihnen verlangen. Das tut er aber nie. Ich erinnere mich, wie ich eines Tages in eine Kirche ging, um zu Maria zu beten und sie zu bitten, eine mir bekannte Frau daran zu hindern, ihr Kind abzutreiben. Ich spürte, wie Maria zu mir sagte, sie werde verhindern, daß die Frau ihr Kind abtreibt, wenn ich das Rauchen aufgäbe. Ich verließ die Kirche, und keine zehn Minuten später hatte ich einen Glimmstengel angezündet. Deprimiert sagte ich Maria, daß ich zu schwach war. Dann spürte ich, wie sie sagte: „Ich bitte nur. Ich verlange nie." Die Frau behielt ihr Baby. Gott bittet immer nur. Er verlangt nie.

Gott liebt uns, obwohl wir Sünder sind. Jeder Mensch im Himmel war einmal ein Sünder, und jeder Mensch in der Hölle (wenn jemand dort ist) war einmal ein Sünder. Der einzige Unterschied besteht darin, daß jene, die im Himmel sind, Gott um Vergebung gebeten haben. All unsere Namen sind im Himmel aufgeschrieben. Die einzige Person, die deinen Namen auslöschen kann, bist du selbst, durch deine Entscheidungen.

Der einzige Grund, warum Gott nicht will, daß wir sündigen, ist, daß er uns so sehr liebt und weiß, daß uns das Sündigen schadet und uns Leiden verursacht. Wenn wir sündigen und ihn um Vergebung bitten, hebt er uns wieder auf und heilt uns.

Es gibt eine Geschichte von einem Mann, der einen Sack trug und sich auf einer langen Reise befand. Je weiter er reiste, desto schwerer wurde der Sack, bis er eines Tages wegen des Gewichts nicht mehr weitergehen konnte. In der Ferne sah er das stürmische Meer. Am Ufer stand ein weiß gekleideter Mann, aus dessen Händen und Füßen Blut floß. Als er näher kam, sagte der Mann in Weiß: „Gib mir deine Last, mein Sohn." Mit letzter Kraft übergab ihm der Reisende seinen Sack. Der Mann in Weiß warf den Sack ins Meer. Sofort wurde das Meer still und es erschien ein großes Schild mit der Aufschrift: „Fischen verboten."

Der Sack des Mannes steht für seine Sünden, das Meer steht für den Sturm in seiner Seele. Wenn Jesus seine Sünden wegnimmt, beruhigt sich die Seele sogleich. Das „Fischen verboten"-Schild bedeutet, daß unsere Sünden nicht mehr existieren. Laß sie nicht mehr hochkommen.

Für mich war die Beichte, oder das Sakrament der Versöhnung, eine Quelle gewaltiger Heilung und Gnade. Gottes Vergebung ist immer und immer wieder für uns da. Die beliebte Andacht zur göttlichen Barmherzigkeit zum Beispiel spricht ausschließlich von der unendlichen Liebe Gottes zu uns. Viele von uns fühlen sich leider der Liebe Gottes nicht würdig wegen ihrer Sündhaftigkeit. Damien, der mit mir im Pfarrhaus von St. Joan of Arc wohnte, ging es so, bis ich ihm eröffnete, daß auch ich mit Gedanken und Akten der Begierde Probleme gehabt hatte.

Ich erinnere mich, die Geschichte von einem Mann gehört zu haben, der jeden Morgen an einen Brunnen ging, zwei Eimer mit Wasser füllte und dann zum Haus seines Herrn zurückging. Eines Tages sagt ihm einer der Eimer: „Wirf mich weg. Ich habe ein Loch. Ich kann nur halb so viel Wasser tragen wie der andere Eimer."

Der Mann antwortet, daß der Eimer immer noch nützlich ist, auch wenn er ein Loch hat.

„Nein, wirf mich weg", wiederholt der Eimer.

Dann zeigt ihm der Mann den Weg. „Schau", sagt er, „auf deiner Seite des Weges befinden sich all die schönen Blumen, doch auf der anderen Seite, wo kein Wasser getropft hat, sind keine. Wo du tropfst, bewässerst du den Garten des Herrn und bringst Leben und Freude. Der andere Eimer ist vollkommen, aber er bringt dem Garten kein Leben und keine Freude."

Wenn wir vollkommen wären, bräuchten wir keine Erlösung und Vergebung. Um dies darzulegen, erzählte Jesus die Geschichte vom Pharisäer und vom Zöllner, die im Tempel beteten. Der Pharisäer dankte Gott dafür, daß er nicht habgierig war, die Ehe nicht brach und nicht ungerecht war. Er fügte hinzu, daß er zweimal in der Woche fastete und den Zehnten bezahlte. Der Zöllner jedoch, der in einiger Entfernung stand, betete einfach: „Gott, sei mir Sünder gnädig."

Durch meine Schwächen kann Gott mich gebrauchen. Wenn wir lernen, unsere dunklen Seiten anzunehmen und zuzugeben, wird uns Gott seine Liebe und sein Licht eingießen. Ich betete einmal vor dem Allerheiligsten. Nach ungefähr fünfzehn Minuten fühlte ich mich schlecht, weil ich eine Zigarette rauchen wollte und wußte, daß ich dafür Jesus verlassen würde. Ich ging hinaus, zündete sie an und begann, mit einem anderen Mann zu plaudern, der ebenfalls eine rauchte. Als Folge unserer Unterredung, während der er mir etwas aus seiner Vergangenheit mitteilte, dessen er sich schämte, ging dieser Mann beichten, und das war das erste Mal seit mehreren Jahren. Als ich in die Kirche zurückging, mußte ich weinen. Ich erkannte, daß Gott diesem Mann durch meine Schwäche geholfen hatte, zu ihm zurückzukommen.

Dasselbe ist so oft passiert. Als ich das erste Mal nach achtzehn Monaten masturbierte, nachdem ich Pornofilme auf Sky TV geschaut hatte, sagte Jesus nicht: „Scher dich weg. Ich liebe dich nicht mehr." Als ich am nächsten Morgen in der Messe sah, wie jene Kinder Erstkommunion feierten, spürte ich einfach die überwältigende Liebe Gottes. Wenn wir Gott sagen, daß es uns leid tut, freut sich der ganze Himmel.

Wir tendieren dazu, die Barmherzigkeit Gottes zu beschränken. Wenn wir zum Beispiel viermal an einem Tag gesündigt haben, denken wir, Gott könne uns nicht vergeben. Wir unterstellen seiner Liebe Bedingungen. Wir denken so für uns: Nun, du hast mir vielleicht das erste Mal verziehen, und vielleicht das zweite Mal, aber du wirst mir nicht das dritte oder vierte Mal verzeihen. Doch Gottes Liebe und Barmherzigkeit sind unendlich. Als Petrus Jesus fragte, wie viele Male er jemandem vergeben solle, der sich gegen ihn verfehlt habe, erwiderte Jesus: „Ich sage nicht sieben mal, sondern siebenundsiebzig mal." Wir müssen wie Gott sein und nie aufhören zu vergeben. Wie ich Bulldog sagte: Gott weist nicht einmal den schlimmsten Sünder der Welt ab, wenn du sagst, daß es dir leid tut. Die heilige Theresia von Lisieux sagte einmal: Wenn sie eines Morgens aufwachen und feststellen sollte, daß sie alle nur möglichen Sünden begangen hätte, wären diese alle wie ein einziger Tropfen Wasser, der in den Schlund eines aktiven Vulkans fiele, der Gottes Barmherzigkeit ist.

Viele Menschen finden, sie können Jesus ihr Herz nicht öffnen wegen der Wunden ihres Lebens, Wunden, die ihr jetziges Leben beeinträchtigen. Wir haben alle Wunden, und wir alle fügen anderen Wunden zu. Wir müssen alle von den Wunden geheilt werden, die andere uns zugefügt haben, genauso wie wir Vergebung brauchen für die Wunden, die wir anderen zugefügt haben. Pater Slavkos Vortrag in Aylesford, der mir half, Gott mein Herz zu öffnen, hieß passenderweise: „Gib mir dein verwundetes Herz." Jesus hat gesagt: „Ich bin für die Kranken gekommen, denn die Kranken brauchen den Arzt."

Wenn du abhängig bist, sagen wir vielleicht von Drogen, Alkohol oder sogar Sex, dann mußt du ehrlich mit dem umgehen, was du bist, und Jesus bitten, dir zu helfen, diese Schwäche zu überwinden. Er wird machtlos sein, dir *nicht* zu helfen, wenn du dein Leben wirklich ändern willst und darauf vertraust, daß er es kann.

Die Veränderung geschieht jedoch nicht von einem Tag auf den anderen. Am Anfang, als ich Gott fand, nahm ich weiterhin Drogen, war weiter aggressiv und fuhr fort, mit anderen ins Bett zu gehen. Langsam änderte er mein Leben, aber ich habe immer noch zu kämpfen, selbst heute. Andere Weltanschauungen sagen, man müsse die Vollkommenheit erlangen, um zu Gott zu gelangen. Die christliche Botschaft ist ziemlich verschieden davon. Die christliche Botschaft sagt, Gott liebt uns so sehr, daß er einer von uns wurde, und daß er uns zu sich führen wird.

Während des ersten Jahres, nachdem ich Gott gefunden hatte, glaubte ich, ich müsse mir das Heil verdienen. Das war der Grund, weshalb ich mich in den ehrenamtlichen Dienst im Begegnungszentrum und im Jugendclub stürzte. Erst später begriff ich, daß das Heil eine freie Gabe ist. Als ich bei den Einkehrtagen in Aylesford auf das Kreuz schaute, erkannte ich, daß Jesus für mich persönlich gestorben war und daß er mich so sehr liebte, daß er alles noch einmal auf sich nehmen würde.

Ich kann nicht genug betonen, wie sehr Maria dich zu Jesus führen wird. Ich habe einmal einen Jungen kennengelernt, der weder zu Jesus noch zum Vater eine Beziehung haben konnte, weil sein eigener Vater ihn so schlecht behandelt hatte. Doch er entwickelte eine unglaubliche Beziehung zu Maria, und sie führte ihn zu Jesus und zum Vater. Etwas Ähnliches geschah ja auch mit David im Familiengebetshaus. Es ist kein Wunder, daß Jesus am Kreuz sagte: „Siehe, deine Mutter." Wenn wir Marias Hand nehmen, wird sie uns durch das Kreuz – Leiden, Schmerz, Abhängigkeiten – zum neuen Leben der Auferstehung führen, welches nach der Kreuzigung kommt. In meinem eigenen Leben war Maria ein Schlüssel zum Herzen Jesu.

Als Christen müssen wir Gott in jedem Menschen sehen, dem wir begegnen. Das kann schwierig sein. Wenn jemand dir Unrecht getan hat oder dir auf die Nerven geht, ist es nie einfach, dies beiseite zu schieben und Christus vor dir zu sehen. Den Kindern in den Schulen erzähle ich oft von der Zeit, die Pater Bernard einmal in Kalkutta verbrachte, wo er in einem Hospiz der Missionarinnen der Nächstenliebe von Mutter Teresa arbeitete. Eines Tages bat ihn Mutter Teresa, einen älteren Mann zu rasieren, der nur Haut und Knochen zu sein schien, einen großen Haarwust und einen buschigen Bart hatte. Als er neben dem Mann stand, der regungslos da lag, wurde Pater Bernard von einem furchtbaren Gestank überwältigt. Da bemerkte er Maden, die auf der Haut des Mannes herumkrochen. Voll Abscheu begann er, ihn zu rasieren. Der Mann konnte nicht sprechen, doch seine Augen sagten: „Ich liebe dich für das, was du tust." Während der schmerzlichen Rasierprozedur verwandelte sich der Mann plötzlich in Jesus. Pater Bernard lief zu

Mutter Teresa und sagte zu ihr: „Ich habe soeben das Haupt Jesu Christi rasiert!"

Mutter Teresa antwortete: „Als ich nackt war, hast du mich bekleidet, als ich hungrig war, hast du mir zu essen gegeben, als ich im Gefängnis war, hast du mich besucht, als ich Durst hatte, hast du mir zu trinken gegeben. Willkommen bei denen, die geben, bis es weh tut. Was du den Geringsten meiner Brüder und Schwestern tust, das tust du mir."

Das ganze spirituelle Wachstum hängt von der Ehrlichkeit mit sich selbst und mit Gott ab. Wenn du ein Problem hast und nicht siehst, wie die Dinge zu ändern sind, sag es Gott und bitte ihn um Hilfe. Wenn du versuchst, dich zu betrügen und unehrlich bist, kann Gott nicht einziehen. Er wird jedoch unsere Hilflosigkeit nie zurückweisen. Wir müssen Gott auch vertrauen. Immer wieder habe ich in meinem Leben Gott vertraut und er hat mich nie im Stich gelassen. Er hört nie auf, uns zu suchen.

Ich hörte einst die Geschichte von einem Mann in der Türkei, der jeden Tag seinen Sohn Ahmed von der Schule abholte. „Ich werde immer für dich da sein", sagte er seinem Sohn.

Eines Tages erschütterte ein gewaltiges Erdbeben das Dorf, und die Schule lag in Trümmern. Als der Vater ankam, wurde ihm gesagt, daß alle Kinder darunter begraben waren und mittlerweile tot seien. Doch er begann, die Trümmer zu entfernen. Er arbeitete die Nacht hindurch bis zum Morgen. Nach vierundzwanzig Stunden begann sich die Haut von den Händen zu schälen, die mit Blut bedeckt waren. Alle anderen gaben auf, doch der Vater suchte weiter.

Nach sechsunddreißig Stunden hörte er ein Wimmern unter den Trümmern. „Ahmed!" rief er aus.

Dann hörte er eine Stimme: „Papa! Papa!"

Die Hälfte der Kinder war immer noch am Leben. Ahmed wandte sich an die anderen Kinder und sagte: „Ich habe euch ja gesagt, daß mein Vater für mich da sein würde."

Wenn schon dieser Vater seinen Sohn so sehr liebte, liebt uns Gott eine Million Mal mehr und wird uns nie loslassen. Was auch immer wir brauchen, wird er uns geben. Nur dann sind wir von Gott getrennt, wenn wir es wählen.

Ich glaube daran, daß Gott uns in unserem Leben führt. Seit ich Gott im Alter von siebenundzwanzig Jahren gefunden habe, habe ich unaufhörlich seine Führung gesucht, und er hat mir immer den Weg gezeigt. Ich erinnere mich an einen Vortrag des verstorbenen Kardinal O'Connor von New York am Weltjugendtag in Paris. Er erzählte, wie er im Zweiten Weltkrieg als Copilot in einem Bomber flog und entdeckte, daß sie fast keinen Treibstoff mehr hatten. Der andere Pilot machte sich mehr Sorgen darum, Ärger zu bekommen, weil er nicht genug Treibstoff getankt hatte, als darüber, daß das Flugzeug abstürzen könnte. Der Pilot entschloß sich zu einer Notlandung, doch der dichte Nebel machte es sehr schwierig. Dann gab es Probleme mit einem der Motoren. Kardinal O'Connor war sicher, daß alle umkommen würden. Da war eine Stimme vom Kontrollturm zu hören: „Ich werde euch einweisen. Vertraut mir und hört auf mich." Das Flugzeug machte eine sichere Landung. Kardinal O'Connor nutzte diese Geschichte, um zu betonen, wie wir Gott vertrauen sollen. Er sagte, daß Gott uns in den Himmel führen werde, wenn wir auf ihn hören und tun, was er sagt.

Pater Roddy McCally erzählte mir einst von einem Stadtstreicher namens Jim, der jeden Tag um drei Uhr in seine Kirche in Glasgow ging und zehn Minuten betete. Neugierig geworden, ging Pater Roddy schließlich zu ihm hin und fragte ihn, weshalb er jeden Tag um die gleiche Zeit in seine Kirche komme. „Das mache ich, weil ich weiß, daß Jesus um drei Uhr für mich gestorben ist", sagte der Stadtstreicher. „Ich knie hin, sage ‚Hallo Jesus, ich bin's, Jim', und erzähle ihm einfach, was sich in meinem Leben gerade abspielt."

Diese Besuche fanden über mehrere Jahre hinweg statt, und Pater Roddy lud Jim oft zu einer Tasse Tee und einem Sandwich ein. Dann kam Jim plötzlich nicht mehr in die Kirche. Natürlich wunderte sich Pater Roddy, was mit ihm passiert war. Eines Tages machte er einen Besuch im Krankenhaus von Glasgow, wo ein Arzt ihm erzählte, daß die Menschen auf einer der Stationen auf wunderbare Weise durch einen alten Mann geheilt wurden, der eingeliefert worden war. Als Pater Roddy auf diese Station kam, warf ihn die übermächtige Gegenwart Gottes fast um. Dann sah er, daß Jim da lag.

„Jim", sagte er, „es ist unglaublich. Menschen werden geheilt, und hier kann man Gott so stark spüren."

Jim schaute von seinem Bett auf und erwiderte: „Das hat nichts mit mir zu tun. Jeden Tag um drei Uhr steht ein Mann an meinem Bettende und sagt: ‚Hallo Jim. Ich bin's, Jesus.'"

Wenn wir im Gebet Zeit mit Gott verbringen, läßt er uns nicht im Stich. Er ist uns näher als unser nächster Freund.

Wir müssen jeden Tag offen für Gott sein und ihm erlauben, uns zu gebrauchen. Wir sind Jesu Augen, Ohren, Hände und Stimme. Zwei Geschichten sollen dies verdeutlichen.

Ein Mann ging einmal durch das Rotlichtmilieu von Dublin. Da sah er eine Prostituierte, die sich in einen Kanal stürzen wollte. Er ging zu ihr hin und fragte sie, ob alles in Ordnung sei. Sie wandte sich um mit Tränen in den Augen und erzählte ihm, sie wolle sterben, weil sie schwanger sei. Er sprach eine Weile mit ihr und überzeugte sie, mit ihm zu einem ihm bekannten Priester zu gehen.

Zwei Jahre später saß der Mann an einem Sonntag in der Messe, als ihm jemand in den Rücken stupste. Er wandte sich um und sah eine lächelnde junge Frau mit einem Baby. „Erkennen Sie mich nicht mehr?" fragte sie ihn.

„Nein", antwortete er.

„Sie haben mir damals das Leben gerettet, als ich am Kanal stand. Und dies ist mein Sohn."

Ich erinnere mich auch an die Geschichte eines Mannes, der eines Tages die Treppe eines Mietblocks in der Südbronx fegte, als ein gut gekleideter junger Mann an ihm vorbeiging. Da der Treppenfeger merkte, wie bedrückt der junge Mann aussah, lud er ihn zu einer Tasse Kaffee ein. Sie sprachen etwa eine halbe Stunde miteinander, dann ging der Mann wieder. Am nächsten Tag war der Treppenfeger in der Messe und hörte, wie der Priester der Gemeinde sagte, daß ein junger Mann zu ihm gekommen sei, um das erste Mal seit zwanzig Jahren wieder zu beichten. Er war so depressiv gewesen, daß er sich umbringen wollte, erklärte der Priester. Dann habe ihn ein Mann, der die Treppe fegte, auf der Straße angehalten, ihm eine Tasse Kaffee gemacht und ihm gesagt, wie sehr ihn Jesus liebe. Dadurch entschloß er sich, sich das Leben nicht zu nehmen und mit Gott Frieden zu schließen. Der Mann, der die Treppe fegte, ist jetzt Pater Bob Lambado von den Franziskanern der Erneuerung.

Ich habe noch eine Geschichte für Sie. Es gab einmal einen König, der hörte, daß sein Diener John stehlend und Menschen umbringend durch sein schönes Königreich zog. Der König ließ John vorführen und sagte ihm, daß er sehr traurig sei, da er ihn liebe und ihm vertraue. John ließ vor Scham den Kopf hängen, als der König ihn fragte, warum er diese Taten begangen habe. Der König beschloß, Gerechtigkeit müsse walten und schickte John weg, damit er von seinen anderen Dienern gerichtet werde. Sie sprachen ihn schuldig, und der König ordnete an, daß er hingerichtet werde.

Der Sohn des Königs hörte davon und bat um Gnade für Johns Leben. Der König erwiderte, Gerechtigkeit müsse in seinem Reich herrschen, obwohl er John liebte. Der Sohn bat dann darum, Johns Stelle einnehmen zu dürfen, weil er ihn so sehr liebte. Zuletzt gab der König seine Einwilligung. Der Sohn bat den König auch, John eine bessere Arbeit zu geben und ihn wie seinen eigenen Sohn zu lieben. Der König stimmte auch dem zu.

Am Tag der Hinrichtung ging der Königssohn zu John und sagte ihm, er sei frei, und außerdem werde er eine bessere Arbeit bekommen und werde geliebt werden, wie wenn er des Königs eigener Sohn wäre. John konnte es nicht fassen. Hochbeglückt ging er weg, um mit seinen Freunden zu feiern. Da hörte er einen Trommelwirbel, und als er sich umwandte, sah er, daß der Königssohn an seiner Stelle gekreuzigt wurde. Er gelobte, den Rest seines Lebens damit zu verbringen, den Menschen zu erzählen, was der Sohn des Königs für ihn getan hatte.

Der Sohn des Königs ist Jesus, und John bin ich.

Weitere empfehlenswerte Bücher

Meine Begegnung mit Christus
Fibi Abdel Missih Saleb
Die Geschichte einer ägyptischen Frau, die einst ein traditionelles islamisches Leben führte und dem Christentum feindlich gegenüberstand. Ihr Leben änderte sich, als Gott sich ihr in einer Vision offenbarte. Hier beschreibt sie ihre Erlebnisse, ihre Bekehrung zum Christentum und ihre Flucht. 144 Seiten, € 8.10

Beispiele, die ermutigen, anziehen, aber auch ermahnen
Pater Petar Ljubicic
Hier beschreibt P. Petar Erfahrungen aus aller Welt mit Gott und mit dem Glauben. Möchten Sie wissen, warum wir alle Gebote Gottes halten, wie wir beten und verzeihen sollen, wie andere Gott gefunden haben? – dann lesen Sie in den „Beispielen". Sie illustrieren die Zehn Gebote, sind anziehend und inspirieren, sie ermahnen und ermutigen uns. 320 Seiten; viele Farbabbildungen: € 12.—

In geheimer Mission
J. Hnilica / F. Vnuk
Einer der bekanntesten Vertreter der Kirche im ehemals kommunistischen Osten ist Bischof Paul Hnilica. Sein Leben als Piester im Untergrund, gejagt von der Staatspolizei und doch im geheimen zum Bischof geweiht, liefert eine Lebensgeschichte, die an Spannung und Humor ihresgleichen sucht. 192 Seiten, € 13.30

Die Weltjugendtage
Stephan Meßner

2005 findet in Köln der erste internationale Weltjugendtag in Deutschland statt. Stephan Meßners Werk ist eine hervorragende Einführung in das Phänomen der Weltjugendtage, von ihrem Ursprung bis zur Auswirkung auf die örtliche Jugendpastoral. Mit Zeugnissen von Jugendlichen und Farbabbildungen. 176 Seiten, € 12.70

Unser Weg aus der Finsternis
Peter Zimmermann

Kinder und Jugendliche aus aller Welt im Alter von knapp 2 Jahren bis ca. 30 Jahre berichten selbst, wie sie – oft nach langen Irr- und Umwegen – zu Gott fanden. Diese spannenden und anrührenden Zeugnisse eignen sich bestens als Geschenk für junge Leute, auch als Mutmacher für ältere. Mit vielen Fotos der einzelnen Jugendlichen! 256 Seiten, € 13.30

Leben aus Gnade
Alan Ames

Ein Zeugnis von Alan Ames mit einer Fülle von biographischen Details. Hier sind viele seiner vom Hl. Geist inspirierten Vorträge zusammengefaßt, mit einem Interview, das Alans Aussagen zu brandaktuellen Themen beinhaltet.

224 Seiten, € 10.—

Bestelladresse: Miriam-Verlag • D-79798 Jestetten
eMail: info@miriam-verlag.de
Internet: www.miriam-verlag.de
Tel.: 0 77 45 / 92 98 30 Fax: 0 77 45 / 92 98 59